"十四五"职业教育国家规划教材

国家新闻出版署出版融合发展（北师大出版社）重点实验室
重点课题"教育出版融合发展的理论与实践研究"优秀成果

新形态教材

入眼·入脑·入手
易教·乐学

学前儿童艺术教育与活动指导（第2版）

融媒体版

XUEQIAN ERTONG YISHU JIAOYU YU HUODONG ZHIDAO

王惠然 ◉ 主 编

王 燕 王甫英 封 蕊 阮 杰 ◉ 副主编

北京师范大学出版集团
BEIJING NORMAL UNIVERSITY PUBLISHING GROUP
北京师范大学出版社

图书在版编目(CIP)数据

学前儿童艺术教育与活动指导 / 王惠然主编. —2 版 . — 北京：
北京师范大学出版社，2021.10(2025.1 重印)
 ISBN 978-7-303-26831-3

 Ⅰ.①学… Ⅱ.①王… Ⅲ.①学前教育－艺术教育－高等职
业教育－教材 Ⅳ.①G613.5

 中国版本图书馆 CIP 数据核字(2021)第 036716 号

出版发行：北京师范大学出版社 https://www.bnupg.com
　　　　　北京市西城区新街口外大街 12-3 号
　　　　　邮政编码：100088
印　　刷：保定市中画美凯印刷有限公司
经　　销：全国新华书店
开　　本：889 mm×1194 mm　　1/16
印　　张：12.5
字　　数：245 千字
版　　次：2021 年 10 月第 2 版
印　　次：2025 年 1 月第 11 次印刷
定　　价：36.80 元

策划编辑：姚贵平　　　　　　责任编辑：肖　寒
美术编辑：焦　丽　　　　　　装帧设计：焦　丽
责任校对：陈　民　　　　　　责任印制：赵　龙

前言(第2版)

本教材是"十二五"职业教育国家规划教材。为全面贯彻习近平新时代中国特色社会主义思想、十九大精神，落实立德树人的根本任务，适应学前教育新理念、新要求、新规范，更加符合学生在校实训实操和入职后的艺术教育实践，在职前教育中实现岗课赛证融通、媒体融合等一系列前瞻性需求，编写团队对教材进行了修订，修订后的教材具有以下特色。

教材凸显了政治方向与立德树人的育人导向。编写团队充分认识到党的十九大以来我国在教材建设和培养人才上坚定的政治方向与育人导向，在编写过程中全面贯彻习近平新时代中国特色社会主义思想、十九大精神，同时立足我国优秀传统文化，选取传统精粹艺术资料作为案例、谱例、图例进行讲解分析，达成本课程目标，同时坚定了学生的文化自信。

教材兼顾了职业流程的实践性与学科体系的完整性。全书八个大专题和20个学习小主题，既有知识点与能力点的对接，又有知识与技能群的组合，职业岗位能力与学科知识体系完美结合。而每个专题结构中又包含了对教与学的引导与逻辑思考，体现了实践导向与示范引领。本教材整合了师范教育与职业教育教材的双重特征，实现了教、学、做融于一体的教材功能。

教材内容与幼儿园教育中的艺术领域准确对接。书中既有幼儿艺术领域教育的整体视角，也有针对幼儿音乐、美术的独立分析，更加具有科学性与实用性。

教材追求配套资源丰富性和立体性。本次修订开发了多种配套资源，借助多元化的媒体融合，形成了多层面、立体化的教师教学与学生学习资源库。

修订后的教材是以学前艺术教育分合相融的方式呈现出来的，即专题一、专题二、专题七、专题八从学前艺术领域总体视角讨论其价值与功能、目标与内容、活动设计、多元实施途径与评价，而专题三、专题四与专题五、专题六分别对儿童美术、音乐发展特点与组织实施幼儿美术、音乐活动实操内容进行了介绍。为了各院校教师使用的方便，本教材进行了媒体融合教材的资源开发。

本教材由保定幼儿师范高等专科学校王惠然担任主编，由河北对外经贸职业学院王燕、山东聊城幼儿师范学校王甫英、长沙师范学院封蕊担任副主编。编写具体分工如下：专题一、专题二由保定幼儿师范高等专科学校王惠然编写；专题三由宝睿教育集团马晓琳编写；专题四由长沙师范学院封蕊编写；专题五由聊城幼儿师范学校王甫英编写；专题六由保定幼儿师范高等专科学校王惠然、江汉艺术职业学院柯文平编写；专题七由河北对外经贸职业学院王燕编写；专题八由保定幼儿师范高等专科学校温立伟、王惠然编写；专题一和专题四的实训任务由定兴县实验幼儿园王美丽撰写；专题六和专题八的实训任务由沧州市职业技术学院张玲撰写。主编王惠然负责全书的统稿工作。另外，书稿中未注明作者的案例分别由王美丽(美术活动)、王惠然(音乐活动)提供。

媒体融合教材的资源开发分工为：音乐音频由王甫英，保定市青年路幼儿园李莉、刘凡提供；教材教学大纲由王燕撰写；教学设计教案由马晓琳、李莉编写；教学课件 PPT 由封蕊、刘凡提供；试题与答案由保定幼儿师范高等专科学校阮杰提供；微课由王燕、封蕊、马晓琳、王甫英、张玲完成。

敬请使用本教材的各位读者提出宝贵意见，我们会再次进行修订完善，非常感谢！

前言（第1版）

随着《国家中长期教育改革和发展规划纲要(2010—2020年)》的颁布和逐步落实，国家陆续出台了一系列有关幼儿教育、职业教育和教师教育的政策与标准，其中包括《教师教育课程标准(试行)》《幼儿园教师专业标准(试行)》《中小学幼儿园教师资格标准》《高等职业学校专业教学标准》，以及《3—6岁儿童学习与发展指南》等指导性文件。在幼儿教育、职业教育和教师教育改革与规范化发展的进程中，国家教育主管部门非常重视学前教师培养的质量，着手狠抓学前教师教育的教材建设。

本教材编写之前，作者团队认真研读了我国近期出台的相关政策与标准，研讨了培养对象的学业特征和幼儿教师职业流程，本着以学前教育师资培养的国家标准为指导、适合培养对象学习特点、贴近职业教育需要、以有效培养学前教育专业学生的职业能力为目的的理念进行编写工作。

本教材以国家相关标准为依据，以提高学前师资培养质量为宗旨，以《幼儿园教育指导纲要(试行)》为教育实践导向，以《3—6岁儿童学习与发展指南》为教育实践指引，全面分析培养对象的认知特点，兼顾培养幼儿教师职业能力和本学科的特殊性，平衡理论讲述和案例分析，辅以实训任务。本着教、学、做相结合与学生自主学习、自主体验的理念，努力将本教材做成教师爱用、学生爱学并且能学会、能用上的职业能力提升教材。本教材的主要特点如下。

1. 结构呈现模块化——学科逻辑与职业逻辑相结合，以单元的形式组织课程内容。

2. 内容体现实用性——根据学前教育师资培养方案，知识与能力并重，强化实训、实操环节。

3. 方法具有互动性——教学引导采取讲、练结合和互动的方式，体现学生的自主参与和体验。

4. 过程追求适宜性——教材以其丰富的作品案例、教育活动案例、实训任务，支持学生的学习过程，更加符合培养对象的认知规律和职业能力形成规律。

本教材适用于学前教育专业，从"走进学前儿童艺术教育"开始，引导学生明确学前儿童艺术教育的价值、功能、内容、目标，进而帮助学生了解学前儿童艺术教育活动方案的设计与撰写。教材用四个单元的篇幅分科讲述了学前儿童艺术能力的发展及学前儿童艺术教育活动的组织实施，然后介绍了多元化的学前儿童艺术教育以便学生了解学前儿童艺术教育的全貌，最后简要讲述了学前儿童艺术教育评价的问题。

教材体例兼顾了学科体系的完整性和实训实操的实践性，每个单元均设置了"实训任务"。期待学生通过学习本教材，能为入职后尽快适应学前儿童艺术教育工作打好基础，同时也为入职后的专业化发展提供长远的支持。

本教材由保定幼儿师范高等专科学校王惠然担任主编，由河北对外经贸职业学院王燕、山东聊城幼儿师范学校王甫英、长沙师范学院封蕊担任副主编。编写具体分工如下：单元一、单元二由王惠然编写；单元三由马晓琳编写；单元四由封蕊编写；单元五由王甫英编写；单元六由王惠然、柯文平编写；单元七由王燕编写；单元八由温立伟、王惠然编写；单元一、单元四实训任务由王美丽撰写；单元六、单元八实训任务由张玲撰写。主编王惠然负责全书的统稿工作。另外，书稿中未注明作者的案例分别由王美丽(美术活动)、王惠然(音乐活动)提供。

由于编者水平有限、编写时间仓促，教材一定存在有待斟酌的缺憾之处，敬请各位同人提出宝贵意见，我们会及时修订完善，非常感谢！

本教材在编写过程中得到了各编者所在单位领导的关心和大力支持，其中还引用了国内外幼教同行的一些研究成果，在此一并表示衷心的感谢。

目　录
CONTENTS

专题一
走进学前儿童艺术教育

学习目标

1. 了解学前儿童艺术教育的价值与功能，把握学前儿童艺术教育的内容与目标，建立学前儿童艺术教育的基本价值观念。

2. 能够辨识社会上对学前儿童艺术教育的偏颇认识和做法，在实施学前儿童艺术教育时能够有效促进儿童的和谐发展。

思维导图

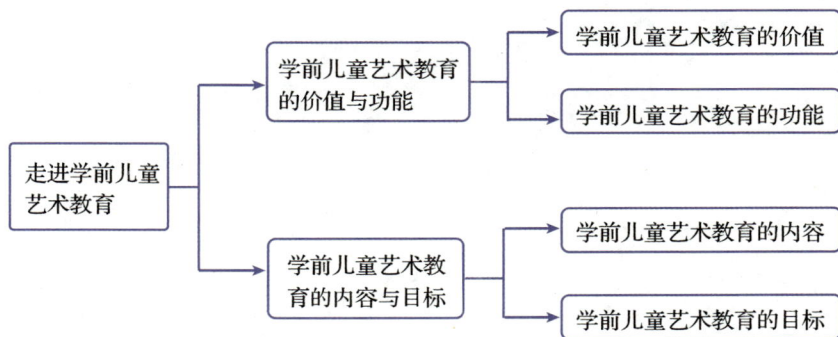

专题导入

学前儿童艺术教育有什么意义?

同学们，自从你们选择了学前教育专业，就会发现艺术类课程在学业内容中占有很重要的地位，可见艺术教育对儿童来说是不容忽视的。那么艺术教育到底对儿童有什么重大意义呢? 本专题会引领你们走进学前儿童艺术教育，了解其价值与功能，把握其内容与目标，为你们将来实施学前儿童艺术教育做好观念上的准备。

学习主题 1
学前儿童艺术教育的价值与功能

学习笔记

一、学前儿童艺术教育的价值 >>>>>>>>>>>>>>>>>>>>>>>>>>>>>

纵观儿童艺术教育的发展历史，人们普遍承认艺术教育在儿童发展中起着重要的作用，但在具体艺术教育实施过程中，对于它是作为发展的手段还是目的，受到艺术教育价值两大理论学派——本质论和工具论的影响，产生了一些分歧和争论。以至于长久以来，关于艺术教育存在价值的理解经常在两种观点间摇摆：一种观点受到本质论的影响，即认为艺术教育的目的就是艺术本身，因此强调艺术教育是以艺术能力获得为主要教育动力的社会实践活动，人们接受艺术教育的最终目的是为了能够从事表演活动，体验到自我表达和创造的快感；另一种观点受到工具论的影响，即认为艺术教育的目的在于使被教育者的创造性和人格得以发展，因此强调艺术教育是以艺术外的功利价值为主要教育动力的社会实践活动，人们接受艺术教育可以促进其运动能力、语言表达、认知和思维、社会交往与合作等多元智能的发展。

现在，我们利用表 1-1，对比一下工具论与本质论间的差异。

表 1-1　艺术教育工具论与艺术教育本质论间的差异①

	工具论	本质论
思想基础	卢梭的自然主义教育观和杜威的进步主义教育观	布鲁纳的以了解科目基本结构为主旨的教育思想
教育目标	强调儿童人格的健康发展和创造性的培育	强调艺术学科的整体性及儿童对艺术整体的了解
教育内容	无教材，强调利用多样的艺术材料和方法进行自我表现的艺术创作	教材内容融合了美学、艺术批评、艺术史和艺术创作
课程组织	课程根据儿童兴趣由教师组织，课程组织零散、随意、跳跃	书面课程，课程组织具有系统性和连续性
学习者	学习者是天生的创造者和表现者，儿童的艺术发展是由内而外的	学习者必须通过教育来了解艺术，儿童的艺术发展不仅是由内而外的，也是由外而内的
教育者	关心儿童的自我表现，提供动机和辅助材料，但不提供成人的观念	使用有价值的成人观念来帮助儿童的创造性表现，使儿童了解确实的艺术概念
评价	依据儿童的成长和艺术活动过程进行评价，不评价儿童艺术的结果	评价依据教育目标，目的在于确定儿童学习的进步和课程的有效性

　　根据对上述两种观点的比较，我们可以看到，工具论与本质论在教育哲学思想上，在教育目标、教育内容、课程组织上，在儿童和教师的地位上，在教育评价上都有很大的差别。下面让我们分别了解一下两种价值取向视野下的学前儿童艺术教育。

（一）工具论视野下的学前儿童艺术教育

　　工具论的艺术教育者把艺术教育当作儿童自然发展的工具，认为艺术教育的根本目的是促进儿童自然全面的发展。所以，工具论视野下的学前儿童艺术教育强调艺术的教育性价值，即以教育为本位、以艺术为手段，通过涂涂画画、唱唱跳跳等艺术实践活动培养儿童的审美情趣，促进儿童身心的健康成长，引导儿童良好个性和创造性的发展。

　　在这种观点影响下的学前儿童艺术教育以充分尊重和信任儿童及其天性为前提，围绕着儿童的兴趣、儿童的活动来展开，极为重视儿童在艺术教育过程中的创造性表现能力，主张采用顺应儿童自然发展规律的教学方法和手段，并以分析儿童在艺术活动中的成长特征作为艺术教育活动的评价指标。在艺术活动中，教师不过多参与或指导，他们只需要为儿童艺术潜能的发展创造条件；儿童可以凭借自己对艺术的主观经验和感受，随心所欲地运用自己喜欢的方式创造性地表达艺术。这种教育强调儿童在艺术教育中的主体地位，并尤为重视儿童在艺术活动中个性化的体验和表达，关注儿童的情感、态度等心理因素，较为符合儿童发展的规律和儿童艺术教育的本质。但由于该教育模式过分强调儿童的主体地位和个性化的感受与表达，难免会忽视教师在教育过程中的引导、支持和促进作用，并

🖊 学习笔记

排斥对一些必要的艺术知识技能的传授，而这些基本的知识技能又往往是儿童创造性表达的基础。所以在艺术活动中，儿童很有可能由于缺乏表现艺术的基本技能而无所事事，教师又为了尊重和凸显儿童的主体性而选择放任自流。

（二）本质论视野下的学前儿童艺术教育

本质论的艺术教育者认为儿童的艺术能力不是自然发展的结果，而是通过对儿童进行艺术知识和技能等的系统教育而形成的。所以，本质论视野下的学前儿童艺术教育强调艺术教育的学科性价值，即以艺术为本位、以教育为手段，对儿童进行早期的艺术启蒙教育，让儿童学习各种艺术知识技能，以发展儿童的艺术潜能，培养未来的艺术人才。

在这种观点影响下的学前儿童艺术教育是以学科为中心的，它以艺术学科本身的内在线索和体系作为课程编排的主要依据，将儿童对艺术学科本身的学习和掌握作为艺术教育所追求的目标。为了达到这种目标，它也考虑儿童的年龄特点和接受能力，但对儿童通过艺术教育获得其他方面发展的可能性与必要性认识不足。它十分强调对儿童进行艺术知识技能的传授和训练，教师往往以某个艺术知识技能的获得作为每次艺术教育活动的目标，采用灌输式的教学方法将艺术知识技能强加给儿童。有的教师会向儿童出示范画，再让儿童仿照绘画；还有的教师用严格的、整齐划一的标准去要求儿童的歌唱技巧和舞蹈动作。这种教育导致儿童虽然能唱许多歌曲，能跳许多舞蹈，能演奏许多乐器，能画许多作品，但是其内心却是空白的；他们的表现和内心对艺术的感受是脱节的，即使掌握多种技能，也无法正确地使用这些技能表达对于艺术的感受，甚至对艺术充满了排斥和厌倦。有学者在一项研究5～6岁儿童参加韵律活动时的创造性表达能力的实验中[①]发现，个别儿童在听到德沃夏克的《幽默曲》后竟然做起了广播操，还有的儿童会自顾自地压腿、下腰，做着一系列和音乐的节奏、旋律和情绪完全无关的动作。可见，尽管如今不少儿童的艺术知识和技能日益丰富，但是只是艺术领域的"技工"，他们的艺术灵性没有随着艺术知识和技能的增加而逐渐增长，可能永远都无法成为艺术领域的"设计师"。

上述两种不同的观点和教育模式，反映了在对学前儿童艺术教育价值这一问题的认识上存在不同的侧重点。其实我们不难发现，两种观点均有其合理的部分，若能将两者结合起来考虑，彼此融合、取长补短，将可能获得更好的教育效果。此外，工具论与本质论又有自己的适用对象，就学前教育来讲，重要的是儿童人格和心智的健康发展，而不应过多地强调儿童在某一艺术专业领域知识技能的获得及过早走上专业化道路。对学前儿童进行艺术教育尤其要保护其艺术天性、保持其艺术兴趣，使儿童能够按照其意愿充分大胆地表现自己，同时也能促进儿童的自信心、创造性、动手能力、心理健康、社会性等各方面的品质的发展。因此，在学前儿童艺术教育方面，工具论有更大的适宜性。

二、学前儿童艺术教育的功能 >>>>>>>>>>>>>>>>>>>>>>>>>>>>>>

艺术教育的功能是其存在价值的具体体现，作为人类社会进步所特有的一种

学习笔记

---

① 陈莉：《5－6岁幼儿韵律活动的教育实验研究》，南京师范大学学位论文，2008。

教育实践活动，学前儿童艺术教育也具有其独特的功能。对整个社会而言，学前儿童艺术教育能够培养良好的社会道德风尚，为造就一代有艺术修养的高素质公民奠定基础，从而推进人类社会的进步，并对整个社会文化产生潜移默化的影响；对儿童个体而言，学前儿童艺术教育又能够对儿童的艺术审美能力、情感和意志力的发展、良好个性的形成和身心健康全面发展起到积极的作用。

（一）学前儿童艺术教育的社会功能

1. 形成良好的社会道德风尚

学前儿童艺术教育是一种富有强烈艺术感染力的审美教育，能使儿童在自觉或不自觉地参与艺术教育活动时获得精神的陶冶、心灵的净化和情感的升华。学前儿童艺术教育可以使艺术所产生的情绪上的感染、思想上的影响在寓教于乐的活动中得以实现，并由此培养一代新人、净化社会风气、引导良好的道德风尚。例如，教师在开展学前儿童艺术教育活动时，可以为儿童精心选择一些内容有趣、形式优美、思想高尚的艺术作品，让儿童在欣赏的过程中充分感受、体验到艺术作品中所蕴含的爱国主义精神和良好的道德品质，从而净化其内心世界、完善其人格品质，进而对精神文明、社会文化等方面产生间接影响，以推进良好的社会道德风尚的形成。

> **想一想**
>
> 学前儿童艺术教育的社会功能有哪些？

2. 塑造具有艺术修养的公民

要获得艺术的品位和修养，就必须从小开始接受艺术教育。正如日本著名艺术教育家铃木镇一先生所提倡的"母语教学法"那样，艺术就好比是一种语言，应当从小开始学习，只有这样才能把艺术掌握得像母语一样。虽然现在越来越多的教师、家长开始意识到从小学习艺术对于儿童艺术修养形成的重要意义，但在实践过程中出现了行为上的偏差，认为学习艺术就是要让儿童去学习某种乐器的演奏方法和技巧，就是要使儿童今后能够在艺术领域有所成就甚至成为该领域的专业人才，这种过于功利的教育价值观与艺术教育的社会审美功能相去甚远。从上文所提到的学前儿童艺术教育的价值及其内涵中，我们应当明确，儿童作为社会成员，其接受艺术教育的最终目的是为了在享受艺术美的过程中得到教益，为今后能够成为具有高雅艺术品位和修养的人奠定基础。

（二）学前儿童艺术教育的个体功能

1. 促进儿童大脑潜能的发展

学龄前期是个体大脑生长发育最关键的时期，在此时期大脑获得积极活动的机会越多，就越有可能获得充分的发展。但是在传统教育观念影响下，儿童的教育活动较为强调以训练逻辑思维和抽象思维能力为主要目的的语言、数学等学习活动，忽视对以发展整体形象感知、整体思维加工和整体情感理解为主要目的的艺术领域的学习，以至于儿童大脑右半球的潜力不能得到应有的开发，进而最终影响整个大脑的发展。科学家经过研究发现，人的脑细胞的突触数量多少和大脑皮层的分化水平都与其是否从事艺术活动有一定的联系。因此，丰富的学前儿童艺术教育活动能够促进大脑左右半球机能的有效开发，使大脑各中枢经常处于积极的活动状态，从而促进大脑潜能的全面发展。

2. 促进儿童身体机能和运动能力的发展

学前阶段是身体迅速发展的第一个阶段，也是最关键的一个阶段，身体各部

> **学习笔记**

分机能的发育和运动能力的发展对这一阶段的儿童来说尤为重要，儿童的艺术教育活动就承载着促进儿童身体机能和运动能力发展的特殊使命。我们经常会看到在音乐、美术等艺术活动中，儿童往往需要借助嗓音、身体大小肌肉动作等方式来表达对艺术的感受和体验。就是在这样的表达过程中，儿童既锻炼了身体各相应部分的大小肌肉、骨骼和韧带，又提高了神经系统的反应速度和协调能力，并增强了心肺等器官的耐受力。因此可以说，学前儿童艺术教育为儿童提供了大量身体运动的机会，并不断地促进儿童身体机能和运动能力的发展。

3. 促进儿童感知和记忆能力的发展

学前儿童艺术教育活动能够为儿童听觉和视觉能力的发展提供丰富的锻炼机会，从而提升儿童视听的敏感性。苏联心理学家列昂节夫对一些缺乏艺术才能的儿童使用了特殊的训练方法，让他们在各种艺术活动中逐渐获得了基本的艺术视听能力。可见，只要为儿童提供尽可能多的参与艺术活动的机会，并在活动中有意识地引导他们集中注意力进行听觉、视觉探究和训练，儿童的视听感知能力能够得到有效提高。此外，多种感官共同参与是儿童艺术活动的一个重要特征。在艺术活动中，儿童需要借助听觉和视觉，还可以通过运动知觉和言语知觉等感知器官的协同活动丰富和加强其视觉、听觉感受。因此，学前儿童艺术教育活动能够促进其他各类感知能力的发展。

4. 促进儿童想象和思维能力的发展

想象是在人脑中对已有表象进行加工改造而创造新形象的过程[1]，是由表象深入发展而形成的一种较高级的思维能力，是被爱因斯坦认为"要比知识更重要"的一种能力，和感知、记忆、思维等共同构成了一个完整的心理过程。在艺术活动中，儿童获得审美愉悦的最重要的心理环节即为想象，通过艺术活动可以让儿童接触到更多的富有感染力、表现力的艺术作品，从而为儿童的自由想象提供更宽广的舞台。

儿童的思维从不同发展层次来看，可以分为直觉行动思维、具体形象思维和抽象概念思维。艺术教育活动对促进这三种层次的思维的发展都具有积极作用。首先，直觉行动思维阶段的儿童需要借助动作进行思考，动作是思维的起点，也是思维的手段。在艺术教育活动中，儿童可以模仿成人唱歌或者做身体动作，一边模仿一边思考，从而逐步积累具体形象思维所包含的概括能力和判断能力，学会分辨艺术的风格、性质、体裁、情绪特征等。其次，儿童艺术作品往往具有形象性、创想性等特点，儿童在欣赏艺术时也需要借助具体形象思维感知艺术作品。最后，教师在开展学前儿童艺术教育时，可以利用一切机会和手段来帮助儿童把握和理解艺术与艺术之间、艺术的整体和部分之间、艺术与其表现形式之间、艺术与主体感知体验之间的各种关系，使儿童逐渐形成最初的艺术抽象概念，并逐渐发展其抽象概念思维。

5. 促进儿童情感和意志力的发展

意志是人根据一定的目的对自己的行为进行激发、维持、抑制等调节的一种心理过程，是个人成才的重要非智力因素之一。艺术教育活动对儿童意志品质的

---

[1] 王振宇：《儿童心理学》，92页，南京，江苏教育出版社，2000。

发展也具有一定的促进作用。由于艺术教育活动是一种有目的、有计划的教育实践活动，无论是按照自己的意愿绘画还是学唱一首歌曲，都包括一定的艺术技能的学习。然而，掌握一种艺术技能不是那么容易的，必须要有坚持不懈的精神和克服困难的勇气，这都离不开顽强的意志力。铃木镇一在其音乐教育体系中提倡坚持不懈的练习，其根本目的也是为了锻炼儿童坚韧不拔的意志品质。此外还有不少研究表明，受过良好的艺术教育的儿童能够在学习中表现得比其他儿童更有目的性、坚持性和自制力。因此，艺术教育活动是培养和发展儿童意志品质的有效手段。

6. 促进儿童个性和社会性的发展

个性是个体在物质活动和交往活动中形成的具有社会意义的稳定的心理特征系统，是区别于他人的独特的、整体的特性。艺术教育对儿童个性发展的促进作用主要表现为：首先，艺术作为一种与儿童关系最为密切的活动形式，以其丰富的色彩、造型、音响等让儿童从中感受到快乐，从而培养其对艺术的兴趣，促进了儿童个性的发展；其次，儿童在感受和表现艺术时，也需要有意识地认识到自己的活动状况、有意识地使自己的表现与艺术一致，并不断地反省由艺术引起的想象和情感体验，对自己和他人的行为进行比较和评价，从而逐步提升自我意识和自省能力，获得个性的进一步发展。

音乐和美术是沟通情感、表达思想的艺术活动，人们可以借助它们进行思想沟通，并建立情感上的和谐关系。对于儿童来说，艺术教育能够为他们提供大量的人际交往和合作交流的机会，从而培养他们的交往观念和技巧。在各种集体或分组形式的艺术活动中，都需要儿童有一定的合作和交流的能力。通过教师的引导和协调，儿童逐步懂得保持与集体协调一致的重要性，并掌握一些与集体协调一致的方法，在与集体协同合作的活动中感受到快乐。此外，儿童在艺术活动中养成的自觉遵守活动规则的自律性和责任感也是其今后进行社会交往活动所必须具备的素质。

学习主题 2
学前儿童艺术教育的内容与目标

一、学前儿童艺术教育的内容 >>>>>>>>>>>>>>>>>>>>>>>>>>>

（一）对学前儿童艺术教育的内容要求

《幼儿园教育指导纲要(试行)》(简称《纲要》)中明确提出了艺术领域教育活动的内容要求，具体如下①。

----

① 中华人民共和国教育部：《幼儿园教育指导纲要(试行)》，7 页，北京，北京师范大学出版社，2001。

第一，引导幼儿接触周围环境和生活中美好的人、事、物，丰富他们的感性经验和审美情趣，激发他们表现美、创造美的情趣。

第二，在艺术活动中面向全体幼儿，要针对他们的不同特点和需要，让每个幼儿都得到美的熏陶和培养。对有艺术天赋的幼儿要注意发展他们的艺术潜能。

第三，提供自由表现的机会，鼓励幼儿用不同艺术形式大胆地表达自己的情感、理解和想象，尊重每个幼儿的想法和创造，肯定和接纳他们独特的审美感受和表现方式，分享他们创造的快乐。

第四，在支持、鼓励幼儿积极参加各种艺术活动并大胆表现的同时，帮助他们提高表现的技能和能力。

第五，指导幼儿利用身边的物品或废旧材料制作玩具、手工艺品等来美化自己的生活或开展其他活动。

第六，为幼儿创设展示自己作品的条件，引导幼儿相互交流、相互欣赏、共同提高。

（二）学前儿童美术教育的具体内容

学前儿童美术教育活动的内容涵盖了儿童的生活及其所见所闻，包括周围环境中的人物、动物、植物、风景、建筑、各种有趣的玩具和托幼机构的生活、游戏等，这些都是教师进行美术活动的源泉。这些内容在表现形式上分为三大部分，即绘画、手工和美术欣赏。

1. 绘画

从内容上看，绘画可分为命题画、意愿画和装饰画；从工具和材料上看，绘画可分为彩笔画、毛笔画、棉签画、印章画、手指画、拓印画、蜡笔水彩画、折纸对印画、吹画、滚画、喷洒画、纸版画、泡泡画等。

2. 手工

儿童手工活动的内容可分为点状材料的制作、线状材料的制作、面状材料的制作和块状材料的制作四种形式。手工活动既是一种操作活动，又是儿童表达自己的审美感受和美化生活的一种艺术活动。

3. 美术欣赏

美术欣赏活动是指儿童通过对美术作品、自然景物以及周围环境中美好事物的认识和欣赏，了解对称、均衡等形式美的初步概念，感受造型、色彩、构图等的情感表现性，体验艺术美带来的快乐。美术欣赏的对象还包括教师提供的范例、图片、实物、玩具以及儿童的作品。所以可以说，儿童的美术欣赏涉及所有学前儿童美术教育活动的各个环节，这一点，教师是万万不可忽视的。

（三）学前儿童音乐教育的具体内容

学前儿童音乐教育大致可分为歌唱、韵律、打击乐演奏、音乐欣赏四部分或类型。

1. 歌唱活动

歌唱活动是借助嗓音表达思想、交流情感的一种艺术活动形式。在歌唱时应当以"声"表情、以"情"感人，用富有情感的歌声表达自己内心的感受。这就对歌唱活动中的儿童用嗓音造型的能力提出了一定的要求，需要保持正确的歌唱姿势，合理地运用气息并借助正确的发声方法，使声音产生高低、长短等变化来表现歌曲的内容和情感。

2. 韵律活动

韵律活动是在音乐伴奏下用协调的身体动作表达艺术形象的一种较为复杂的音乐活动形式，包括律动、舞蹈和音乐游戏。韵律活动体现了音乐与动作的关系，并且动作的表达受到音乐的指挥和制约。因此，这一活动首先必须是在有音乐伴奏的情况下进行的，没有音乐伴奏的身体动作不能被称为韵律活动；其次，在活动中要用协调的动作来表现音乐，即动作要能够体现音乐节奏的疏密、旋律的起伏、情绪的变化，能够跟随音乐的变化而产生及时的、相应的变化。

3. 打击乐演奏活动

打击乐演奏活动是借助打击乐器或替代性的乐器，通过一定的音色、节奏和力度的变化表现音乐的一种活动。它是儿童表现音乐的一种最自然、最直接的方式，也是最能令儿童在敲敲打打中感受到乐趣的一种音乐活动。儿童的打击乐演奏活动大多是伴随歌曲或者旋律器乐曲进行的，所以儿童需要具备一定的打击乐器演奏的知识和技能，这样才能使打击乐器演奏与歌(乐)曲变化协调一致、个体和整体声部之间协调一致。

4. 音乐欣赏活动

音乐欣赏活动是让儿童在倾听音乐的过程中，对音乐作品进行感受、理解、分析和鉴赏的一种审美活动。音乐欣赏活动不仅可以使儿童接触到更多的优秀音乐作品，而且能培养儿童良好的倾听习惯、锻炼儿童听觉的敏感性。音乐欣赏活动主要是利用听觉帮助儿童获得感受和体验，但儿童很难像成人一样安静地、单纯地倾听，因此还需要借助身体动作、与音乐情感吻合的视觉材料以及能够表达音乐内涵的文字材料等，将其作为辅助感知手段。一方面通过多种感官的刺激让儿童更好地了解音乐的内涵与思想，另一方面也为儿童在音乐欣赏之后的自由表达提供更多的手段和素材。

二、学前儿童艺术教育的目标 >>>>>>>>>>>>>>>>>>>>>>>>>>>>

教育是人类的一种有目的、有计划的社会实践活动，这种目的性、计划性是任何教育都必须具备的特性，首先表现在实施教育之前就对其结果有了某种期望，而这种预先的期望就是教育目标。可以说，教育目标是伴随教育实践活动的产生而产生的，它指导和支配整个教育过程，不仅决定着教育的内容、方法、手段和组织形式，也影响着教师的观念和行为。因此，教育目标是一切教育实践活动的起点和归宿。

(一)学前儿童艺术教育目标的内涵解析

学前儿童艺术教育的目标，就是对学前儿童艺术教育所能达到的效果的合理期望。只有明确了教育目标才能顺利地进行学前儿童艺术教育，而目标的制定者往往又会受到所处的社会时代背景、政治、经济、科学、文化以及对教育价值的定位和要求等诸多方面因素的影响。因此，目标的制定就成为一项整合学术性和政策性的工作，必须考虑儿童能力发展的特点和规律、社会对儿童教育的要求以

📝 学习笔记

📎 学习笔记

及学科本身的特性等。

我国学前儿童艺术教育的目标，可参照 2001 年颁布的《纲要》中提出的艺术领域总目标和 2012 年颁布的《3—6 岁儿童学习与发展指南》(简称《指南》)中的各年龄段儿童发展目标。

1.《纲要》中艺术领域总目标的要求

(1)能初步感受并喜爱环境、生活和艺术中的美。

(2)喜欢参加艺术活动，并能大胆地表现自己的情感和体验。

(3)能用自己喜欢的方式进行艺术表现活动。[①]

根据《纲要》的精神，艺术教育活动是对儿童实施美育的主要途径，应充分发挥其情感教育的功能，使儿童在艺术活动中感受美、体验美、表现美，最终促进儿童健全人格的形成。

2.《指南》中艺术领域学习与发展目标(表 1-2)[②]

《指南》中指出，艺术是人类感受美、表现美和创造美的重要形式，也是表达自己对周围世界的认识和情绪态度的特有方式。每个幼儿的心里都有一颗美的种子。幼儿艺术领域的学习关键在于充分创造条件和机会，在大自然和社会文化生活中萌发幼儿对美的感受和体验，丰富其想象力和创造力，引导幼儿学会用心灵去感受和发现美，用自己的方式去表现和创造美。

表 1-2 《指南》中艺术领域学习与发展目标

子领域	目标	各年龄段的典型表现		
		3~4 岁	4~5 岁	5~6 岁
感受与欣赏	喜欢自然界与生活中美的事物	喜欢观看花草树木、日月星空等大自然中美的事物；容易被自然界中的鸟鸣、风声、雨声等好听的声音所吸引	在欣赏自然界和生活环境中美的事物时，关注其色彩、形态等特征；喜欢倾听各种好听的声音，感知声音的高低、长短、强弱等变化	乐于收集美的物品或向别人介绍所发现的美的事物；乐于模仿自然界和生活环境中有特点的声音，并产生相应的联想
	喜欢欣赏多种多样的艺术形式和作品	喜欢听音乐或观看舞蹈、戏剧等表演；乐于观看绘画、泥塑或其他艺术形式的作品	能够专心地观看自己喜欢的文艺演出或艺术作品，有模仿和参与的愿望；欣赏艺术作品时会产生相应的联想和情绪反应	进行艺术欣赏时，常常用表情、动作、语言等方式表达自己的理解；愿意和别人分享、交流自己喜爱的艺术作品和美感体验
表现与创造	喜欢进行艺术活动并大胆表现	经常自哼自唱或模仿有趣的动作、表情和声调；经常涂涂画画、粘粘贴贴并乐在其中	经常唱唱跳跳，愿意参加歌唱、律动、舞蹈、表演等活动；经常用绘画、手工制作等多种方式表现自己的所见所想	积极参与艺术活动，有自己比较喜欢的活动形式；能用多种工具、材料或不同的表现手法表达自己的感受和想象；艺术活动中能与他人相互配合，也能独立表现

① 中华人民共和国教育部：《幼儿园教育指导纲要(试行)》，7 页，北京，北京师范大学出版社，2001。

② 李季湄、冯晓霞：《〈3—6 岁儿童学习与发展指南〉解读》，北京，人民教育出版社，2013。

续表

子领域	目标	各年龄段的典型表现		
		3～4 岁	4～5 岁	5～6 岁
表现与创造	具有初步的艺术表现与创造能力	能模仿学唱短小歌曲； 能跟随熟悉的音乐做身体动作； 能用声音、动作、姿态模拟自然界的事物和生活情景； 能用简单的线条和色彩大体画出自己想画的人或事物	能用自然的、音量适中的声音基本准确地唱歌； 能通过即兴哼唱、即兴表演或给熟悉的歌曲编词来表达自己的心情； 能用拍手、踏脚等身体动作或可敲击的物品敲打节拍和基本节奏； 能运用绘画、手工制作等表现自己观察到或想象的事物	能用基本准确的节奏和音调唱歌； 能用律动或简单的舞蹈动作表现自己的情绪或自然界的情景； 能自编自演故事，并为表演选择和搭配简单的服饰、道具或布景； 能用自己制作的美术作品布置环境、美化生活

（二）学前儿童艺术教育各年龄段的学科目标描述

1. 美术教育年龄阶段目标

（1）0～3 岁。

3 岁前的儿童还处于绘画的涂鸦阶段，喜欢涂涂抹抹，手工活动也处于无目的玩耍和游戏阶段，表现为无目的地抓揉、拍打、撕、掰、捏等活动。因此在进行美术指导时，重在培养儿童对于美术活动的兴趣。此年龄段的美术目标包括以下几点。

①喜欢涂色，喜欢玩颜色的游戏。

②初步认识到纸笔和手的动作的关系，体验到涂鸦的愉悦感。

③初步体验泥、纸等材料的变形性，体验到操作过程的愉悦感。

④欣赏生活中周围熟悉事物的美，如毛巾上的图案、漂亮的糖纸等。

（2）3～4 岁。

3～4 岁儿童的绘画处于"象征期"，这个阶段虽然出现了绘画意图，但这种意图是通过象征式的线条来表现的，如一条曲线既可代表虫子，又可代表绳子。他们手部肌肉发育不够成熟，认识能力也有限，所以这个时期的儿童手工也不能有目的地制作出形象。此阶段目标如下。

①感知、体验从自然景物、艺术作品中能享受到的视觉艺术的美。

②养成正确握笔及绘画姿势，手眼保持一定距离，握笔自然，按意愿作画。

③乐于参加手工活动，愿意尝试用准备好的手工材料进行简单制作。

④养成对色彩的认识兴趣，能认识并学会使用几种常见的颜色：红色、黄色、绿色、蓝色、黑色、褐色，可随意表现色彩美。

（3）4～5 岁。

4～5 岁儿童的绘画仍处于"象征期"，但比前一阶段更具有一定的美的表现力，手工制作由无目的动作逐步呈现出有意图的尝试。此阶段目标如下。

①喜欢艺术活动，能用自己喜欢的方式大胆地表现自己的感受和体验。

②能通过欣赏艺术作品激发表现美的欲望和创造美的乐趣。

③学会在画面上简单布局，表现简单情节，能大胆地按意愿作画。

④认识和使用多种手工工具和材料，初步学习用自然材料和废旧材料做出造型简单、制作方便的玩具。

学习笔记

(4)5～6 岁。

5～6 岁儿童的绘画处于"形象期"，技能有所提高，想象也丰富了，具有一定的创造力。其手部肌肉精细动作得到发展，手眼协调能力逐渐增强，可以做一些复杂的手工活动。此阶段目标如下。

①学会用简单的形式表现物体的基本特征和某些细节。

②能够简单地描绘人物和动作的不同姿势，如侧面、背面、四肢的简单动作等。

③能根据自己的生活印象和故事、诗歌内容画简单的情节画，初步学会恰当安排画面。

④能在正方形、长方形、圆形、菱形的纸的中心、边缘、角隅用学过的纹样或简单的具有民族特色的3～5 种纹样有规律地画图，并会在生活用品上用花纹或物象进行装饰。

⑤能根据画面内容恰当使用颜色，学会自己调色。

⑥学会使用简单的工具和辅助材料塑造人物、动物的主要特征和动作，表现出形态美。

⑦学会使用剪刀，可用不同方式如目测剪、沿轮廓剪或折叠剪剪出各种样式的植物、动物、窗花等，表现风格美。

⑧学会利用身边的物品、自然材料和废旧材料，如纸、泥、绒、布、线等，运用画、折、剪、贴、塑、编、插、组装等综合技能进行小制作，体现创造美。

2. 音乐教育年龄阶段目标

(1)0～3 岁。

①喜欢发出各种音调不同的声音与人互动，能唱出"近似唱歌"的声音。

②能随音乐进行身体扭动或颤动。

③对一些乐曲、歌曲或有节奏的儿歌有很大的兴趣。

④喜欢敲敲打打，探索发出各种不同的声音。

(2)3～4 岁。

①能用正确的姿势、自然的声音一句一句地歌唱，初步理解和表现歌曲的形象、内容和情感；能够并且喜欢为自己熟悉的短小、工整、多重复的简单歌曲增编新的歌词。

②基本上能够按照音乐的节奏用上肢或下肢做简单基本动作和模仿动作，学会一些简单的集体舞，初步体验用表情、动作、姿态与他人沟通的方法和乐趣。

③学会几种打击乐器的基本演奏法，能独立伴随熟悉的歌曲或乐曲有节奏地演奏，初步学会看指挥开始和结束演奏。

④能感受性质鲜明单纯、结构短小的歌曲和有标题的器乐曲的形象、内容、情感，并能在感受过程中产生较积极的外部反应；初步了解进行曲、摇篮曲、舞曲和劳动音乐的特点。

(3)4～5 岁。

①能用不同的速度、力度、音色变化来表现歌曲的形象、内容和情感；能唱出 2/4 拍和 3/4 拍歌曲的不同节拍感觉，且学会在歌唱过程中等待和正确地表现出歌曲的前奏、间奏和尾奏；初步学会独立地接唱和与他人对唱。

📝 学习笔记

②能够按音乐的节奏做简单的上下肢联合的基本动作、模仿动作和舞蹈动作，且随音乐的改变而改变动作的力度、速度等，学会一些创造性地改变熟悉节奏型的方法，初步了解一些创编韵律动作组合的规律。

③能独立使用某一种固定节奏型随熟悉的歌曲或乐曲演奏，能在集体演奏中始终保持自己的演奏速度和节奏型，养成集中注意力看指挥和对指挥的要求做出积极反应的习惯。

④在有对比的情况下，能分辨差别较明显的高低、快慢、强弱特征，能正确区分 2/4 拍和 3/4 拍的音乐，初步掌握前奏、间奏、尾奏、乐段、乐句的开始和结束，初步知道什么是音乐结构中的重复。同时，能在一定时间内注意力比较集中地倾听音乐和观赏舞蹈作品。

(4)5～6 岁。

①能够根据不同的合作歌唱要求控制、调节自己的歌声，初步学会领唱、齐唱、两声部轮唱、简单的两声部合唱等歌唱表演形式，在集体歌唱活动中能够产生初步的默契感，初步学会用连贯的和顿、跳的唱法来表现歌曲的不同意境，学会唱弱拍起唱的歌曲。

②能够比较准确地按音乐的节奏做各种稍复杂的基本动作、模仿动作和舞蹈动作组合。进一步丰富舞蹈动作语汇，了解创编韵律动作组合的规律，学会跳一些具有创造性的稍复杂的集体舞。能够使用已掌握的空间知识创造性地进行动作表演，并喜欢为不同的韵律活动选择不同的道具。

③进一步学习更多种类的打击乐器的基本奏法，学习探索音乐的分类，并在教师指导下学习制作简单的打击乐器，初步体会各种演奏方案中音色、音量和节奏型配置的表现规律。在集体演奏活动中，能按指挥的手势迅速、正确地做出反应。

④能对歌曲、乐曲的音区、速度、力度、节拍等的性质和变化做出判断，进一步掌握音乐的结构，能分辨乐段、乐句中明显的重复和变化关系。喜欢并比较自信地使用不同艺术手段来表达欣赏音乐、舞蹈作品的感受，能比较自觉地从对音乐、舞蹈作品的欣赏中获取各种艺术的和非艺术的经验。

实训任务

实训 1：对照《纲要》和《指南》进行学前儿童美术活动的观察、记录和分析

1. 实训目的

(1)根据所学的学前儿童艺术教育的专业知识，尝试对照《纲要》和《指南》，对学前儿童美术活动进行观察、记录和分析。

(2)体验艺术活动观察记录的计划性、目的性，初步掌握学前儿童美术活动观察记录的过程和方法，提高学生对活动的观察、记录和分析能力。

2. 材料准备

(1)收集不同年龄段、不同内容(绘画、手工等)、不同活动形式(集体或区域)

的美术活动观察记录分析案例，积累优秀美术活动观察记录分析案例。

（2）联系一所实践园及相对应的班级、授课教师。

（3）所观察班级相对应美术活动的预设方案。

（4）记录该活动实况的照相机、摄像机、笔、观察记录本等。

（5）领悟《纲要》和《指南》的精神，了解该年龄段儿童典型在美术活动方面的表现和创造能力。

3. 实训方式

7～8人一组，在实践园对应班级完成实训项目。

4. 任务与要求

（1）每组经讨论产生一名小组负责人，讨论小组各成员分工：摄像、照相、文字记录等。

（2）了解活动预设方案，做到心中有数。

负责人组织各成员详细了解美术活动预设方案，提前了解活动内容、活动目标、活动形式、投放的活动材料，以及预设活动过程中的相关环节，讨论在活动中应重点注意的观察内容和记录内容等，提前制订好活动观察计划。

（3）各成员认真分析所观察班级儿童的年龄特点、发展水平，以及预设活动中的重点难点是否能够满足儿童的发展水平。

（4）熟悉该班级美术活动（集体活动或区域活动）的场地，选择合理角度放置摄像器材，以捕捉、记录整个活动过程。

（5）各成员按自己分工分别观察记录美术活动中儿童的行为表现、语言表达，教师的指导策略、应变能力、随机教育能力等，如儿童自主操作、创新能力以及教师介入指导方式等。

（6）活动结束后，各成员总结、整理、完善自己的观察记录，再通过视听资料使观察记录详细、真实。依据《纲要》和《指南》精神，对活动观察记录写出分析和反思。

（7）各成员轮流分享自己的记录与分析并讨论，集体再次回放所观察活动的视听资料。各成员再次完善、整理自己的观察记录，形成文字并分析，写出活动观察记录分析报告。

（8）根据自己对美术活动观察记录分析的理解，谈一谈教学活动观察记录分析的价值。

（9）各小组提交个人考评表、实训活动总结汇报各一份，小组各成员提交活动观察记录分析报告、活动调整方案各一份。

5. 考评

优秀、良好、及格和不及格的具体等级和要求，由教师和小组各成员通过对活动的观察记录及其分析报告、活动调整方案等的讨论得出结果。

小组考评（由教师进行考评）				
考评项目	优秀	良好	及格	不及格
分工合作				
总结报告				

🖊 学习笔记

续表

个人考评（由小组各成员评定）				
姓名	优秀	良好	及格	不及格

实训 2：对照《纲要》和《指南》进行学前儿童音乐活动的观察、记录和分析

1. 实训目的

(1)根据对学前儿童艺术教育特点的理解和认知、对学前儿童艺术教育目标和内容的初步了解，尝试对照《纲要》和《指南》，对学前儿童音乐活动进行观察、记录和分析。

(2)初步体验学前儿童音乐活动观察记录的过程和方法，提升观察记录分析能力，了解幼儿教师具备教育活动观察记录分析能力的价值。

2. 材料准备

(1)收集不同年龄段、不同活动内容(歌唱活动、韵律活动、打击乐活动、音乐欣赏活动等)、不同优秀教师的音乐活动观察记录分析的案例。

(2)联系一所实践园及相对应的班级、授课教师。

(3)所观察班级相对应音乐活动的预设方案。

(4)记录该活动实况的照相机、摄像机、录音笔、笔、观察记录本或自己设计的观察记录分析表等。

3. 实训方式

10 人一组，在实践园对应班级完成实训项目。

4. 任务与要求

(1)每组经讨论产生一名小组负责人。负责人进行小组分工、组织小组成员讨论。组内安排摄像 2 人、照相 2 人，其余成员各自进行文字记录。

(2)提前熟悉活动预设方案。

各成员要了解活动内容、活动目标、投放的活动材料(打击乐器、头饰、演出道具等)、活动形式(集体或小组)、各环节的衔接等，展开讨论，提前制订好活动观察计划，做到观察时有计划、有目的，心中有数。

(3)讨论观察记录规则和注意事项。

集体讨论并制定进入实践园应该遵守的活动规则：不随便外出、不接打电话、关掉手机或将手机调为静音等；观察中不干扰、不介入音乐活动。

(4)熟悉该班级音乐活动(集体活动或小组活动)的场地，各成员按自己分工选择合适位置观察记录或选择合理角度放置摄像器材，以捕捉、记录整个活动过程。

(5)活动结束后，各成员总结、整理自己的观察记录，再通过视听资料进行补充，使观察记录详细、真实、完整。

(6)依据《纲要》和《指南》的精神，对活动观察记录中的儿童行为表现、儿童参与活动的兴趣、儿童对打击乐器的使用、活动中儿童个体差异、儿童活动表现和

学习笔记

创造、幼儿教师的指导策略等进行分析。

（7）各成员轮流分享自己的记录与分析，然后积极展开讨论，集体回放所观察活动的视听资料。各成员再次完善、整理自己的观察记录，形成文字并分析。

（8）根据自己的观察记录分析，全面了解学前儿童音乐教育实践活动的概况，感悟艺术教育活动对儿童发展的价值。

（9）各小组提交个人考评表、实训活动总结汇报各一份，小组各成员提交活动观察记录分析报告、活动调整方案各一份。

5. 考评

小组考评（由教师进行考评）				
考评项目	优秀	良好	及格	不及格
团队配合				
观察记录				
活动总结				

个人考评（由小组各成员评定）				
姓名	优秀	良好	及格	不及格

典型案例

大班音乐活动：会跳舞的彩色布条

活动介绍

在"各种各样的布"的主题活动中，儿童了解了多种布的特性，尤其对丝质布的色彩、图案、飘逸感产生了浓厚的兴趣。让幼儿自己动手制作彩带、拿着布条跳舞，能使幼儿初步了解彩绸飞舞的传统中国舞蹈形式，还能培养幼儿的探索能力、协调能力和合作意识。为此，设计了本次综合艺术活动。活动中，幼儿根据已有经验，结合喜庆热烈、具有民族风格的乐曲《红绸舞》，通过动手自制彩带、跳绸带舞、画图形、即兴创编组合舞蹈、器乐演奏等多种艺术活动，感受音乐，增进自己对民族音乐、舞蹈的认识和体验。

活动目标

1. 在做做、跳跳、画画、编编等活动中，感受民族音乐的快乐情绪以及乐曲所表现的多姿多彩、彩绸飞舞的热闹情景。

2. 能根据音乐按自己的意愿自由组合舞蹈动作，尝试表现音乐中的对话情节，从中体会合作、交流的愉快情绪，体验艺术活动的快乐。

3. 选择适当的位置和空间大胆地进行活动。

活动准备

1. 彩色布块和布条、剪刀若干，笔、方块纸若干，打击乐器鼓、钹等若干。

2. 《红绸舞》的音乐以及绸带舞的录像、课件（表示音乐结构的图谱）。

3. 幼儿已学会秧歌十字步的基本动作。

活动过程

1. 引导幼儿玩玩做做

通过玩玩做做，帮助幼儿感受绸带的飘逸。然后请每人拿一块布和一根布条跟着音乐跳起来，比一比谁跳得更漂亮。

（分析：这个环节师幼一起随音乐节奏边跳秧歌十字步边自由挥舞布块和布条，并相互交流动作，激发了幼儿的兴趣。《红绸舞》的民族风味浓厚，与跳秧歌十字步相辅相成，使幼儿感受到了布条的飘逸感。有的孩子情不自禁地说："用布条比用布块跳舞更漂亮，好像在飞舞。"这为下面的舞蹈动作的探索做了铺垫。）

教师引导："你能把布块变成布条吗？"

（分析：在量量剪剪的探索过程中，幼儿互相协作，动手能力和协作能力得到了提高，同时也享受到了自制道具的乐趣。）

2. 启发幼儿跳跳画画，探索绸带舞动作之美

教师引导：在空中挥舞你的彩色布条，可以画出什么图形呢？可以两人合作，帮助你的好朋友将布条舞出的图形画出来。

教师将幼儿画有不同图形的记录卡贴到黑板上，并鼓励大家随某一幼儿的回答逐一模仿。

（分析：此环节让幼儿探索绸带的动作，并以简单的线条和图形来记录舞蹈动作。因为幼儿们有不同的挥舞方法，所以能画出各种不同的图形，有的画了大圆，有的画了螺旋形，有的画了蛇形……充分发挥幼儿的想象力、创新能力，使幼儿真正体验到了艺术活动的快乐。）

教师进一步引导：我们以前学过什么舞蹈也是用绸带作道具的？你能加上身体动作跳绸带舞吗？

幼儿结合绸带舞的动作，探索身体动作，创编绸带与舞步结合的动作。

（分析：这个环节是个重点，对于幼儿来说，已学过秧歌舞等用绸带作道具的舞蹈，使得幼儿创编的动作更加符合音乐特点。同时，教师以向幼儿学习的形式来优化动作，以"跳舞娃娃"的简图记录幼儿的动作，并组织幼儿随音乐节奏从练习单个动作到交替练习几种动作。在练习中，教师鼓励幼儿随音乐节奏大胆表现，对幼儿感受、理解音乐特点有很大帮助。）

教师：绸带舞是我国特有的民间舞，表演动作多姿多彩，你想学一学吗？

教师播放绸带舞的录像。

（分析：在舞蹈活动中，幼儿对舞蹈动作的获得都采用"先试后导"的方法。教师先尊重和肯定幼儿的想法和创造，接受他们的表现方式，再引导幼儿相互交流、相互欣赏，一起分享创造的快乐。看录像丰富了幼儿的舞蹈动作：有的绸带画八字形，脚跳起，小跑步；有的左右交替甩绸带；还有的绸带上下画曲线，脚跳起，像翻滚的波浪。教师又问："想不想再跟着录像连起来跳一跳？"幼儿们兴奋不已，为后面的完整创编做了铺垫。）

3. 鼓励幼儿听听说说，完整感知《红绸带》

教师：有一首乐曲也讲了跳绸带舞的故事，我们一边休息一边听，乐曲共有几句呢？

（分析：在听音乐时，教师和幼儿一起随音乐节奏做动作。幼儿们在教师的提示下很自然地在换乐句时换动作，教师也通过问"我们换了几个动作"帮助幼儿感知音乐的结构。）

出示图谱并引导：这张图谱表示这首乐曲，你发现了什么？你看着图谱再听一听，一共有几句？结合图谱，进一步辨别音乐结构。

（分析：引导幼儿完整感知音乐，是一个逐渐提高要求的过程。教师利用图谱将音乐结构直观表现出来，幼儿在一次次探索中自然得出结论。）

请幼儿仔细听音乐的第三乐句和第五乐句，教师在钢琴上分别弹出音乐的第三乐句和第五乐句，让幼儿感知音乐的对话情节。

（分析：这个环节中，教师以不同的强度和音色弹奏音乐的第三乐句和第五乐句，帮助幼儿感知乐句的对话。有个幼儿说："你说一句，我说一句，好像在对话，可能是在交替跳舞吧。"教师追问："交替跳了几遍？你能用动作表现出来吗？"他邀请旁边的小朋友交替跳同一个动作。教师借机让大家随着音乐节拍集体练习这个幼儿编出的动作，以鼓励幼儿利用动作去感知音乐的对话节奏型和结构特点。）

4. 引导幼儿编编跳跳，完整表现舞蹈

教师：绸带舞有很多漂亮的动作，我们根据音乐编个舞蹈吧！

（分析：这个环节中，教师鼓励幼儿听音乐尝试组合动作，为幼儿提供了自由尝试创编的机会，同时观察幼儿的尝试。有的将刚才大家创编的绸带舞动作编进舞蹈里，有的自己组合创编舞蹈动作，还有的和旁边的小朋友交流着自己的动作，他们结合自己的经验，随着音乐节奏欢快地跳着。）

互相交流：你是怎么编的？你在音乐的什么地方跳这些动作呢？

（分析：教师鼓励幼儿大胆表现自己的想法，在尝试和交流中获得自由表现和创造的快乐。交流时，教师按幼儿讲的顺序，以跳舞娃娃的简图帮幼儿记录动作，并放在相应乐句下。引导幼儿根据讨论出的动作顺序，听音乐完整表演舞蹈。）

启发幼儿根据已有经验，听音乐自由创编。

（分析：本环节，教师鼓励幼儿自由组合动作，只要符合音乐节拍、结构即可，给幼儿大胆表达自己情感的空间，使幼儿在尝试的过程中体验到舞蹈动作的组合可以有多种形式、可以根据自己的意愿来编排，同时引导幼儿去求异和创新。）

小结：绸带舞是我国的民间舞蹈，逢年过节人们在大街小巷都要跳绸带舞表示欢庆，你还看到什么表演表示欢庆呢？

（分析：这个环节给了幼儿与同伴交流、互动的机会，进一步满足了幼儿探索、创新的需要，激起了幼儿浓厚的兴趣及表现的欲望。教师还可以和幼儿随音乐讨论配器方案，奏一奏鼓、钹等打击乐器，增添热闹的气氛。此环节可以放到活动延伸中进行。）

思考与练习

一、填空题

1.《3—6岁儿童学习与发展指南》中强调，幼儿艺术领域的学习关键在于充分创造条件和机会，在_____和_____中萌发幼儿对美的感受和体验，丰富其_____和_____，引导幼儿学会用心灵去_____和_____美，用自己的方式去表现和创造美。

2. 学前儿童美术活动的内容在表现形式上分为_____、_____和_____三大部分。

3. 学前儿童音乐教育的内容大致可分为_____、_____、_____、_____四部分。

4. 学前儿童艺术教育的目标就是对学前儿童艺术教育所能达到效果的_____，只有明确了教育目标，才能顺利地进行艺术教育。

5. 学前儿童艺术教育的目的是引领儿童在艺术活动中_____美、_____美和_____美，最终促进儿童健全人格的形成。

6.《3—6岁儿童学习与发展指南》中，将艺术领域按照幼儿学习与发展最基本、最重要的内容划分为_____和_____两个方面。

二、判断题

1. 学前儿童艺术教育要强调儿童在某一艺术专业领域知识、技能的获得，及早走上专业化道路。

（　　）

2. 在学前儿童艺术教育中，要针对不同幼儿的特点和需要，使每一个幼儿都得到美的感受和体验。同时，对有天赋的幼儿，要注意发展他们的艺术潜能。（　　）

3. 考虑到艺术领域本身的特点，很难打破学科的逻辑体系，做到与其他领域内容相融合。（　　）

4. 技能技巧的训练应该放在学前儿童艺术教育的首要位置。（　　）

5. 在支持、鼓励幼儿积极参加各种艺术活动并大胆表现的同时，帮助他们提高表现的技能和能力。

（　　）

三、选择题

1. 下列表述中，属于小班美术教育的年龄阶段目标的是（　　）

A. 学会在画面上简单布局，表现简单情节

B. 感知、体验从自然景物、艺术作品中能享受到的视觉艺术的美

C. 能够简单地描绘人物和动作的不同姿势

D. 能根据画面内容恰当使用颜色，学会自己调色

2. 下列表述中，属于大班美术教育的年龄阶段目标的是（　　）

A. 养成正确握笔及绘画姿势，手眼保持一定距离，握笔自然，按意愿作画

B. 养成对色彩的认识兴趣，能认识并学会使用几种常见的颜色

C. 学会使用剪刀，可用不同方式如目测剪、沿轮廓剪或折叠剪

D. 初步认识到纸笔和手的动作的关系，体验到涂鸦的愉悦感

3. 下列表述中，属于小班音乐教育的年龄阶段目标的是（　　）

A. 能用不同的速度、力度、音色变化来表现歌曲的形象、内容和情感

B. 能够根据不同的合作歌唱要求控制、调节自己的歌声

C. 在集体演奏活动中，能按指挥的手势迅速、正确地做出反应

D. 能用正确的姿势、自然的声音一句一句地歌唱，初步理解和表现歌曲的形象、内容和情感

4. 下列表述中，属于大班音乐教育的年龄阶段目标的是（　　）

A. 基本上能够按照音乐的节奏做上肢或下肢的简单基本动作和模仿动作

B. 能分辨乐段、乐句中明显的重复和变化关系

C. 在有对比的情况下，能分辨差别较明显的高低、快慢、强弱特征

D. 能感受性质鲜明单纯、结构短小的歌曲和有标题的器乐曲的形象、内容、情感

四、简答题

1. 简述学前儿童艺术教育的核心价值。

2. 学前儿童艺术教育对幼儿个体发展有哪些促进作用？

3. 学前儿童艺术教育对社会发展的功能是什么？

4. 学前儿童美术教育活动都包括哪些内容？

5. 学前儿童音乐教育活动都包括哪些内容和形式？分别有何作用？

专题二
设计与撰写学前儿童艺术教育活动方案

学习目标

　　1. 了解学前儿童艺术教育活动设计主要包含的内容，尝试运用所学知识和经验设计艺术教育活动，为活动的实施做好准备。

　　2. 能够有创意地设计适宜的学前儿童艺术教育活动，并能够较规范地撰写活动方案。

思维导图

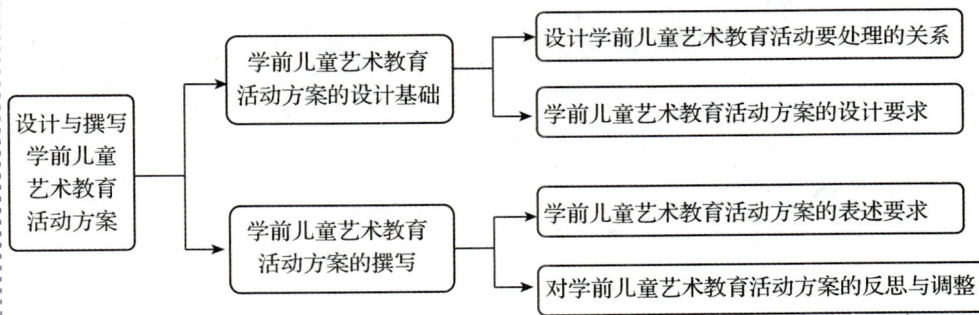

专题导入

为什么学前儿童艺术教育活动需要设计详细方案？

不少同学在幼儿园进行实践后向老师反映，艺术教育活动最不好组织：首先是自己没有头绪，根本不知道怎样把孩子们带到艺术活动里面去；其次是孩子们要么不感兴趣、不参与，要么一动就乱。针对这种情况，老师问道："你们是新手上路，组织活动前有没有设计活动的详细方案呢？"结果得知，同学们的"活动设计"不是从网上下载的就是从书里找的。老师进一步引导："学前儿童艺术教育活动有它自身的特点和规律，我们应该做有准备的教师。"本专题是帮助同学们把平时学到的艺术方面的知识技能和教育方法紧密地结合起来，从而学会设计艺术教育活动，并尝试撰写活动方案。相信大家学习了本专题后，再去实践时一定会有不同的感觉。

教育活动的设计与实施不是一次性的工作，而是反复调整实践、不断提升的过程，一般步骤为：预设方案—组织实施—反思调整—再实施—再反思调整—再实施……一直循环往复。本专题先解决学前儿童艺术教育活动方案设计与撰写的问题，为活动实施做好准备。

学习主题 1
学前儿童艺术教育活动方案的设计基础

学习笔记

一、设计学前儿童艺术教育活动要处理的关系 >>>>>>>>>>>>>

活动的设计是活动之前对活动的具体行动的规划，是活动运行的一个预案。设计学前儿童艺术教育活动需要处理好几个关系。

（一）教师的主导与儿童的主动参与之间的关系

儿童能否主动参与活动，关键在于教师是否发挥主导作用去调动儿童积极参与活动的主动性。设计学前儿童艺术教育活动，要把握住艺术活动自身的特点，进行生动活泼的引导，用艺术特有的感染力激发儿童参与的兴趣。

（二）集体活动与个体发展之间的关系

儿童在艺术领域的发展有着明显的个体差异，在学前儿童艺术教育活动中，既要关注大多数儿童的表现，又要预设出关注个体发展、重视因材施教的策略和方法，使每个儿童都能在原有基础上得到发展。

（三）艺术教育与全面教育之间的关系

教师在培养儿童艺术兴趣与素养的同时，应重视艺术与其他领域教育内容的内在的、横向的联系，全面发挥教育材料和教育活动的价值，促进儿童各方面和谐发展。

（四）创造性与技能技巧之间的关系

创造性培养与技能技巧训练的关系一直是学前儿童艺术教育理论与实践中争论颇多的一个问题，其实这两方面本不应该是矛盾的。一方面，创造性是儿童艺术的灵魂，而艺术教育在对儿童的创造性进行培养的同时，也会对儿童的艺术技能技巧有所提高；另一方面，技能技巧又是儿童艺术表现和创造力提高的必要条件，没有一定的技能技巧，儿童的艺术创造就无从依托。艺术教育是面向所有儿童的，技能技巧和艺术知识的传授不应作为教育的重点，重点应该是儿童艺术兴趣的保持和创造力的培养。当儿童的自我表现遇到阻碍、受到技能技巧的限制而不能施展时，技能技巧方面的帮助才是必要的。

二、学前儿童艺术教育活动方案的设计要求 >>>>>>>>>>>>>>>>

学前儿童艺术教育活动的预设方案大致包括活动班级(年龄)和时间、活动名称(题目)、活动目标、活动准备、活动过程、相关经验、活动延伸七项内容。

（一）活动班级（年龄）和时间的标注

活动班级(年龄)、活动时间对于学前儿童艺术教育活动的目标制定、内容选择和活动方式方法常常起着直接或间接的决定作用。

1. 标注班级（年龄）

班级所明确的是活动的主体对象，如"中二班"，其内涵为活动对象是中班年龄特点的孩子，具有和其他班级不同风格的群体，同时也会有特殊的个体包含其中。班级能为我们提供以下信息。

(1)此艺术教育活动是依据哪个年龄段的哪个班的幼儿设计的。

(2)活动将落实到怎样的对象中去。

(3)此班级共有的前艺术经验有哪些。

(4)此班级幼儿的行为特点是怎样的。

…………

这些信息告诉我们，艺术活动设计应具有很强的针对性，不能太过随意，即使是相同的内容材料，不同的主体对象也应有不同的活动目标和方式方法。这一点提示我们要注意：艺术教育活动设计与实施是针对性很强的工作，不能把现成的活动设计"拿来主义"地到处实施，无论多么经典的活动设计，也应依据本班幼儿的实际情况进行修改和调整再实施。

2. 标注时间

在预设方案中对活动时间的标注包括记录活动的时间点和背景，它反映出以下信息。

(1)此活动出现在这一年龄班的哪个时间点上。

(2)是单独的活动还是属于哪个主题。

学习笔记

想一想

学前儿童艺术教育活动方案的设计有哪些要求？

(3)是系列活动的哪个时间点。

(4)是上午还是下午，是否与季节吻合。

…………

在预设方案的撰写过程中，活动班级(年龄)和时间往往被教师忽略。作为完整的艺术教育活动设计，填写和标注活动班级(年龄)和时间是方案的规范要求。标明活动班级(年龄)和时间便于方案作为资料保存、查阅、记录，有助于积累班级艺术活动情况，同时也便于他人借鉴或评价学前儿童艺术教育活动时使用。

(二)活动名称(题目)的确定

名称(题目)是一个活动的纲领，它既能使人们在阅读文本设计方案时对活动一目了然，也会在活动组织中发挥很大的作用，因此应认真设计、反复考量。

(三)活动目标设计

《幼儿园教育指导纲要(试行)》规定："幼儿园的教育活动，是教师以多种形式有目的、有计划地引导幼儿生动、活泼、主动活动的教育过程。"这一规定要求教育活动必须有明确的目标。目标是穿起整个活动的主线，并引领活动进行。在进行学前儿童艺术教育活动目标设计时，应注意以下问题。

1. 学前儿童艺术教育活动目标与其上位各层级目标的关系

学前儿童艺术教育活动目标与其他教育活动目标一样，处于目标层级的最后一层，它是在整个教育、学前儿童教育领域目标背景下，对于年龄班领域或学科发展目标的分解和落实。教育总目标是通过一个个具体的教育活动目标实现的。

表 2-1　我国学前儿童教育目标体系的层级结构

层级	名称	内容	作用
第一层级	教育的目的	我国教育方针	宏观指导学前儿童教育工作
第二层级	学前儿童教育目标	托幼保育和教育目标	规定指导托幼机构教育工作
第三层级	托幼机构课程目标	五大领域发展目标	具体指导托幼机构教育工作
第四层级	艺术领域年龄段发展目标	各年龄段发展目标	指导各年龄段艺术教育工作
第五层级	艺术教育活动目标	教育活动的目标	指导单独或系列的具体活动

2. 学前儿童艺术教育活动目标的内容

(1)领域内发展目标的制定。

学前儿童艺术教育活动必然以艺术领域内的发展目标为核心。在艺术活动中感受愉悦、激发兴趣，获得基本的审美素养和初步的艺术表现、创造能力，是艺术教育活动最重要的目的。因此，指向艺术领域内的发展目标的内容主要包括：艺术兴趣的激发和保持，如对艺术活动的兴趣、态度、情绪反应；艺术审美素养的熏陶，如发现生活美、大自然中的美、艺术美等；初步的艺术表现能力的获得，如感知、运用艺术的经验，初步的艺术表现手法等；初步的创造能力的展现，如对自我、艺术作品和理解到的一切真、善、美的创造性表达与表现等。对于以上提出的几项常用的目标内容，视活动内容选择1～2个重点目标呈现。

典型案例

无音乐目标的音乐活动

活动名称

大班音乐活动：妈妈的爱

活动目标

1. 发展理解力，培养幼儿爱妈妈、爱祖国的情感。

2. 体验爱别人或被别人爱都是一种幸福。

评析：

对于儿童来说，在教育活动中可能获得的发展是多方面的，如情感、态度、认知经验、技能以及观察力、想象力、创造力等。但是对于一个具体活动来说，由于时间短、涉及领域不同，我们应根据儿童的原有水平和本次活动的重点筛选出主要目标，这样才能使每次活动都具有本身的特质，为儿童的发展搭建一个个不断前行的阶梯。

(2)领域外发展目标的制定。

学前儿童艺术教育活动能为儿童提供艺术方面的发展条件，也能提供获得其他领域某些关键经验机会。因此，依据活动实际情况提出领域外发展目标也是艺术活动的必然要求。领域外发展目标主要包括两方面内容：其他领域发展目标和学习品质培养目标。

①其他领域发展目标的选择与设定。

在艺术活动中，不强求每个活动必须制定出其他领域关键经验的目标，确实涉及其他领域关键经验时应明确指出。如儿童能和同伴的默契合作，能建立深厚的友谊、能学会理解和欣赏他人、能做到与人为善和富有同情心，从而培养自控能力和良好的社会性品格。因此，社会领域发展目标在这里不是宏观的、空洞的，而是落实到儿童的具体行为上，在活动中使儿童逐渐获得与同伴、环境、空间、材料等合作、共处的能力，此时提出社会领域的具体目标就非常有意义。又如某音乐活动中设计了许多身体接触的活动，那么提出"学习使用友好的、善意的、别人不反感的身体接触方法"的目标就显得很合理。

学习笔记

典型案例

歌曲《小小猴真淘气》(中班)活动目标

活动目标

1. 理解歌词内容，初步学唱歌曲，会唱歌曲的A部分。

2. 能按照稳定的速度点拍同伴找小猴，点拍同伴动作亲切温和，用同伴乐意接受的拍头等身体接触动作，共同快乐地玩游戏。

3. 懂得不能乱扔垃圾。

评析：

此歌唱活动中有明确的音乐活动目标。此外，活动中大量运用了"点兵点将"的方法，儿童之间要进行点拍头部和身体等动作，因此活动目标中提出了"点拍同伴动作亲切温和，用同伴乐意接受的拍头等身体接触动作，共同快乐地玩游戏"。另外，活动还依据歌词内容设置了"懂得不能乱扔垃圾"的社会性目标。

典型案例

《我的自画像》(大班绘画活动)活动目标

活动目标

1. 学会仔细观察，发现自己最突出的面部特征。
2. 能够用自己喜欢的绘画技巧画出自画像，体验绘画过程的快乐。

评析：

此活动目标中有明确具体的美术目标。此外，"画出自画像"是以"学会仔细观察，发现自己最突出的面部特征"的科学和社会领域的方法和认知为基础的，而自画像的完成过程也是儿童自我认知的一种途径。因此，提出与活动密切相关的科学目标"学会仔细观察"和社会目标"发现自己最突出的面部特征"，是非常必要的。

②学习品质培养目标的设定。

具有良好的学习品质是"学会学习"的重要指标，《指南》中明确提出了重视幼儿的学习品质的要求，这是幼儿教育指导性文件的一个突破。针对学习品质培养，华东师范大学李季湄教授也进行了说明和解释："不存在一种脱离具体学习领域的抽象的孤立的学习品质。因此学习品质不作为独立的领域，而渗透于各领域之中，避免重复，也避免孤立的训练。"因此，在艺术教育活动设计中也有培养良好学习品质的任务，在恰当的活动中提出学习品质习得的目标是非常必要的。

典型案例

歌曲《太阳出来了》(中班)活动目标

活动目标

1. 学唱歌曲，能用跳动的声音演唱句末的象声词。
2. 巩固用接唱的方式演唱歌曲，体验合作演唱的乐趣。
3. 养成专注倾听的好习惯，能关注旋律的相同与不同，也能听懂语言的相关逻辑。

评析：

此歌唱活动中有明确具体的音乐目标。此外歌曲的歌词中蕴含着符合自然逻辑的语言关系：一个事物出来了，引发另一个事物开始唱歌，出现不同的歌声，歌曲的旋律也有相应的变化。因此，利用歌曲材料的特点提出"专注倾听"的目标要求，而"专注倾听"是一个具体、良好的学习品质。

(3)制定目标内容的要求。

制定目标内容的要求突出表现为两点：一是具体，二是系统。

具体就是防止空泛，每个活动目标都应该是具体的，具体到某一关键经验或知识点，这样才能使每次活动都具有其自身的价值和意义。

系统就是要考虑艺术活动中儿童发展的连续性和知识、能力的纵向关系，帮助儿童将已有经验和活动中的关键经验进行联结，环环相扣、螺旋上升。在目标内容表述上应有差别：对已有经验提出"运用、唤醒"的要求，将新经验设定为"初步感知、逐步学会"。

下面我们看一个目标制定不具体、不合适的案例。

> **典型案例**
>
> **目标制定不具体、不合适的音乐活动**
>
> **活动名称**
>
> 大班音乐活动：音乐城堡
>
> **活动目标**
>
> 1. 体会不同音乐形式有不同的感情色彩，对音乐产生兴趣。
>
> 2. 初步感受乐音与噪音的不同，培养听觉感受力。
>
> **评析：**
>
> 目标中的"对音乐产生兴趣""培养听觉感受力"这两点可以说适用于任何一个音乐活动，没有体现出此活动要达成的特有的具体目的，这就是我们所说的目标"大而空"。另外，目标的第二条中的"初步感受乐音与噪音的不同"对于大班幼儿来说是已有经验，而不是初步感知，出现在要达成的目的中显然不合适。

（四）活动准备工作与明细

活动准备是学前儿童艺术教育活动预设方案中的重要内容，也是活动前必须做的工作。活动准备是否细致、充分，直接关系着学前儿童艺术教育活动的成败与质量。那么，活动准备工作包括哪些内容呢？

1. 活动材料的准备

要求准备好活动中教师和儿童要使用的所有材料，包括：教师的教具，如琴、打击乐器、挂图、卡片、实物、播放设备等；儿童的操作材料，如书，道具(头饰、纱巾、球、布娃娃等)，笔，纸等。

2. 活动环境的准备

环境是不可或缺的教育资源，具有教育活动的主场地、引线、补充、延伸等功能。学前儿童艺术教育活动环境的准备包括：在墙饰和区角布置与艺术活动有关的内容；对场地合理设计和利用，保证艺术活动安全、顺利地进行；营造艺术氛围，如用音乐和儿童打招呼等。

3. 儿童经验的准备

即儿童在活动中可能运用到的艺术与非艺术经验的分析与准备，如提前获得感性经验、熟悉音乐旋律等，为艺术活动做准备。

4. 教师经验的准备

即教师在艺术与非艺术方面用于示范和活动组织的经验准备工作，如对艺术作品、材料及与活动有关的非艺术知识、技能的细致把握与呈现，属于教师备课中备自己的范畴，为学前儿童艺术教育活动的高质量进行储备知识性、技能性的资料。如熟知与活动内容相关的信息、材料，熟练弹唱歌曲，准确哼唱名曲的旋律，能准确指挥儿童的节奏活动，能详细介绍乐器，能介绍相关民俗知识，能熟练画图等。

（五）活动过程设计

活动过程是艺术教育活动的主体部分，是根据儿童的特点，围绕活动目标，借助艺术材料设计的以儿童为参与主体的方法多样的、具有层级性的具体活动安排。

1. 活动过程常见结构形式

想一想

学前儿童艺术教育活动过程设计有哪些要点？

活动过程的常见结构形式有三段式和一段式。传统的三段式活动一般分为三个界限分明的部分。其中，第一部分（开始部分或准备部分）和第三部分（结束部分）的活动内容通常是复习儿童已学过的内容。以音乐活动为例，在第三部分最常见的程序、内容为：复习乐曲、韵律动作、歌唱表演或游戏、律动。第二部分（中间部分或基本部分）的活动内容通常是学习新作品或新技能。在第一部分和第三部分采用儿童较为熟悉的内容，可能会比较有效地产生"唤醒"或"恢复"的效果。同时，儿童在回顾相对熟悉的内容时也有机会，不断巩固旧有知识、技能，并不断对熟悉的作品产生新的理解、体验；不断使熟练化、丰富化、深刻化的已有经验更好地迁移到新的学习情境中去，更好地获得改造和重组，进而上升为在质与量两方面都更高一层的新经验。

一段式活动是近些年出现的活动方式，没有较明显的板块结构，而是围绕儿童兴趣和教学内容层层深入，由多个环环相扣的环节构成。活动开始的"导入"比较开放，教师往往会设计一些出其不意、贴近儿童生活又能引发其好奇心的话题或活动，目的是激发兴趣、振奋精神、引导儿童关注教学内容等。活动过程注重儿童多种形式的参与。在活动结束时，利用儿童刚刚形成的新经验、新技能，使儿童通过对艺术活动的完整的享受性参与、创造来获得愉快、舒适的身心体验。

下面我们用表 2-2 对比一下两种结构形式各自的特征。

表 **2-2** 　三段式活动和一段式活动

三段式活动	一段式活动
由三个界限分明的部分构成	由多个环环相扣的环节构成
活动内容是复习、新授、复习	活动内容主要围绕新材料
活动具有连续性	活动比较独立
注重新旧知识、材料的衔接	注重新经验的获得和已有经验的运用
模式化、规范化程度高	灵活性、开放性程度高

无论是传统的三段式，还是现代的一段式，其结构本身都各有优缺点，可以单独使用，也可以结合使用，但不可随意摒弃。教育活动的关键不在于外在的结构形式，而在于内在的组织过程要符合儿童的学习特点、符合科学发展规律，结构形式可以多种多样。

2. 铺垫性的环节设计

学前儿童有些艺术经验的获得，需要教师在艺术教育活动中提供艺术经验感知的机会。艺术经验有系统也有层级，不是零散、随机的，从感知经验到运用经验同样是需要台阶和过程的。因此，为儿童提供的活动的每一个环节都应是下一个环节的铺垫，活动环节的环环相扣能够帮助儿童将已有经验和新经验进行联结，并使他们在能够胜任的活动中保持主动参与的兴趣。

学习笔记

（六）相关经验提炼

每一个教育活动都不是孤立存在的，艺术教育活动也不例外，应该对活动中学到的、运用到的其他领域或学科的相关经验进行提炼和汇总，与活动目标相呼应的同时，也在各领域发展间建立横向的联系，促进儿童的全面发展。例如，活动量大的艺术教育活动可以提炼出健康领域经验；与数学学习相关的艺术教育活动内容可以提炼出数学经验，如在学习歌曲《量词歌》时可以提炼出"对量词的拓展运用"等。

（七）活动延伸设计

活动延伸的设计，可以是任何领域、任何方式的活动。一方面体现教育活动的系统性和开放性特征，建立活动之间的联系，充分挖掘出一个活动材料、一个教育点的所有教育价值。另一方面调动区域、一日生活、家庭、社区等各种教育资源，与学前儿童艺术教育活动形成互补，组成完整的教育链，随时随地为儿童提供发展的机会。

🖊 学习笔记

学习主题 2
学前儿童艺术教育活动方案的撰写

一、学前儿童艺术教育活动方案的表述要求 >>>>>>>>>>>>>>

（一）活动班级和时间标注

活动班级和时间一般标注在活动名称的下方，如果方案有统一的表格格式，也应在相应的位置设有此内容。

（二）活动名称（题目）撰写

活动名称（题目）一般由两部分构成：活动内容和活动类型。名称表述一般有两种：一种是直接以艺术作品的名称和活动类型相结合而成的，如手工制作活动"可爱的小绵羊"、音乐欣赏活动"赛马"等；另一种是从艺术活动主题、情境、作品等多角度考虑而提炼出的，如打击乐活动"大狼喝粥"、手工造型活动"蔬菜化装舞会"等。另外，如果活动是主题活动的一部分，应注明属于哪个主题。

（三）活动目标表述

1. 目标表述维度

活动目标表述一般可以从以下两个维度进行。

（1）发展目标——可以从儿童发展的角度来设定目标，即儿童学会哪些知识，获得哪些能力，发展哪些情感、个性及社会性等。以儿童为第一人称主语，且省略主语后多使用"学会""懂得""感受""发现""体验"等词语，体现活动推动儿童发

想一想

　　学前儿童艺术教育活动方案的表述有哪些要求？

展的期望。

(2)教育目标——可以从教育的角度来设定目标，即教给儿童哪些知识，培养儿童哪些方面的能力、情感和习惯等。以教师为第一人称主语，且省略主语后多使用"培养""促进""鼓励"等词语，反映教师对自己的教育手段或教育行为的预想期望值。

根据以儿童发展为本的理念，发展性的表述指明了儿童通过学习应该达到的发展目标和方向，突出了儿童在活动中的主体地位及以儿童发展为本的课程思想，同时可使教师转变观念，更多地关注活动中儿童的行为和表现。因此建议从儿童发展的角度来设定目标，使用以儿童为第一人称主语的表述方式。

2. 目标表述注意主语的统一

我们强调从儿童发展目标的角度表述，即明确达到目标的主体是儿童，应以儿童作为表述的主语，语句一般为省略主语的陈述句。注意避免目标中发展目标和教育目标的表述相混杂。

典型案例

目标表述角度不统一

小班音乐活动"北风爷爷别神气"的目标与分析：

1. 学唱歌曲，能有力、自豪地演唱歌曲……（这是发展目标）
2. 通过故事帮幼儿理解歌曲内容……（这是教育目标）
3. 初步探索、创编歌词，提高幼儿的演唱兴趣……（前半段是发展目标，后半段是教育目标）

评析：

以上活动目标时而从教育者角度提要求，时而从学习者角度提要求，表述较混乱，由此显现出教师设计思路不够清晰。

学习笔记

3. 目标表述中不出现内容、方法和手段

直接用省略主语的陈述句表述儿童要达到的目标，而不必出现活动内容及达到目标的方法、策略和手段等。例如，尽量不使用"通过……方法""利用……手段"等词语。

4. 目标表述用词要准确、具体

准确、具体的用词体现出目标的可行性，如在行为表现的程度方面可用"学会""能够理解""能够创编""感受""体验""运用"等词加以区分。

5. 目标表述要用句子不用词

目标应为省略主语的句子，不能只使用一两个词语，如"声音洪亮、感知情绪"等。

典型案例

美术教育活动目标的常规表述

活动名称

蔬菜化装舞会（创意造型）

活动目标

1. 掌握切、接、拼等方法，大胆给蔬菜创意造型。

2. 感知生活中普通事物神奇变美的过程，能够用语言大胆表述自己的创意造型。

评析：

1. 目标中含有具体的手工制作经验目标和相关学科经验目标。

2. 目标表述基本符合规范。

（四）活动准备撰写

各项准备工作的明细内容应尽量呈现在文本预设方案中，并随着活动设计的修订和活动的实施进行添加和修改。

典型案例

音乐活动设计中活动准备的内容

活动名称

大班音乐活动：苹果丰收

活动准备

1. 活动材料：幼儿用书，音响设备，打击乐器（鼓、响板和串铃），活动歌曲。

2. 活动环境：把本班墙饰适当的地方布置成果园的场景。

3. 经验准备：

（1）幼儿有摘果子的基本动作经验，并对朝鲜族有一定了解。

（2）教师细致分析、处理歌曲并熟练演唱。

评析：

设计者已一一列出支持此活动的材料、环境、经验（幼儿的和教师的）。

典型案例

美术活动设计中活动准备的内容

活动名称

蔬菜化装舞会（创意造型）

活动准备

1. 活动材料：准备丰富的、形态各异的新鲜蔬菜（根据幼儿人数分组，可用几个菜篮）；塑料刀、垫板、橡皮泥、牙签、彩色纸（辅助材料）、剪刀等（根据幼儿人数分组，可用几个托盘）；制作好蔬菜造型的电子课件；蔬菜歌，《蓝色多瑙河》乐曲，以及播放机。

2. 活动环境：将提前进行造型的蔬菜放在自然角的展台，并在室内最醒目的墙壁张贴自制蔬菜图片。

3. 幼儿经验：能够认知各种蔬菜的名称，了解蔬菜的外形，简单使用工具。

4. 教师经验：提前对常见蔬菜进行研究和装饰造型，以便在活动中指导和提示幼儿的创意。

评析：

设计者已一一列出支持此活动的材料、环境、经验（幼儿的和教师的）。

（五）活动过程表述

第一，活动过程的层级呈现。在形式上运用前面讲到的三段式或一段式都可以，但内容上要互相取长补短。

第二，活动过程表述主语统一为教师，体现教师的主导性。教师是组织者、指导者，是活动方案的使用者，因此要以教师为主语表述。

第三，活动过程表述语言多为陈述句，尽量不要使用师幼对话的形式贯穿全程。

第四，活动过程教师行为表述用词需要特别注意，应多使用"请""帮助""鼓励""引导""启发"等行为词，强调儿童的主体性，体现儿童为活动主体，教师是儿童学习的辅助者和引导者。

典型案例

活动过程表述范例：歌曲《太阳出来了》(中班)

1. 引导幼儿熟悉歌曲的歌词内容。

(1)播放歌曲，请幼儿安静倾听，先听一听歌词里包含的事物的联系。

(2)帮助幼儿理解和记忆歌词。

教师引导：

谁出来了？小鸟开始唱歌，怎么唱的？

谁吹来了？树叶开始唱歌，怎么唱的？

谁涌来了？大海开始唱歌，怎么唱的？

谁响起了？我们开始唱歌，怎么唱的？

(可以用贴纸将歌词内容贴在黑板或磁力板上)

(3)再次倾听歌曲，出示画册、图谱，帮助幼儿记忆完整歌词。

2. 帮助幼儿熟悉歌曲旋律。

(1)教师范唱歌曲，请幼儿听一听歌曲中旋律的特点，并指图谱做出提示(上行音阶、下行音阶和下行三度小跳的旋律特点)。

(2)听完后，请幼儿说一说听到的歌曲的曲调特点。

(3)教师指图谱，在图谱的提示下，请幼儿随教师演唱歌曲，重复几遍。

3. 鼓励幼儿用不同的方法演唱歌曲。

先在演唱过程中提示幼儿句末的象声词，跳跃地演唱，尝试两遍。

再用接唱的方法演唱歌曲：教师先唱，幼儿接唱，接着师幼一起唱象声词，然后更换先后次序来尝试演唱。

4. 鼓励幼儿玩"找到朋友来歌唱"的游戏。

(1)教师发给每个幼儿一张歌词内容前三句的贴纸，请幼儿举着贴纸找朋友，把相同的内容找到一起。这时幼儿分成六个组。

(2)鼓励幼儿找关系组：如果拿着"太阳"贴纸的幼儿将其举起并演唱，拿什么贴纸的幼儿来接唱？风儿组和哪一组是关系组？海浪组又和哪一组是关系组？

请各组分别演唱和接唱，象声词部分由两个关系组一起来演唱。最后一句歌词由教师先唱，全体幼儿接唱。

5. 视幼儿的兴趣重复几遍游戏后，结束活动。

评析：

此活动过程表述较规范，运用一段式层级呈现，强调活动环节；表述语言为以教师为主语的陈述句；用词体现了教师的主导性，强调了儿童的主体性。

（六）相关经验撰写

相关经验撰写的要求同活动目标表述。

典型案例

相关经验撰写范例：音乐活动"找小猫"（小班）

健康：学习建立安全意识和自护自救的一些方法。

社会：喜欢和注意倾听同伴的声音，更加关心和了解同伴。

语言：清楚地用语言表达安全防护的内容。

评析：

在此音乐活动中，提炼出除关键经验以外的其他领域相关经验的意义在于挖掘出音乐活动的多种教育价值，尽可能帮助儿童获得完整的经验。相关经验表述的要求与目标表述一致。

（七）活动延伸表述

活动延伸表述常见的格式为：用一句话做标题，然后简述活动内容或过程。对语言的要求同活动过程表述。

典型案例

活动延伸表述范例：绘画活动"哈哈镜里的我"（大班）

1. 亲子大收集。

引导幼儿联系生活经验，发现凹面镜、凸面镜在生活中的作用。鼓励家长协助幼儿收集生活中是凹面镜、凸面镜的物品，带到幼儿园和同伴分享，并鼓励幼儿交流自己的经验。

2. 故事讲述《狮子照哈哈镜》。

进一步巩固幼儿对哈哈镜的了解，体验故事中的智慧。

3. 学习散文诗《哈哈镜》。

引导幼儿感知散文诗的韵律美、理解散文诗的内容，启发幼儿边朗诵散文诗边进行情境表演。

评析：

以上活动延伸表述比较规范，列出三个方向的延伸活动，格式呈现和语言表述基本与对活动过程表述的要求相吻合。

二、对学前儿童艺术教育活动方案的反思与调整　>>>>>>>>>

对学前儿童艺术教育活动方案进行审慎的反思与调整后，运用到艺术教育活动实践中去，并在实践中进一步发现不适宜的地方，而后再次进行反思与调整，以达成教育质量螺旋式上升的愿望。对学前儿童艺术教育活动方案的反思与调整可分为活动前和活动后两种情况。

（一）活动前的反思与调整

在活动实施前，教师可以围绕以下问题进行反思与调整。

1. 活动设计的基本理念是否正确

活动中蕴含的儿童观、儿童学习观、儿童教育观、课程观等是否科学、正确。

2. 活动所选用的内容是否适宜活动对象

活动内容的教育内涵、艺术质量、难易程度是否适宜活动对象，并能够促进活动对象的发展。

3. 活动设计中的情境是否合理，能否吸引儿童

活动情境的设计是不是儿童所熟悉并感兴趣的，能否起到吸引儿童的作用。

4. 活动准备工作是否完善

活动准备需要考虑以下几个问题：活动中用的材料是否齐全，环境布置是否吻合、儿童是否喜欢，儿童的前经验准备是否充分，教师组织活动所需的经验是否足够等。

5. 活动设计的指导策略是否合适

反思将要在活动中运用的预设策略是否适合活动对象、活动内容、活动环境等。

以上反思与调整应在活动方案形成之初进行。教师需理性思考，反复斟酌并进行调整。在活动组织之前，教师应在头脑中反复预演活动现场，这些随机的活动情境想象将使教师获得教育直觉和灵感，便于及时调整活动设计。

（二）活动后的反思与调整

在活动实施后，教师可以自己或在他人帮助下围绕以下问题进行反思与调整。

第一，儿童对活动是否感兴趣，儿童参与活动的程度如何。

第二，期望儿童获得的经验是否有意义。

第三，儿童还获得了哪些在预设方案中没有涉及却有意义的经验。

第四，哪些材料没有充分利用或准备不充分。

第五，活动时，哪个提问不准确，哪个环节组织得不顺畅，需要进一步从略或充实。

…………

教师应及时将反思结果写成独立的反思笔记，或记载在活动设计中，用于调整、修订已有活动设计。

调整已有活动设计是教师反思后的必要行为。根据活动实施后的反思结果，主要从以下几个方面对活动设计进行调整。

1. 活动目标的调整

一个教育活动的价值有很多，活动目标不可能包含每个活动材料所具有的所有教育价值，只能选择其中的关键经验作为活动目标。那么，关键经验的选择与活动本身是否搭配、对儿童来说是否有意义等，就是应该进行调整的内容。

2. 活动过程的调整

儿童能否在活动中获得应有的发展、儿童会以怎样的方式获得发展、活动方法和策略是否适合儿童、活动过程中儿童是否感觉愉快等，都应依据实际情况和反思结果进行合理的调整。

3. 活动准备的调整

活动需要哪些环境支持、补充哪些准备不足的材料、场地应怎样更合理地布置和利用、儿童的前经验是否需要提前准备、教师备课还有哪些方面需要加强等，均为活动准备应调整的内容。

4. 活动延伸的调整

活动延伸在预设方案中是教师设计的，通过活动实施过程，教师应密切关注儿童兴趣倾向、提出的问题和活动中出现的问题，这些内容是调整活动延伸最好的依据。不能把活动延伸当作摆设或结束活动的理由，其一定要具有可操作性、得到具体的落实。如活动"拔萝卜"临近结束时，教师说"我们回自己班去品尝萝卜好吗"，结果是活动结束了，儿童却根本没有品尝到萝卜。经过反思，我们可以做两种调整，一是将这个结束活动的理由去掉，直接告诉儿童活动结束了；二是回到班级教室真正品尝为儿童准备好的萝卜。

实训任务

设计撰写学前儿童艺术教育活动方案

1. 实训目的

(1)尝试运用所学知识和经验设计学前儿童艺术教育活动。

(2)能较规范地表述和撰写活动设计，为活动的实施做好准备。

2. 材料准备

教师准备几个学前儿童艺术教育活动经典案例，学生每人准备一个自己认为较好的学前儿童艺术教育活动案例。

3. 实训方式

6～8 人一组，分组完成这一实训任务。

4. 任务与要求

(1)每组讨论产生一名负责人、一名发言人、一名撰稿人。

(2)各组在充分研讨的基础上，写出一份教师给出的学前儿童艺术教育活动经典案例的分析报告。

(3)组内成员交流自己在网上、书籍中找到的学前儿童艺术教育活动案例，谈一谈学习本专题后的认识和修改意见。

(4)每个人提交一份学前儿童艺术教育活动设计的详细方案(音乐、美术内容自选)。

5. 考评

由小组考评与个人考评两项构成，优秀、良好、及格和不及格的具体要求是通过师生讨论得出的。

小组考评				
考评项目	优秀	良好	及格	不及格
团队合作				
各司其职				
分析报告				

学习笔记

个人考评				
姓名	优秀	良好	及格	不及格

思考与练习

一、填空题

1. 学前儿童艺术教育活动的预设方案大致应该包括以下七项内容：_____、_____、_____、_____、_____、_____、_____。

2. 幼儿园的教育活动应该是_____、_____地引导幼儿_____、_____、_____活动的教育过程。

3. 学前儿童艺术教育活动目标表述应以_____作为表述的主语。

4. 幼儿音乐活动方案中活动准备内容包括_____、_____、_____、_____。

5. _____是制定幼儿音乐教育活动目标的重要依据。

二、判断题

1. 教育活动的设计是一次性工作，在组织活动前进行活动方案预设即可。　　　　　（　　）

2. 无论多么经典的活动设计，都应该依据本班幼儿的实际情况进行修改和调整。　（　　）

3. 在学前儿童艺术教育活动预设方案中，不必标明活动组织的时间。　　　　　　（　　）

4. 音乐技能的获得是幼儿音乐活动最重要的价值追求。　　　　　　　　　　　　（　　）

5. 学前儿童艺术教育活动目标中不能制定艺术领域外的发展目标。　　　　　　　（　　）

6. 学前儿童艺术教育活动目标表述可以从儿童发展的角度进行，使用以儿童为主语的表述方式。

（　　）

7. 幼儿的艺术感受具有强烈的个性特点，与成人相比有着很大的差别。　　　　　（　　）

8. 学前儿童艺术教育活动的三段式和一段式两种结构形式不可混合使用。　　　　（　　）

9. 活动延伸的设计，可以是任何领域、任何方式的活动。　　　　　　　　　　　（　　）

10. 学前儿童艺术教育活动应该对活动中学到的其他领域的相关经验进行提炼，在各领域发展间建立横向的联系。

（　　）

三、简答题

1. 简述活动预设方案标明活动时间的原因。

2. 活动方案设计中，活动准备工作包括哪些内容？

3. 为什么要从幼儿发展的角度来表述活动目标？

4. 简述设计学前儿童艺术教育活动要处理的几个关系。

四、论述题

联系幼儿园工作实际，谈一谈如何进行学前儿童艺术教育活动的反思。

专题三
熟悉学前儿童美术能力发展阶段与特征

学习目标

　　1. 了解学前儿童美术能力的发展阶段，明确学前儿童美术能力发展的基本特点，为学前儿童美术活动的设计与指导做好知识铺垫。

　　2. 能够形成对儿童画的线条、造型、色彩、构图等形式因素的原因分析，并为根据不同阶段儿童美术创作方面的特点进行恰当、有效的教育指导做准备。

思维导图

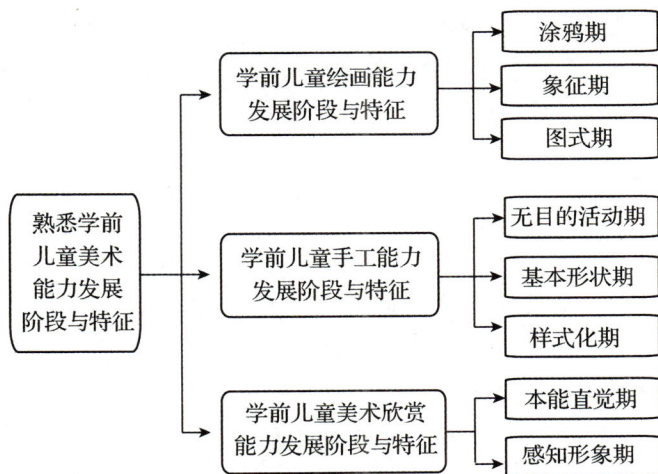

专题导入

为什么说了解儿童美术能力的发展是组织与指导儿童美术活动的前提？

同学们谈及儿童美术教育活动时，都习惯性地认为：讲得少、做得粗浅的活动就适合年龄较小的儿童，而讲得多、材料复杂的活动就适合年龄较大的儿童。这些都是因不了解儿童美术能力发展特征而产生的误区，若依此误区去设计和实施美术活动，会给美术教育的各个环节带来很严重的后果。比如，在活动内容的选择方面，会出现不适宜活动对象的内容；在指导儿童美术作品时，会使得"指导"变成"阻碍"儿童的创作；在评价儿童美术作品时，往往以成人的眼光来进行。基于以上误区和实践中的问题，本专题将会带领大家走近儿童、了解儿童美术能力的发展特征。具备了对儿童美术能力的理解，才能开展备受儿童喜爱的、适合儿童需要与发展的美术教育活动。

学前儿童美术能力的发展具有一定的顺序性和阶段性，在一定程度上反映了儿童动作和认知的发展状况。下面，我们就来一起了解一下学前儿童美术能力发展阶段与特征。

学习主题 1
学前儿童绘画能力发展阶段与特征

绘画是儿童最喜爱的活动之一，当儿童第一次发现笔和纸的触碰能产生不同的轨迹和形象时，他们便对绘画这一活动产生了极大的兴趣。也正是由于儿童的好奇，加之艺术冲动和身体运动的需要，他们开始不断探索笔和纸的神奇，也不断地使用艺术符号来表现自己的思想和情感。从儿童第一次操纵笔在纸上产生痕迹到儿童能够自如地运用艺术的符号进行创作表现这一过程中，儿童的绘画能力经历了不同的阶段。因此，以下我们将对儿童绘画能力发展的阶段进行描述，从而揭开儿童美术能力发展的第一层面纱，以期使儿童艺术教育工作者在面对不同年龄段儿童的美术活动和美术作品时能据此给予科学的指导。

想一想

学前儿童绘画能力发展一般经历哪些阶段？

世界各国的学者对儿童绘画能力发展问题做了大量细致的分析与研究，他们从各自的观点和立场出发，虽然结论不尽相同，但在儿童绘画能力发展的过程方面基本上是一致的，即儿童绘画能力发展是有阶段性与顺序性的。虽然每个孩子的发展有快有慢，但是有着共同成长的轨迹。我们将学前儿童绘画能力发展阶段概括如下。

一、涂鸦期(1.5～3 岁) >>>>>>>>>>>>>>>>>>>>>>>>>>>>>>>>

(一)涂鸦期阶段含义与主要特征

1. 阶段含义

1 岁多的儿童喜欢到处涂抹,于是他们开始用笔在纸上、墙上、家具上、衣服上毫无目的地画点、线,这时儿童的涂鸦行为就出现了。涂鸦是基于肌肉运动的最早涂画,是儿童发展大肌肉整合运动以及精细运动控制的过程。

2. 主要特征

此阶段儿童涂画的根本特点是没有明确的表现意图,是无意识的肌肉运动,他们不能控制画笔和画出来的线条,所画内容一般没有具体的形象,主要是由一些自由的点线构成。从颜色上来说,通常儿童只用一种笔来画,偶尔也会换一支笔,但这并不代表儿童对颜色有选择的需求,此时的儿童对于笔只是使用它的线性功能。涂鸦是儿童的一种游戏活动,他们享受涂鸦动作带来的那种有节奏的"动"感,以及笔在纸上留下的线条所带来的视觉满足。涂鸦是儿童绘画的准备阶段,是积极的学习活动。

(二)涂鸦期儿童绘画的发展历程与特点

儿童的涂鸦经历了一个连续的发展历程,可划分为无控制涂鸦、控制涂鸦、圆形涂鸦、命名涂鸦四个过程。

1. 无控制涂鸦(1.5～2 岁)

由于儿童最初的涂画是无目的的大肌肉运动,所以画面上呈现出来的只是一些杂乱、不规则的线抑或是"线头"。这个时期儿童的涂鸦通常不管上下、左右的方向,在大肌肉控制笔的涂抹下,常常涂出纸外;在操控笔时,儿童常常是满掌横握画笔,手腕不能灵活活动,线条的长短和方向是由手臂的摆动来实现的。儿童的涂鸦便是不断重复这些动作,在动作的同时探索笔与纸所创造出来的神奇,如图 3-1。

图 3-1　无控制涂鸦

2. 控制涂鸦(2～2.5 岁)

随着儿童肌肉动作的发展和对笔的控制的加强,儿童所画出的线条开始产生方向,这时他们能在纸上画出一些重复的上下、左右、倾斜的直线和一些似锯齿线又似螺旋线的不规则的线条。儿童的作品(图3-2)也表明,他们对手的控制力增强了,手腕肌肉和骨骼活动能力较之前也提高了。

3. 圆形涂鸦(2.5～3 岁)

儿童的肌肉、动作在不断发展,肩、肘、腕关节发育得愈加灵活。这时儿童的眼和手已能协调配合了,他们开始关注涂鸦时笔的运动方向,因此纸上反

图 3-2　控制涂鸦

图 3-3　圆形涂鸦

复出现封口及未封口的圆圈、涡形线等。儿童用这些大大小小的圆形来表现一切事物，如图 3-3。

儿童从画大圆、乱线的粗放动作发展到画小圆的较细腻的动作时，说明儿童的涂鸦即将迈入命名涂鸦的阶段。

4. 命名涂鸦（3～3.5 岁）

儿童的动作在逐渐成熟，其思维、语言也在同步地发展着。这一时期儿童所画形象虽未能反映事物的特征，但他们已经开始尝试用语言赋予所画的点、线、圈等意义，或为其命名（图 3-4）。儿童在涂鸦时，边画边自言自语地解释自己的画面形象。在此之前，儿童仅满足于涂画时的动觉快感，而现在他们把视觉与外部环境联系起来了，开始意识到自己所画的图形与自己周围环境之间的联系。但此时，儿童对自己作品的命名事先是无意图的，是受自己所画的图像启发又或者是跟随当下的心境和兴趣。命名涂鸦期的儿童作品在画面上呈现不出情节及内容，但在儿童自己的描述中蕴含情节及内容。所以，总的来说，命名是在儿童画出图像之后才发生的。到这一时期的末期，画面上的图形渐渐分化成简单的象形符号，开始迈向下一个发展阶段。

马雨桐（2.7 岁）《小鸟》　　　　马雨桐（2.7 岁）《自行车》

图 3-4　命名涂鸦作品

二、象征期（3～5 岁）>>>>>>>>>>>>>>>>>>>>>>>>>>>>>>>>>>>>

（一）象征期阶段含义与主要特征

1. 阶段含义

3 岁以后的儿童对视觉形象的感受力有所提高，在动作发展上，他们已经能够控制手腕和手指来进行绘画活动。绘画时开始有目的、有意识地创造形象，用自创的样式符号表现不同的具体内容。因此，我们称儿童绘画的这一时期为象征期。

2. 主要特征

儿童在此阶段由于对世界认知的不断增加，其画面内容也开始与周围的事物产生联系。从动作发展上来看，儿童的肢体协调能力和已有的技能还不足以让他们画"像"自己所要表现的事物，只是根据自己的观察角度与知识经验来表现物体。

这些象征符号的表现是儿童对所体会到的世界的理解，表明他们在认识上有了巨大的进步。

（二）象征期儿童绘画的创作特点

1. 构思方面

在构思上，儿童已经开始有目的、有意识地创造形象，因此在绘画时他们也开始产生构思的意图，但造型的目的性不强。由于儿童的思维特点即直觉行动思维，他们通常表现为动笔后构思。也就是说，开始他们不是有意识地想好要画什么，而是由某种动作、线条痕迹的刺激引发的表象。基于这样的思维特点，儿童还喜欢边画边自言自语。此阶段的儿童的情绪情感不稳定、易变，这也使得他们在画面构思中表现出绘画内容不稳定、形象含义易变的特点。比如，儿童原本要画太阳，画出很多"光芒"后想到妈妈的头发，转而要画妈妈。如果突然看到别的小朋友正在画狮子，儿童又想要画狮子。最后，如果问儿童："你画的是什么呢？"儿童可能会说："我画的是大狮子。"从"太阳"变成"妈妈"，最终成为"大狮子"，说明儿童在象征期表现出构思意图不强，绘画形象易变、不稳定的特点。

图 3-5　象征期作品《小兔子》

2. 造型方面

在造型上，这一时期的儿童能够用简单的图形和线条表征某一具体事物的基本特征，图形和具体事物之间在形态上有相似之处。其中，所画形象常常只具备物体的最基本部分，且多半是粗略、不完全的，会遗漏部分特征或细节。所以，当部分脱离整体时，其画面就无法辨认，部分就失去了它的意义。如图 3-6 象征期作品《蜘蛛》：椭圆代表蜘蛛的身体，线条则代表蜘蛛的腿，但是当椭圆和线条分离时，它们都将失去其所表示的意义。

图 3-6　象征期作品《蜘蛛》

图 3-7　象征期作品《爸爸和我》

这一时期，儿童所画的图像是一种象征的图式，其典型表现就是蝌蚪人（图 3-7）。以一个大圆表示头，大圆内的两个小圆表示眼睛，一根弯线表示嘴，几根线条表示腿和手臂，这就是儿童眼中的人。因其形似蝌蚪，所以被称为"蝌蚪人"，它反映出儿童在此成长阶段对人的概念的理解。在象征期，儿童把自己在生活经验中获得并积累起来的表象反映在纸上。儿童是根据自己的观察角度和认知经验来表现物体的，而其脑中的物象具有模糊性和概略性特征，因此其造型表现为概念化的简略图形，反映出了儿童简单、天真的感官逻辑。画中表现出的夸张、变形、简化、省略，都是这一时期儿童的造型特点。

图 3-8　儿童画作

3. 构图方面

在构图上，这一时期的儿童作品表现为在一幅画中以不止一个视点表现物体的展开式的构图。在画面上表现的形象较多，但一个物体与另一个物体之间没有位置与大小的联系，物体与地面也没有联系，形象各自独立，开始所画的物体常是飘浮在半空中。如图 3-8，香蕉和人被画在了纸的顶端，太阳和云在纸的中间，小鸟在纸的下半部分。

出现这种构图特点是因为儿童还没有明确的空间概念，他们关心的不是位置和大小的视觉描述，而是简单的感官逻辑表达。画面构图具有随意性，还未形成超越自我的空间关系概念。随着儿童的成长，画面上开始有基底线(代表地面水平线或地面与天空的分界线)产生。到象征期后期，儿童的画作基本是平行式排列构图。

4. 情节方面

在情节上，象征期儿童作品初期表现不出人物或动物的活动，画面上都是一些独立的个体，且这些个体无明显动作变化(图 3-8)，这也是受此阶段儿童社会性交往能力发展的影响。小中班的儿童与人交往的能力和主动性都比较弱，因此反映在画面中的事物形象也多是无表情、无动作的人物和不能表现动态的动植物等。随着儿童社会性交往能力的发展及其绘画表现能力的增强，其作品中便会出现独自活动的人物或动物，但此时的画面中所表现的主体之间仍不能产生联系。

5. 色彩方面

在色彩上，相较于涂鸦期儿童，象征期儿童对色彩的认识程度提高，能识别红色、绿色、蓝色、黄色、黑色等颜色；他们喜欢的颜色开始多起来，一般对纯度高、明度高的颜色感兴趣。这时儿童开始把自己认识和喜欢的颜色到处运用，画面出现"花哨涂染"。如图 3-8 表现人脸用了红色、黄色、棕色、绿色，表现云朵用了红色、紫色，表现房顶用了绿色等。这说明象征期儿童对色彩的使用没有再现或表现的意图，主要是出于兴趣，满足个人的主观美感愿望。此阶段的儿童由于生理条件限制，其初期的涂色表现为不均匀、无顺序，画面涂不满，有些儿童还会涂到轮廓线以外。逐渐地，他们能用方向一致的线条较为均匀地涂颜色了。

三、图式期(5～7 岁) >>>>>>>>>>>>>>>>>>>>>>>>>>>>>>>>>>>>>

(一)图式期阶段含义与主要特征

1. 阶段含义

图式期是儿童开始真正地用绘画的方法有目的、有意识地再现周围事物和表现自己经验的时期，也是儿童绘画最具活力的时期。此阶段的儿童凭借着记忆用所掌握的图形和线条把观察到的事物加以概括和重新组合，从而表现自己的经验和愿望，同时在绘画中融入自己的主观情感，创作出生动、丰富的作品。

2. 主要特征

此阶段的儿童所表现的内容通常和自己有关，有自我中心的特点。同时，这一阶段儿童想象力十分发达，绘画能力也有极大发展，他们脑中的形象通常是鲜明、直观、充满感情的。他们以特有的思维方式和主观生动的样式进行大胆表现，创造了自己独特的绘画方法。

（二）图式期儿童绘画的创作特点

儿童在图式期的绘画创作较之象征期有明显的发展，并且其画法也逐渐稳定下来。具体创作特点表现为以下几个方面。

1. 构思方面

在构思上，图式期的儿童已能在动笔之前想好要画的主题，独立构思画面，并按照已有的构思主题进行创作。在绘画过程中，他们表现出坚持原先设想的内容不变，同时较少受他人的影响。如在儿童创作时，成人看到部分内容后，可能断章取义地猜测内容，甚至建议儿童添画什么，这一时期的儿童通常会说"我画的不是××"，并坚持自己的想法，继续创作。

2. 造型方面

在造型上，此阶段儿童能用越来越多的和难度越来越大的形状去组成形象，且所画形象也越来越容易辨认，画面中还能用一些细节来表现事物的基本特征。通常我们会说："如果不用儿童解释就能看得出画面的内容，那么这时儿童就到了图式期的发展阶段。"可以说，细节描绘是此阶段儿童绘画中造型的基本特征之一。除此之外，图式期儿童在造型方面还表现出拟人化、夸张式、透明式、装饰性等特点。

（1）拟人化。

拟人化是指学前儿童把无生命的物体或有生命的动植物画得和人一样，不仅赋予它们生命，而且赋予它们人所具有的一切特征和本领的绘画现象。儿童在绘画中的拟人化表现，是他们的心理发展中泛灵论的体现。皮亚杰在研究儿童思维过程中发现，儿童在心理发展的某些阶段存在着泛灵论的特征，具有把无生命物体看作有生命、有意识的东西的认识倾向。4~6岁儿童把一切事物都看成和人一样的有生命、有意识的活的东西，如画出站立的动物、长着四肢的大树、有五官和表情的风、云等（图3-9）。

（2）夸张式。

儿童受自我中心心理的影响，他们常常不自觉地把外界给自己强烈感受的事物、自己关心的事物和认为重要的事物用夸张的手法表现，画得很大、很突出、很仔细，以说明其重要性，而对事物的整体或其他没有注意到的地方就会予以忽视和遗漏（图3-10）。

（3）透明式。

儿童在绘画时，总认为凡是客观存在的东西就必须画出来，虽然物与物是重叠的，但画面上还是互不遮挡。于是，我们经常会看到这样的现象：杯子中的牙刷清晰可见；从屋外可以看到屋里的一切；如果包中是儿童感兴趣的零食或玩具，一定不会忘记把它们都画出来；怀孕的阿姨肚子里安静地躺着一个小宝宝……这种透明式的画法也被称为"X光画"。儿童的这种画法不是学来的，而是这一时期儿童知觉特点的自然体现。

图 3-9　图式期拟人化作品《猫咪》

图 3-10　图式期夸张式作品《零食好好吃》

（4）装饰性。

图式期儿童所掌握的图形、符号增多，所以他们在表现事物的细节方面喜欢用多种图形、线条、色彩等在画面上进行装饰。我们经常看到儿童画的画面上出现数字、字母、各种图形等，也是由于他们对自己新掌握的符号感到好奇，于是就通过装饰画面来运用新本领。

3. 构图方面

在构图上，图式期儿童表现出多样化的空间表现方式，如散点式构图、多层并列式构图、俯视与展开式构图等。

散点式构图：儿童由于受空间知觉的限制，不能以合理的透视观念进行画面表现，所以在画中表现出多点、散点的透视结构。

图 3-11　图式期展开式作品《午休》

多层并列式构图："基底线"的产生表明儿童已经有了空间概念。在创作中，由于想法多、要表现的内容丰富，他们发现一条地平线不能足够清晰地表达自己的想法，于是就会将所要表现的内容一一陈列，出现多层并列式构图。

俯视与展开式构图：儿童受自我中心心理的影响，在表现画面空间上有许多样式。俯视与展开的方法便于表现物体互不遮挡，把画面中的人或物由中心向四周展开（图 3-11）。

4. 情节方面

在情节上，在象征期作品表现独自活动的基础上，图式期儿童的作品中出现了共同活动，即若干主体形象同时进行一项活动。随着儿童与周围世界的人、事、物的互动能力的增强和绘画表现手段的成熟，他们的画面上会出现产生相互作用的动作，虽然不同形象的动作略有不同，但都是为了完成同一活动（分工合作），从而形成了这一时期儿童在绘画中所表现出的主题。

5. 色彩方面

在色彩上，此阶段的儿童开始萌发表现事物客观颜色的愿望，即再现物体固有色的想法。此外，这一时期他们对色彩的情感意味和象征意义的感受也比较突出，具有比较强烈的色彩情感体验，时而容易发生色彩联想，如用自己理解的颜色表达自己的主观情感，用红色表现生气的脸、用暖色系表示喜悦和甜味、用多彩表达春天的生机等。儿童的色彩知觉特征和个性气质特征在绚烂的色彩中得以体现。

图 3-12　图式期作品《比赛》

学习主题 2
学前儿童手工能力发展阶段与特征

手工活动是学前儿童喜爱的另一种美术活动，它对儿童动手操作能力和空间思维能力的发展都有着重要的作用。从目前对儿童手工活动的研究来看，学前儿童手工能力发展状况呈现出与绘画能力相一致的过程和表现特点。但手工活动是一种三维的创作，因此学前儿童手工能力发展也有其自身的阶段表现特点。

一、无目的活动期(2～4 岁)(又称游戏阶段) >>>>>>>>>>>>>>>

(一)游戏阶段的含义

与涂鸦期儿童绘画能力发展相似的是，这一阶段儿童由于手部肌肉发展不够成熟，对事物的认识和生活经验都相对较少。这也使得他们不能理解手工工具和材料，不能有效操作，且对手工活动没有明确的目的性，只是一种纯粹的玩耍或游戏。所以这一阶段又叫游戏阶段。

(二)游戏阶段的主要特征

1. 泥工活动

在泥工活动中，这一阶段儿童的泥工操作的最初意图多是无意识的自由游戏，也就是玩耍油泥。表现为无目的地用手抓揉、拍打、掰开、捏合等，通过动作来改变油泥的形状，通过手的接触来感知油泥的性质。此时他们心中并没有明确的制作目的，只是在与油泥的接触中产生快感。慢慢地，儿童能够在无意识的揉搓中通过动作来改变油泥的形状，做成各种条状、球状和饼状的物体。在这个阶段的后期，儿童能用油泥制作成球形，但这并不意味着儿童已经掌握了三维的组织

图 3-13 马雨桐(2 岁)剪纸作品

图 3-14 马雨桐(2.5 岁)剪纸作品

图 3-15 马雨桐(2.7 岁)剪纸作品《螃蟹》

结构，而仅仅反映最初级的概念形式。这种球形对儿童来说代表一切固体物，如同命名涂鸦一样，儿童为他们所制作出来的各种球形命名，以用人物、动物、食物命名居多。

2. 纸工活动

一般来说，儿童纸工活动能力的发展相较于绘画活动和泥工活动落后一些，这一阶段主要表现为以下几个方面。

(1)剪纸。

这一阶段儿童并不能理解剪刀的用途，视剪刀为他们的众多玩具中的一种。在成人有意识的指导下，他们开始拿起剪刀并尝试使用，但还不能够灵活、正确地使用剪刀，于是时常出现剪一点后撕扯的动作，或纸被绞在剪刀里、从剪刀中滑出的现象，剪出的也多是不规则的大大小小的碎片。

(2)折纸。

折纸方面，3 岁以下的儿童只能随意进行无规则的简易折叠，很难折出成型、具体的东西。

(3)撕纸。

撕纸对于 3 岁以下的儿童来说是一种很好的美术游戏活动。儿童通过撕探索纸的特点的同时，也被撕各种不同材质的纸所发出的声音吸引着。这一阶段儿童主要是运用大肌肉来实现撕的动作，手部动作通常是满手抓握纸张，借助手臂的力量来将纸扯开。此时，他们撕出的都是一团团、一块块的碎片或不规则的大片。

3. 粘贴活动

在粘贴活动中，3 岁以下的儿童还不清楚糨糊的作用，因而他们也不会使用这类材料，所以此阶段的儿童很少进行使用糨糊的美术意义上的粘贴活动。需要额外提及的是，由于现在贴纸玩具的盛行，在家庭中儿童玩耍带有胶面的贴纸是比较多的。但这种活动在严格意义上不能称为美术活动，因为它对于儿童发展的作用较之于真正的美术活动无疑是微弱的。

二、直觉表现阶段(又称基本形状期，4～5 岁) >>>>>>>>>>>>

(一)直觉表现阶段的含义

学前儿童手工发展的基本形状期正如其绘画发展的象征期一样，这一阶段的儿童开始真正对手工活动产生兴趣，手工活动也由无目的的游戏过渡到有意向的创造和尝试。他们会利用工具和材料去尝试塑造出自己熟悉和喜爱的各种形象，但这一阶段能塑造的形象往往是外形饱满、结构简单的物体。

（二）直觉表现阶段的主要特征

1. 泥工活动

在泥工活动中，随着对泥的感知的深入，儿童在团团搓搓的过程中会发现团搓后的泥条、泥团和泥块似乎与以前在生活中感知过的某些形象很像。于是，他们开始控制手的动作，使动作的结果与自己的生活经验形成联系。如把泥在手中搓一搓就说做成了"面条""火腿肠"，把泥在手心团一团就说做成了"小苹果""汤圆""棒棒糖"（图 3-16），把搓好、团圆的东西压扁、拍平就说做成了"饼干"等。虽然此时的儿童塑造出来的形象大多是非常粗糙而简单的，但这却是儿童用手中的材料对事物的诠释，其作品蕴含着他们对动作和材料的控制以及对事物的理解。此外，这一阶段儿童所塑造或制作出的棒状物和其组合以及各种"体"，也都只具备所要制作的物体的基本部分，即便有两部分形状的连接，也只是形体的机械相加，整体感不强；即使出现"体"的表现形式，也并不意味着他们已经熟练地掌握了三维的组织结构。因此，与其说此阶段的儿童创作出的是一件件独立式的圆雕作品，还不如说是浮雕作品。

图 3-16　泥工作品《棒棒糖》

2. 剪纸活动

在剪纸活动中，此时儿童可以较好地使用剪刀，剪得也较以前顺手些，但仍不能灵活地控制剪刀和纸的配合，如不能配合剪刀的动作转动纸张。因此，他们也仅限于剪直线或剪出来一些大线条、轮廓清楚、结构变化不大的比较简单的形象，如气球、房子、衣裤等。这种剪纸状态往往会持续较长一段时间，不会在短期内产生较大进步。

3. 折纸活动

在此阶段，儿童可以用正方形或长方形的纸片折叠一些简单的形象或玩具，如飞机、小猫头、小船、纸盒等。但折出的效果往往不够理想，如边角对不准、对不齐，折痕不直、不明显，松松垮垮、不够贴实、不够挺括。

图 3-17　沿线剪纸

4. 撕纸活动

在此阶段，儿童由无意识地玩纸、撕纸发展到了有意识地撕出一定的形象。这时儿童撕纸的准确度仍然会受动作发展和对事物认识程度的局限，但他们会努力使用动作，极力地想要模仿成人的动作来将纸撕成具体形象。他们或者把纸撕成条状贴在嘴边当胡子或贴在动物的头上作毛发，或者把纸撕成纸屑当作雪花，也可能在纸上撕出几个洞作面具。总之，此时的儿童能够运用撕纸的技能来进行有目的的活动，并能基本按照自己的意图撕出具体形象。

5. 粘贴活动

在粘贴活动中，4～5 岁的儿童有时会因为急于涂抹糨糊而不太关注图形的正反面，造成作品形象模糊、难以辨认。此外，

图 3-18　撕纸

他们往往不注意糨糊的用量或不会正确涂抹糨糊，以致于常把很多糨糊集中涂在图形区域的中间或涂成几个疙瘩。这样粘贴，要么作品不牢固、纸片翘起，要么容易把画面形象弄得皱皱巴巴。同时，也可能因为糨糊太少而粘不住，有些部分脱落，造成画面形象不完整。在粘贴的过程中，还有不少儿童不能顾及粘贴的顺序和位置，总是拿起图形就往纸上粘贴，然后用粘过糨糊的小手去抚摸画面、整理形象，结果贴出的形象主次不分、位置不当，甚至会把颜色蹭到纸上，弄脏整个画面。

总的来说，基本形状期的儿童的手工技能在泥工、粘贴和撕纸等方面较此前有明显的发展，但折纸、剪纸对其还具有较大难度。

图 3-19　泥工作品《长辫子女孩》

图 3-20　泥工作品《小泥人》

三、灵活表现阶段（又称样式化期，5～7 岁）>>>>>>

（一）灵活表现阶段的含义

这一时期的儿童由于手部精细肌肉的发育、手眼协调能力的增强，又学习了一些基本的手工工具材料的使用方法，所以他们的表现手段逐渐丰富起来，表现欲望也愈加旺盛。他们喜欢用各种工具材料进行制作，以表达自己的愿望。同时，伴随着儿童思维水平的不断提高，儿童的手工作品也表现出立体感和空间感，可以从多角度、多侧面去观察和表现事物。

（二）灵活表现阶段的主要特征

1. 泥工活动

在泥工活动中，此阶段的儿童察觉到的东西越来越多，并能够注意到物体的很多细节，其视知觉也越来越敏感。在此过程中，儿童的动作开始从手掌逐步发展到手指，并且对泥的操作越来越精细、越来越精准，塑造出来的形象也愈加丰富、复杂、生动。他们能搓出各种弯曲、螺旋的棒状物，还能制作出立方体、圆柱体，并能用所制作出的各种形体组合成一些复杂的物体。在连接上也不再用机械相加的方法，而是能用较为流畅的方法，使所制作物体成为一个具有各部分的有机整体。此外，此时的儿童还会借助于辅助工具来表现所制作物体的细节、特征。

2. 纸工活动

纸工操作中可以运用到撕、剪、折、黏合等技能。在折纸活动中，5岁以上的儿童能够较精准地对齐，并压出较明显的折痕，利用这些基本技能便能折出比较复杂的作品。同时，儿童也能够认识基本的折纸符号，能独立地在折纸符号的引导下折出简易的折纸作品。在单个折纸作品的基础上，还能通过组合的方式完成一些套装作品。

在剪纸活动中，5～6 岁儿童的理解与操作能力进一步提高，不仅能连续剪直线，而且能双手配合着剪出较复杂的线条，也能剪出自己所希望剪出的形状。此外，他们能够设计制作出变化丰富、题材多样的团花剪纸图案，剪出一些形象较为复杂、轮廓曲折多变的形象，如雪花、人脸、鱼等，且剪出的轮廓显得比较光滑、准确、流畅。当然，对于形状过于复杂、结构过于精细的部分，他们剪起来还是比较困难的，也会时

图 3-21　撕纸作品《刷牙》

常出现剪断、剪坏的现象。

3. 综合手工活动

灵活表现阶段的儿童进行粘贴是在撕纸、剪纸、拼贴以及综合材料的制作中进行的。此阶段的儿童能逐步进行较灵活的撕纸，能根据自己的意图撕出多种需要的形状，也会学习用对折的方法撕出对称的形象，进而对所撕出的形象进行拼贴，组合成更丰富多样的新形象。他们还可以利用纸盒、瓶罐、吸管、线绳、羽毛等，通过拆装组合的手段完成各种立体的造型。此阶段的儿童不仅能通过剪、挖、接、合、粘贴等技法来进行建构，还能对作品进行细节的装饰，力求完美。

图 3-22　撕纸作品《跳舞》

学习主题 3
学前儿童美术欣赏能力发展阶段与特征

就目前而言，关于儿童美术欣赏能力发展的研究远不如关于儿童绘画和手工能力发展的研究广泛和深入。从已有文献来看，多数研究是从认知的角度划分儿童对图画的感知，而美术欣赏除了认知成分外还有情感成分，所以对儿童美术欣赏能力发展还需要作进一步的研究。下面，我们将学前儿童美术欣赏能力发展分为本能直觉期(0～2 岁)和感知形象期(2～7 岁)两个阶段来讲述。

一、本能直觉期(0～2 岁) >>>>>>>>>>>>>>>>>>>>>>>>>>>>>

(一)阶段含义

这一时期的欣赏(如果可以这样认为的话)主要表现为对形式审美要素的直觉敏感性和注意的选择性，是纯表面的和本能直觉的，主要以视、听、动的协调活动进行信息的相互交换。这一点可以从如下所述的有关儿童对形状、颜色等美术基本要素的视觉偏爱中看出，但此时的偏爱只是由生理机能决定的，是一种本能的快感，还没有真正独立的美感反应。

(二)表现特征

1. 形状知觉

在形状知觉方面，在出生后的最初 6 周里，清晰、复杂的尤其是黑白对比鲜明的轮廓或外形会吸引婴儿，即此时的婴儿会把视线集中到物体的轮廓或外形上。大约在第二个月时，婴儿的视觉偏移渐渐集中到视觉观察的物体的中心区域。在偏爱形状上，如果向其呈现一个圆形和一个横条形，婴儿会更多地注视圆形。美国心理学家范茨给 1～15 周的婴儿看几对模式图，每对在形状和复杂程度上都有不同：线条图和靶心图、棋盘图和正方形图、交叉十字图和圆形图。这个研究发现，婴儿对几对模式图注视时间有显著差异：他们对线条图和靶心图注视时间最长，而对其他几对简单的图形注视时间较短；他们最喜欢看靶心图，对棋盘图的注视时间则超过正方形图。由此可见，婴儿是带着对复杂模式的偏爱出生的。类似的实验还有：给婴儿看6个圆盘，其中3个圆盘上有3种颜色，分别为红色、白色、黄色。结果表明，从出生几天到6个月的婴儿都对有图案的圆盘注视时间更长。从4周到6个月，婴儿有一种爱看人脸的偏好，即使在一个椭圆上准确地标出"眼点"，也比一个单纯的椭圆或非脸部图形更吸引婴儿。同时，他们正在学习对形状的细节和整体做出反应。

2. 深度知觉

在深度知觉方面，吉布森和沃尔克(1960)的"视觉悬崖"实验发现，5个月以后的婴儿不仅具有深度知觉，而且会更爱看立体的而不是平面的东西。

3. 颜色知觉

在颜色知觉方面，起码的颜色知觉在出生后很短时间内就出现了。斯塔普里斯(1937)给婴儿呈现两个亮度相等的圆盘，一个是彩色、一个是灰色，测量婴儿对它们的注视时间。结果表明，婴儿对彩色圆盘注视时间明显更长，3个月的婴儿注视彩色圆盘的时间差不多是注视灰色圆盘的时间的两倍。4个月的婴儿的颜色感知能力已经接近成人水平，他们更容易被纯度高的色彩而不是那些复杂的混合色所吸引；相对于黄色和绿色，婴儿注视红色和蓝色的时间要长一些。1975年，奥斯特和沙勒等人采用"偏爱法"研究证实，婴儿辨别颜色的主要因素是色调，而不是明度。伯恩斯坦等人的研究表明，即使在同一颜色的波段内，婴儿也像成人一样更偏爱波段中心即纯度高的颜色，而不是两边临界的颜色。以上研究表明，婴儿在出生后的较早时期就已经对美术的基本要素——形与色有一定的审美感知能力了。尽管这些最初的反应只是一些本能的直觉行为，但其已为日后更高层次的美术欣赏活动做好了心理上的准备。

因此，成人在此阶段应依照婴儿身心发展状况，给婴儿以适当的视觉刺激，在婴儿所处的环境里创设一些有利于观察的视觉焦点，以使婴儿产生视觉运动。另外，成人及婴儿自己身上的衣物也是婴儿重要的视觉对象，所以成人对此应该作出适当的选择。

二、感知形象期(2～7岁) >>>>>>>>>>>>>>>>>>>>>>>>>>>>>

儿童美术欣赏能力发展不仅与生理机能有关，而且受到社会认知的制约。在美术欣赏感知和理解方面，不同情形下儿童的表现也不同。

(一)在自发情况下，儿童对作品内容的感知先于对作品形式的感知

当一件美术作品呈现在2～7岁儿童面前时，他们首先感知到的是这件美术作品的内容，很少有意识地注意到作品的形式审美特征，说明这一阶段的儿童还没有完全形成一种真正意义上的审美态度，而只是一种"求实"的态度。更进一步说，儿童对美术作品内容的感知欣赏只限于画面上画了些什么。比纳认为，此阶段儿童还处于列举阶段；丁祖荫、潘洁认为，学前儿童大部分处于认识个别对象阶段

和认识空间联系阶段。如让儿童欣赏国画大师李可染的《迎春图》，观察结果表明，儿童基本能识别画中所描绘的对象，但表现出年龄差异。年龄较小的孩子往往用最简单的词汇把画中的物体列举出来，如"画中有牛、人、树"，而大多数年龄较大的孩子会较具体、细致地描述画面的内容，如"一个小孩背着一个帽子坐在牛背上，在看梅花"。我们从中也可以看出，此时的儿童仅仅是在浅表层次上感知、理解美术作品内容，他们还不能深入地感知、理解美术作品内容所蕴含的深刻主题以及所反映的精神内涵。究其原因，可能与儿童本身的认知能力和知识积累有关。国外的一些研究表明，儿童能够识别画中所描绘的物体，并且这种识别不需要经过特别的训练。

让儿童比较两幅表现相似情感的美术作品《巴黎市街风景》（莫奈）和《百老汇的爵士乐》（蒙德里安）。由于前者是再现性作品，儿童能说出它表现了热闹，因为画面上有很多人。而对后者这种非再现性作品，儿童则不能理解。此外，我们曾让儿童欣赏户县农民画，在欣赏之后，教师选择了不同表现方式的国画、儿童画等作品和以农民为题材的其他创作形式的作品，让儿童选出哪一幅是农民画（图3-23）。在此实验中发现，不少儿童认为画面上有明显农民形象的国画或儿童画是农民画。以上这些都说明了此时的儿童能感知作品内容，但还不能自发地理解作品形式。

图 3-23　农民画

（二）在教育的干预下，儿童能感知美术作品的某些形式审美特征

就对《巴黎市街风景》和《百老汇的爵士乐》两幅作品的感知来看，儿童虽然不能自发地感知作品的形式审美特征，但在教育的干预下，如成人有意识地引导他们去理解《百老汇的爵士乐》时，一些儿童能说出它表现了运动，因为许多小格子像彩灯一样，一直在不停地换颜色，感觉在"一闪一闪"的。因此可以说，此阶段儿童对于作品的造型、设色、构图及作品的情感表现与风格的感知与理解已有体现。

1. 作品线条与形状

在线条与形状的感知方面，此时的儿童总是喜欢把它与具体的形象联系起来谈论。在一项研究中，研究者要求儿童匹配枝繁叶茂、茎叶呈放射状的树和"弯腰驼背、浑身无力"的树与高兴和伤心之间的关系，大多数儿童能完成这项任务。这表明，当线条融合在形象中时，儿童能感受到其中所表达的情感。也有实验证明，4 岁是儿童感知图形的敏感期。

2. 作品色彩

在对色彩的认识方面，此时的儿童首先发展的是辨认颜色、正确配对，逐渐向指认和命名发展。大多数研究者认为，儿童认识颜色大致遵循这样的顺序：从常见的几种标准色到波长较长的暖色以及明度较高的颜色，而对间色、复色或色相差别较小的颜色认识较困难。

在对色彩的感受方面，丁秀玲研究了儿童对色彩的视觉效果、情感效果、象征效果的感受，得出了以下研究结果。

(1)儿童在色彩的三个层面的审美感受上存在着差异，表现为：儿童的色彩视觉效果感受性最强，而色彩情感效果和色彩象征效果感受性相对较弱。

具体来说，在色彩视觉效果感受方面，儿童对色彩的冷暖色性有一定的识别力；儿童对色彩的轻重识别力较强，多数儿童能说出色彩的轻重感觉；在对色彩均衡和谐的构成的选择方面，研究证明儿童已有较好的色彩搭配的感觉，对色彩的审美趣味表现为由鲜艳、对比强烈的色彩构成偏爱向协调、柔和的色彩构成偏爱转变。

在色彩情感效果感受方面，儿童有一定的色彩情感体验，但并不十分强烈、丰富，即从萌芽状态的情感体验逐渐向情感联想发展，在学前晚期才显示出较明显的特征。

在色彩象征效果感受方面，儿童的感受极为微弱，随着年龄的增长，儿童的这一能力逐渐发展。

(2)儿童的色彩审美感受具有明显的年龄发展特点，特别表现在儿童对色彩情感意味和象征意义的感受以及色彩冷暖、轻重的感受上。但对非再现性的色彩构成，4 岁的儿童已具有相当明显的先天直觉美感，甚至胜于 5 岁和 6 岁的儿童。

(3)儿童在较高层次的色彩审美把握上存在着较明显的个体差异，某些 4 岁的儿童就已达到与 6 岁的儿童相当的水平。即使是同龄儿童，也存在好与差两个极端之分。

3. 作品空间构图

在空间构图的感知方面，相当一部分学前儿童已经具备了感知美术作品的空间深度的能力，这种能力在随年龄增长发展，只是在很大程度上仍受内容的影响。当他们面对非再现性的作品即排除了内容的干扰时，则更容易注意到作品空间构图方面的特征，但这种感知往往限于画面的局部，而不是从画面的整体空间构图来考虑的。

4. 作品情感表现

在情感表现的感知方面，当被有意识地引导去感知时，大多数儿童能感知到作品的情感表现性，小、中、大班儿童的平均分数分别为 7.3、8.1、8.1(总分为

9)，他们通常从作品内容、自己的情感偏好、想象因素和作品形式特征四个方面来解释作品的情感表现性。在我们曾进行的农民画欣赏(上文已提及)的研究中，对农村生活的感知较为缺乏的儿童进行第一次欣赏时，教师问儿童看到这些作品有什么感觉，他们说："很火，像火龙王一样。""感动，想哭，高兴得想哭。"这一研究表明，儿童感知到了作品的情感表现性，能够理解作品所传达出来的情感意味。

5. 作品风格

在风格的感知方面，王美芸的研究表明，儿童较难表现作品的风格，他们往往容易受作品内容的限制。加德纳的研究发现，在没有主题或控制主题的情况下，儿童能像成人一样把一个艺术家的作品划分出来，并且大多数6～7岁的儿童通过训练能够感知作品的风格。有这样一个例子：一位绘本研究者谈到绘本对孩子审美能力的培养时说，她从孩子小时候就给孩子阅读图画书，有一次她带孩子到图书馆借书。她此前先借了大卫·威斯纳的《疯狂星期二》，孩子此时在随意浏览其他图书。突然孩子说："妈妈，这本书和《疯狂星期二》不是一样的吗?"孩子说的这本书也是大卫·威斯纳的作品。西菲尔德认为，通过系统训练，儿童能对粗糙的或精细的结构加以区分，并运用适当的相应词汇把它们组合到自己的绘画中去，或者用以描述其他艺术作品的结构。我们认为，上述几项研究结果是不矛盾的。可以说，通过适当的练习，学前儿童完全有可能感知到美术作品的风格。

总之，学前儿童美术欣赏能力发展既受先天无意识的影响，又受后天认识能力发展的制约，从而经历了一个从笼统到分化的过程。学前儿童美术欣赏能力发展的特征，要求我们在组织美术欣赏教育活动时为儿童创设一个富有美感的环境，给他们提供适合其年龄特征的美术作品，同时还要有目的、有计划地引导他们感知、理解美术作品的内容和形式。

实训任务

实训 1：收集和分析儿童美术作品

1. 实训目的

(1)积累对儿童美术作品的感性经验，认识到儿童的表现是丰富多彩的。了解不同年龄阶段儿童美术能力的发展规律，以及儿童美术创作表现(构图、造型、色彩、情节等)的特点。

(2)通过分析儿童美术作品，了解到儿童的艺术感受与表现是区别于成人的，具有个性化、情感性的特点。

2. 材料准备

(1)每位学生收集0～3岁、3～5岁、5～6岁各年龄阶段儿童美术作品1～2幅。

(2)儿童美术能力及美术创作表现发展分析表每组一份。

3. 实训方式

校内实训(模拟活动室)，分组完成(5～6人为一组)。

学习笔记

4. 任务与要求

(1)每组讨论产生一名负责人、一名撰稿人。

(2)将组内成员所收集的所有作品收齐，并按年龄阶段分组。

(3)对比不同年龄阶段的儿童美术作品，分析各年龄阶段美术能力的发展规律，并总结其在美术创作的构图、造型、色彩、情节等几方面的特点。

(4)组内分析讨论儿童美术能力的发展特点，并提出教育建议。

(5)各组上交儿童美术能力及美术创作表现发展分析表，并撰写一份根据不同年龄阶段儿童美术能力的发展规律所提出的教育建议。

5. 考评

优秀、良好、及格和不及格的具体等级或分数是通过师生讨论而得出的结果。

小组考评				
考评项目	优秀	良好	及格	不及格
团队合作				
各司其职				
分析表				
个人考评				
姓名	优秀	良好	及格	不及格

实训 2：实地或在观察室观察记录
儿童的美术活动并进行分析

1. 实训目的

(1)通过现场观察记录儿童的美术活动，尝试分析儿童美术创作的表现及作品特点。

(2)增加对美术活动组织与指导的感性认识，为组织实施学前儿童美术教育活动做准备。

2. 材料准备

(1)事先联系托幼机构，并确定观察地点及内容。

(2)儿童创作活动过程及美术作品特点分析表每组一份。

(3)记录表和记录用的笔、摄像机或相机。

3. 实训方式

在幼儿园活动室或微格教室进行观察与记录，6～8人为一组进行讨论分析。

4. 任务与要求

(1)每组进行合理分工，产生一名组长、一名发言人、一名摄像者、一名拍照者、一名文字记录员等。

（2）小组内讨论观察到的儿童美术创作过程和教师指导过程的关键点，分析观察对象美术能力发展的特点。

（3）组间交流讨论，总结出怎样从儿童创作时的语言、动作、表情、笔触等方面对其进行观察，并对儿童美术作品进行分析。

（4）填写儿童创作活动过程及美术作品特点分析表，提出对儿童美术活动的指导建议，一并提交。

（5）每组撰写一份学前儿童美术教育活动的观察与分析报告。

5. 考评

小组考评			
考评项目	优秀	良好	及格	不及格
团队合作				
各司其职				
观察与分析报告				
个人考评			
姓名	优秀	良好	及格	不及格

思考与练习

一、填空题

1. 学前儿童绘画能力发展分为_____、_____和_____三个阶段。

2. 学前儿童手工能力发展分为_____、_____和_____三个阶段。

3. 学前儿童美术欣赏能力发展分为_____和_____两个阶段。

4. 儿童的涂鸦经历了一个连续的发展历程，可划分为_____、_____、_____、_____四个过程。

5. 5～7 岁幼儿的绘画创作在造型方面表现出了_____、_____、_____、_____等特点。

二、选择题

1. 下列行为中，属于小班幼儿绘画创作特点的是（　　　）

A. 能在动笔之前想好要画的主题，独立构思画面

B. 受自己所画图像的启发或者是跟随当下的心境和兴趣来给作品命名

C. 喜欢用多种图形、线条、色彩等在画面上进行装饰

D. 从屋外可以看到屋里的一切的"X 光画"

2. 下列行为中，属于大班幼儿绘画创作特点的是（　　　）

A. 纸上反复出现封口及未封口的圆圈、涡形线等

B. 不是有意识地想好要画什么，而是由某种动作、线条痕迹的刺激引发的表象

C. 以一个大圆表示头，大圆内的两个小圆表示眼睛，一根弯线表示嘴，几根线条表示腿和手臂

D. 用自己理解的颜色表达自己的主观情感，如用红色表现生气的脸

3. 下列行为中，属于小班幼儿手工能力发展特点的是（　　　）

A. 可以用正方形或长方形的纸片折叠一些简单的形象或玩具

B. 在纸上撕出几个洞作面具

C. 随意进行无规则的简易折叠，很难折出成型、具体的东西

D. 较精准地对齐，并压出较明显的折痕

4. 下列行为中，属于大班幼儿手工能力发展特点的是（　　　）

A. 能够设计制作出变化丰富、题材多样的团花剪纸图案，如雪花、人脸、鱼等

B. 把泥在手中搓一搓就说做成了"面条""火腿肠"

C. 会因为急于涂抹糨糊而不太关注图形的正反面

D. 把纸撕成条状贴在嘴边当胡子或贴在动物的头上作毛发

三、简答题

1. 3～5 岁幼儿处于绘画能力发展的哪个阶段？其创作特点是什么？

2. 中班幼儿处于手工能力发展的哪个阶段？该阶段的主要特征是什么？

3. 幼儿园阶段的幼儿处于学前儿童美术欣赏能力发展的哪个阶段？该阶段幼儿有哪些典型表现？

四、论述题

大班幼儿处于学前儿童绘画能力发展的哪个阶段？其主要特征有哪些？联系实际说一说该阶段的幼儿绘画创作有哪些特征表现？

专题四
组织实施学前儿童美术教育活动

学习目标

1. 了解学前儿童美术教育活动组织的原则和基本环节，掌握不同类型美术教育活动的支持策略，尝试运用所学知识和经验为不同类型美术教育的实施提供指导。

2. 在学前儿童美术教育活动组织实施中，能够根据儿童年龄特点选择恰当的美术教育活动的题材，并结合儿童年龄特点和美术类型特点进行有效的指导。

思维导图

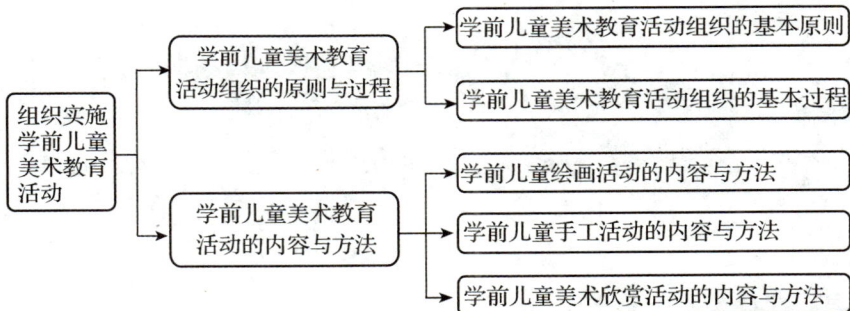

专题导入

为什么要了解学前儿童美术教育的组织原则和实施策略？

同学们在见习托幼机构的美术教育活动后，心中总会冒出很多问题，如"怎样组织活动孩子们才会感兴趣？""实施美术活动时如何处理好技能和创造性的关系？""绘画活动、手工活动、美术欣赏活动等不同的美术活动类型，在组织实施时有什么不同的指导策略？"本专题重点结合学前儿童美术教育活动组织的实践，从不同类型美术活动的选材到不同类型美术活动教学策略的指导，从不同年龄阶段幼儿指导的重点到不同类型美术活动指导中要注意的问题，全面、系统地论述学前儿童美术教育活动的组织实施。相信学习本专题后，同学们心中的问题会得到一定程度的解决。

树叶印画

学习主题 1
学前儿童美术教育活动组织的原则与过程

学习笔记

一、学前儿童美术教育活动组织的基本原则 >>>>>>>>>>>>>

教育原则是指在教育过程中必须遵循的基本要求和指导原理，它是根据教育的目的和教育过程的客观规律制定的。学前儿童美术教育原则是根据儿童美术教育目的、美术活动本身的特点以及儿童身心发展的特点和规律制定的，是整个美术教育过程中必须遵循的基本要求和指导原理。[①] 下面结合美术教学实际，介绍组织美术活动时要遵循的教育原则。

（一）生活性原则

"美源于生活，高于生活"，美术与社会生活的方方面面有着千丝万缕的联系。《纲要》中艺术领域的目标要求幼儿"能初步感受并喜爱环境、生活和艺术中的美"，

---

① 孔起英：《幼儿园美术教育》，北京，人民教育出版社，2004。

在内容与要求上指出"引导幼儿接触周围环境和生活中美好的人、事、物，丰富他们的感性经验和审美情趣，激发他们表现美、创造美的情趣"。这充分说明了儿童活动中生活性原则的重要性。传统的学前儿童美术教育强调知识和技能的传授和灌输、强调让儿童进行基本功的练习，生活化的美术教育则强调在开展学前儿童美术教育过程中要以他们的生活经验为基础，以他们熟悉的人、事、物为内容，注重生活经验与美术教育的紧密结合，尊重儿童的个性，让他们在生活中发现美、感受美、体验美和表现美，从而真正体现美术教育在陶冶情操、塑造人格等方面的作用。因此，在学前儿童美术教育中应该贯彻生活性原则。

1. 立足生活经验，美术教育内容生活化

陈鹤琴曾说过："生活就是课堂。"美术教育要适合儿童，应基于他们的内在需求选择教育内容。[1] 选择美术教育内容时，教师应以儿童的生活经验为基础，结合自然景物、周围环境中的美，将本地具有特色的建筑物、风土人情、民俗文化作为"活教材"渗透到儿童的一日生活中，并延伸出富有生活情趣的美术活动。如让儿童画自己的妈妈，他们会情不自禁地将对妈妈的情感投射到绘画活动中；让他们用橡皮泥手工制作鞋子，他们会乐此不疲地完善、装饰自己的作品。

典型案例

洗澡（小班绘画活动）

生活中，幼儿不缺乏洗澡时对淋浴喷头的观察，教师可引导小班幼儿绘画喷头向下喷水的样子。

活动目标

1. 学习从上向下画短线的方法。

2. 养成讲卫生的好习惯，感受集体绘画的乐趣。

活动准备

材料：水彩笔（油画棒）、歌曲磁带、录音机、洗澡图片、喷壶、盆花等。

环境：背景音乐播放歌曲《我爱洗澡》，在活动区投放美术活动材料，在图书区投放绘本《我爱洗澡》。

经验准备：幼儿有洗澡的经验，熟悉喷头喷水的样子。

活动过程

1. 播放音乐，带领幼儿轻松进入活动。

(1)教师播放歌曲《我爱洗澡》，鼓励幼儿跟着音乐做洗澡的模仿动作。

(2)教师引导幼儿根据自己的生活经验展开关于洗澡的讨论，鼓励幼儿大胆描述自己洗澡时的感受，以及洗澡时都会用到哪些物品。

2. 创设情境，引导幼儿注意观察。

(1)出示图片，以"宝宝洗澡"的情境引入："宝宝玩沙子，弄得满头满脸都是，宝宝回家赶紧洗澡。"出示宝宝正在洗澡的图片，"可是洗到一半的时候突然停水了，这时候该怎么办呢?"鼓励幼儿积极想办法帮助宝宝。

(2)启发幼儿观察，用喷壶里的水给盆花"洗澡"，鼓励幼儿说出或用肢体动作描述喷壶里的水流出

---

① 李菲：《浅谈幼儿园美术教育生活化的策略》，载《美术教育研究》，2013年第14期。

来时的形状。

3. 引导幼儿画短线。

(1)出示黑板上提前画好的喷头形状，引导幼儿说出洗澡水应从上向下流，像一条条小短线。

(2)播放《我爱洗澡》，请幼儿在《幼儿画册》上听音乐绘画。教师及时纠正幼儿的握笔姿势，鼓励幼儿大胆作画，同时进行个别指导。

4. 展示作品，鼓励幼儿互相欣赏。

教师组织幼儿互相欣赏作品，代替情境里的宝宝向幼儿表示感谢，让幼儿体验帮助他人的快乐。

相关经验链接

艺术领域：能够根据歌曲节奏肢体协调地做模仿动作。

语言领域：能够用完整的语言描述自己的生活经验。

社会领域：喜欢帮助他人，体会助人为乐的快乐情绪。

活动延伸

1. 巩固练习。

继续巩固画短线的方法，如开展"秋天的雨""小麦苗出来了"等相关活动。

2. 讲故事。

讲述绘本《我爱洗澡》，指导幼儿理解故事内容，鼓励幼儿真正地爱上洗澡。

2. 创设生活情境，美术教育形式生活化

罗丹曾经提出"生活中不是缺少美，而是缺少发现美的眼睛"。审美能力的发展不仅仅来源于美术活动，生活本身为美术教育提供了很多资源，一日生活中有大量感知美、体验美和创作美的机会。教师应该精心创设生活化的审美环境，让儿童在一日生活中就可以感受到室内环境的装饰美、墙面环境的色彩美、室内区域布置的秩序美、室外走廊的情趣美等。另外，教师可以根据活动主题创设生活环境。如在"红红火火过大年"的活动中，教师可以通过剪窗花、贴窗花、挂灯笼等布置教室环境，渲染热闹、红火的过年氛围；通过贴年画、贴对联、做新年贺卡帮助儿童体会人们过年时互赠祝福的美好情感，在生活中感受新年的喜庆、体验过年的快乐。

3. 利用生活资源，美术教育素材生活化

教师要充分挖掘儿童生活中多元的美术教育资源和工具材料，提供丰富而有层次的真实材料，开展形式多样的生活化美术活动。大自然是一个丰富多彩的物质世界，它为儿童的艺术创作提供了天然的素材，石头、贝壳、沙子、树叶等随处可见、贴近生活实际的材料，易于唤起儿童的创作热情与欲望。教师可以从大自然中搜寻美术教育素材，组织树叶粘贴画、装饰石子、欣赏贝壳等系列活动。

除了自然材料，生活中的废旧材料也可以作为美术教育素材。教师可以充分利用废旧材料调动儿童的积极性，利用亲子合作、小组合作等多种形式，尝试对废弃的纸盒、纸袋、轮胎、瓶罐等进行加工和改造，从而设计出具有创造性的艺术品。

典型案例

会变脸的蛋壳(小班手工活动)

活动目标

1. 能够利用画、涂等方法在蛋壳上画画。

2. 用自己喜欢的方式进行艺术表现活动，体验成功的喜悦。

活动准备

材料准备：完整的鸡蛋壳若干、各色颜料若干盘、棉签、油画棒、用完的胶带圈做成的蛋壳宝宝的舞台、相机、电视机、擦手的干湿毛巾等。

环境准备：在教室门前走廊挂满用蛋壳做好的吊饰，在美工区展台投放已经装饰好的蛋壳。

经验准备：幼儿在从家里带蛋壳宝宝入园时知道蛋壳易碎，懂得在拿取蛋壳时轻拿轻放，不使劲用手捏。

活动过程

1. 唱歌曲，吸引幼儿轻松进入活动。

播放歌曲，幼儿跟着教师一边表演一边唱《小小蛋儿把门开》，展开关于蛋壳外观的讨论，鼓励幼儿和同伴分享都见过什么样的蛋壳。

2. 创设情境，激发幼儿动手操作。

(1)以"蛋壳宝宝要参加舞会"的情境吸引幼儿，出示没有任何装饰的完整蛋壳，同时播放提前备好的"哭声"音效，引发幼儿探究蛋壳宝宝哭的原因，激发幼儿乐于助人的情感。

(2)欣赏美工区的蛋壳画，组织幼儿讨论准备为蛋壳宝宝设计什么样的衣服、化什么样的妆。幼儿选择自己喜欢的颜色，用涂或画的方式对蛋壳进行装饰。

进行操作活动时提出要求：蛋壳宝宝需要用心呵护和照顾，提醒幼儿要轻拿轻放。幼儿操作时，教师观察，适时指导和鼓励能力弱的幼儿，并用相机及时记录幼儿操作的瞬间。

3. 鼓励幼儿介绍、分享作品。

幼儿完成作品后，把蛋壳宝宝送到提前布置好的小舞台参加舞会，幼儿也跟着《邀请舞》的音乐旋转起来。当教师邀请到一个幼儿时，电视机显示该幼儿操作过程中的图片，幼儿要向大家介绍自己的蛋壳宝宝用了什么颜色、什么方法进行装饰。

相关经验链接

音乐领域：理解歌词内容，能够跟着音乐旋律边唱边表演；喜欢参加音乐游戏表演，懂得音乐游戏规则。

社会领域：懂得关心、照顾、呵护别人。

科学领域：对蛋壳的形状、颜色、大小有初步的判断和辨别能力。

活动延伸

1. 在美工区多投放完整蛋壳，鼓励幼儿用自己喜欢的方式进行创意装饰，并把装饰好的蛋壳穿成串悬挂到美工区中。

2. 利用破损的蛋壳粘贴装饰画。鼓励幼儿大胆创意，积极用蛋壳创造美、表现美。

（二）审美性原则

审美性原则是指在美术教育活动组织中，无论是教育目标的制定、教育内容的选择还是教育活动的实施，都应注意审美性。这是由美术和儿童美术教育的性质决定的。"艺术是人类感受美、表现美和创造美的重要形式，也是表达自己对周围世界的认识和情绪态度的特有方式。"教师在美术活动中应该遵循审美性原则，利用一切资源和素材，和儿童一起感受、欣赏美的事物并发现美的事物的特征，用自己的独特方式进行艺术表达，通过设计组织美术活动发展儿童的审美感知、审美想象和审美创造能力。

想一想

审美性原则包括哪些具体内容？

1. 通过观察欣赏，丰富儿童的审美感知

美术是一门视觉艺术，事物的形象和特征主要依靠视觉进行感知，而审美感知经验的积累是进行审美创作的基础。因此，教师可以结合儿童的审美心理特点，运用观察欣赏的方式，丰富儿童的审美感知。

观察法指的是教师有目的、有计划地引导、启发儿童观察物象的形状、颜色、结构以及事物的空间位置、相互关系等，获得对事物的感性认识的方法。欣赏法指的是让儿童通过对美术作品、自然景物、社会生活中的美好事物的欣赏获得美的感受，提高表现能力、审美能力的方法。教师利用直接观察或者间接观察的方式，引导儿童发现、了解事物的特征、结构，为后面的审美创作做好知识、经验的积累。欣赏中，教师要尊重儿童对于美术作品和形象的真实感受，鼓励儿童用各种方式大胆地表达自己的感受。

2. 通过情境体验，发展儿童的审美想象

学习笔记

情境法指的是教师根据美术活动的需要为儿童创设生动、形象的学习情境，使儿童产生身临其境的感觉，并引发相应的情感和态度，促进儿童学习的方法。审美是儿童的生命活动和审美对象之间同形同构或异质同构及其产生的心理愉悦状态，所以审美活动就其本然状态而言更突出地表现出它的体验性，而不是认识性。如小班撕贴活动"狮子的头发"中，教师首先创设一个狮子王年纪大了，要选一个新的狮子王，选择的标准是头发多而且密的故事情境。在故事情境中，为了当上狮子王，每个儿童都兴致勃勃地设计着头发一边粘贴狮子的头发，一边做出狮子大吼的动作和表情。

在设计组织学前儿童美术活动时，教师应该结合儿童身心特点，创设一些能够引导儿童想象和联想的情境，从而帮助儿童进行审美想象和创作。教师在创设情境时，要注意有一定的新异性和艺术性，如在中班绘画活动"漂亮的海鱼"中出示海底世界的大背景图，或者播放一段海底世界的视频等。在情境中丰富儿童的感受，激发儿童的想象，提高儿童参与美术活动的乐趣。

3. 通过探究讨论，提升儿童的审美表现

讨论法指的是儿童在教师的指导下，为认识、解决、探究某个问题进行讨论，通过讨论获得知识和技能的方法。探究讨论能充分调动儿童学习的积极性和主动性。利用美术学科的特殊性，通过儿童在讨论某一主题时的不同答案来丰富儿童的审美想象，并提升儿童的审美表现技能。如在大班手工活动"纸筒娃娃"中，对于娃娃的发型，教师可以组织儿童讨论一下"你喜欢的是什么发型""你怎么才能做出这样的发型"。经过对这两个问题的讨论，儿童可以探究不同发型的制作方法，从而丰富审美表达内容。而儿童之间的讨论也能起到激发和拓展思维的作用，帮助儿童有更多的表现手法。

（三）游戏性原则

《幼儿园工作规程》中明确提出"游戏是儿童的基本活动"，因此教师无论是选择教育活动内容还是设计教学活动环节，都应该遵从游戏性原则。一般而言，游戏中的儿童能够体验到的心理特征为：能享受不受外界强压和外在目标引诱的自由，自发地参与活动并对规则自愿服从，感受自我表达和创造带来的愉悦和满足。[①] 若儿童在美术活动中能够体验到以上三种心理特征，则说明美术活动是游戏化的。结合美术活动的特点和游戏性原则，教师要处理好以下两个关系。

1. 宽松心理环境与良好教学常规之间的关系

宽松心理环境是儿童进行美术创作的前提，当然这并不是要教师对儿童放任自流、不闻不问，而是应该让儿童能自由自在地表达并实践自己的观念，对儿童的思索能提供及时的信息反馈，为儿童营造一种包容和赞赏的心理环境。在欣赏与想象环节中，应鼓励儿童大胆表达自己的想法，对于儿童的想象和联想要给予肯定；在表达与创作环节中，应为儿童提供多种可供选择的材料，鼓励儿童独特的艺术表达。如在大班美术活动"有趣的运动图标"中，教师提供了棉签画、泥条贴画、纸绳贴画三种不同的表现形式，儿童在创作过程中可以根据自己的能力和喜好自由选择表现运动图标的材料和形式。

2. 游戏性体验与美术技巧传授之间的关系

陈武镇曾不无担忧地提出："美术教育是一把双刃剑，教得多了，学生极易成为教学内容与教师偏好的奴隶，难以挣脱，有幸挣脱，亦身受伤害；教得少了，期待自然开花结果，却常见学生为技巧不足的挫折所苦，学习的过程空有刺激而没有收获。"无数的实践和美学理论证明，儿童天生的艺术创作激情和审美能力需要后天的维护和继续培养。教师在组织美术活动时，可以运用游戏化的情境创设化解这个矛盾。如在小班撕纸活动"彩色面条"中，教师创设"小熊过生日"的故事情境，并采用唱儿歌"一只小孔雀，两只小孔雀，小嘴亲一亲，一起向下走，嗨喀嗨喀，飞走了"的形式，让儿童既掌握了撕纸的技巧，又体验到了做面条、过生日的快乐。

典型案例

吹泡泡（小班绘画活动）

活动目标

1. 学习用画圆圈的方法表现泡泡。

2. 尝试用油画棒在圆圈内涂色，体验吹泡泡游戏的乐趣。

活动准备

材料准备：提前制作好的强弱分明的歌曲《小鱼游》、泡泡水及相关工具——油画棒、水彩笔、画有鱼缸轮廓的图画纸。

环境准备：在科学探究区投放泡泡水、吸管及相关工具。

经验准备：幼儿对油画棒及部分颜色有初步的了解和认知，喜欢参加美术活动。

学习笔记

---

① 车艺：《试论幼儿园美术活动的游戏化》，载《学前教育研究》，2001 年第 2 期。

活动过程

1. 游戏导入，引起幼儿兴趣。

教师组织幼儿围成圆圈做吹泡泡的游戏，唱儿歌："吹泡泡，吹泡泡，吹了一个大泡泡，大泡泡飞得高，小泡泡飞得低，泡泡泡泡转圆圈，泡泡泡泡都破了，砰啪!"幼儿根据儿歌的内容做出相应的动作。如唱到"大泡泡"时，师幼要手拉手，两臂尽量向外张开，变成大圆圈；唱到"飞得高"时，幼儿要踮着脚，使劲向上伸出双臂，等等。

2. 创设音乐情境，引导幼儿观察泡泡的形状、颜色。

播放歌曲《吹泡泡》，创设情境"抓泡泡"。教师用提前调好的泡泡水在阳光底下吹泡泡，请幼儿认真观察泡泡，组织幼儿展开关于泡泡的颜色、大小、形状的讨论，请幼儿尽量用完整语言说出或用肢体动作描述出自己看到的泡泡是什么样子的（圆圆的、大大的、小小的……），启发幼儿认真观察阳光底下泡泡的颜色。

3. 在音乐背景下示范，激发幼儿画泡泡的欲望。

(1)教师示范，请幼儿认真观察，发现其中的奥秘。教师播放《小鱼游》，在画有小鱼的鱼缸里画泡泡。当歌曲声音大（音乐强）时，画的泡泡就大；当歌曲声音小（音乐弱）时，画的泡泡就小。根据教师示范，请幼儿说出其中的秘密——什么时候画的泡泡大、什么时候画的泡泡小，并用肢体在空中模仿画泡泡的动作。

(2)播放《小鱼游》，幼儿自己画泡泡。鼓励幼儿认真倾听歌曲声音的大小，来决定画的泡泡的大小。指导幼儿在画泡泡时要注意封上口，否则就会变成破泡泡。指导能力稍差的幼儿画泡泡时先暂时不注意泡泡的大小，只要能够用笔顺畅地画出圆形即可。

(3)提醒幼儿选择自己喜欢的颜色给泡泡涂色，让彩色泡泡和小鱼一起在鱼缸里跳舞。鼓励幼儿大胆使用颜色画出五颜六色的泡泡。

4. 组织幼儿交流和分享。

将幼儿作品张贴在走廊涂鸦墙上，师幼一起唱《小鱼游》，当唱到"快快抓住"时，任意蒙住一幅作品，请该作品的作者站出来向其他幼儿大胆介绍自己的作品。

相关经验链接

音乐领域：能够在音乐的伴奏下进行绘画活动，能够感知音乐声音的大小，并能够进行相对应的美术活动。

社会领域：喜欢参加游戏活动，懂得游戏规则，并能够在游戏活动中体验快乐情绪。

健康领域：能够根据儿歌内容肢体协调地做动作。

科学领域：能够感知泡泡在阳光照射下的颜色变化。

活动延伸

1. 亲子制作泡泡水，体验吹泡泡的乐趣。

2. 学习歌曲《吹泡泡》，创编成音乐游戏，体验师幼一起进行音乐游戏的快乐。

二、学前儿童美术教育活动组织的基本过程 >>>>>>>>>>>>>

根据儿童美术创作的心理特点，结合美术活动组织的基本过程，可将学前儿童美术教育活动组织归结为以下四个环节。

（一）欣赏与体验

美术创作是对某种生活经验的一种艺术化表达，因此美术创作的前提是调动学前儿童的已有生活经验，激发儿童参与活动的兴趣。正如苏轼称赞画家文与可"画竹，必先得成竹于胸中"，在组织学前儿童美术教育活动时，首先要解决的问题就是"画什么""做什么"。但学前儿童身心发展特点决定了他们仍处于具体形象思维阶段，头脑中还不能产生固定的图式。因此教师在操作前可以通过谈话、图片欣赏、视频欣赏、表演游戏等方式激发儿童回忆已有经验，在欣赏与体验的过程中把握某种事物的结构和特征，为艺术性的表达奠定基础。

（二）探索与发现

在学前儿童美术教育活动中，教师往往会引导儿童学习一些新的艺术表现形式，即解决"怎么画""怎么做"的问题，如了解某种工具或材料的使用、学习某种表现技法等。教师可以通过提问、谈话、对比等方式鼓励儿童自主探索新的绘画表现经验。如学习手指点画时，教师可以提供一些范例图片，然后提问："你们知道这是怎么画的吗？都用了手的哪些部位？"通过讨论的方式鼓励儿童自主探索绘画的技巧。另外，教师还可以运用鼓励儿童尝试操作的方式。如在进行小班撕纸活动时，教师请几个儿童尝试撕出条形，针对儿童探索中存在的问题进行经验推动，从而提升儿童对技能技巧的运用能力。

（三）表达与创作

在儿童进行美术操作时，教师应该引导其将临摹、仿制与独创结合起来，鼓励个性表达。教师可以运用小组合作、个别指导的方式，鼓励儿童运用所学的技能技巧进行联想创作。如在大班的树叶粘贴画制作中，教师鼓励儿童将粘贴与绘画活动相结合，运用添画等方式进一步完善画面。另外，在个别指导过程中，教师应因材施教，针对不同能力水平的儿童提出不同层次的目标要求。

（四）分享与交流

分享与交流环节是儿童有针对性地对作品创作的形式、方法等进行欣赏、讨论，交流创作经验，提高审美能力、分享审美愉悦的过程。教师可以采用儿童互评、游戏互动、作品组合等多种形式，调动儿童对自己或同伴的作品进行欣赏、讨论，提高其对美术创作的兴趣和成就感。

学习笔记

学习主题 2
学前儿童美术教育活动的内容与方法

一、学前儿童绘画活动的内容与方法 >>>>>>>>>>>>>>>>>>>>>

（一）学前儿童绘画活动内容

学前儿童绘画活动是指学前儿童在接触各种绘画材料的过程中，运用色彩、线条等各种美术语言表达情绪情感的一种创造性活动。绘画活动是儿童最常见的一种美术活动类型，根据工具材料和表现技法可以分为水粉画、水墨画、印章画等，根据绘画内容和主题可以分为命题画、意愿画和装饰画。

1. 根据工具材料和表现技法划分的绘画类型

（1）水彩笔画。

水彩笔是最常见的一种儿童绘画工具，色彩鲜艳、使用方便。相对来讲，其在使用过程中不受年龄的限制。

（2）油画棒画。

油画棒质地柔软、色彩鲜艳、易于着色，也是常见的儿童绘画工具，适合于勾画、涂色，可以应用渐变、对比等色彩装饰，适用于所有年龄段的儿童。另外，其可以和水墨画结合制造出"油水分离"的效果，由于此技法稍微复杂，适用于大班儿童。

（3）水粉画。

水粉画是运用水粉颜料、水粉笔的一种绘画形式。年龄较小的儿童可以尝试进行"玩色"游戏，运用流淌、滴洒等方式开展色彩类艺术活动，还可以借助于手指及印章、棉签等工具，将颜料印在各种形状的纸上进行装饰；年龄较大的儿童可以尝试用水粉笔、棉签进行创作的绘画形式。

（4）水墨画。

水墨画又称为"中国画"，是运用毛笔和水彩颜料进行操作的一种绘画形式。和水粉画相似，年龄较小的儿童可以利用游戏的形式感知墨的浓淡变化，除了毛笔，还可以借助于手指及印章、棉签等工具将颜料印在各种形状的纸上进行装饰；年龄较大的儿童可以用毛笔进行各种不同造型活动的尝试。

（5）纸版画。

常见的纸版画一般是"吹塑纸版画"，教师提供卡纸、吹塑纸、毛笔、水粉颜料、薄白纸或宣纸、铅笔等材料、工具，儿童用铅笔在吹塑纸上画好底稿，然后用毛笔在上面涂色，最后将白纸覆盖在底板上，拓印后揭开纸即成。

（6）印章画。

用瓶盖、纽扣、纸团或者萝卜、菜花等蔬菜的横切面蘸上水粉或水彩颜料，然后进行装饰活动。由于操作简单、装饰性强，一般在年龄较小的儿童中进行。

（7）手指画。

这是利用手指、手掌蘸上颜料直接点在画纸上的一种绘画形式。儿童可以根据手指、手掌的不同形状进行想象组合，再运用绘画的方式进行添画，如以手指画形式创作孔雀、小鸡等造型，生动有趣、操作简单，深受儿童喜爱。

（8）蜡刻画。

蜡刻画也称刮画，即用竹签或其他质地较硬的工具以刮刻的方式表现出特殊效果的作品。可以先将画纸涂上一层水粉或水彩颜料，然后用油画棒在上面涂上一层黑色。特制画纸完成后，用刮刻的方式刮出线或者面的造型，从而露出里面鲜艳的颜色。

（9）吹画。

吹画是将调好的颜料滴洒在纸上，然后直接或者用吸管吹动纸上的颜料，使之朝着一定的方向流淌或延伸，从而形成特殊画面效果的一种绘画方式。需要提醒儿童在进行吹画时要注意安全，不能对着颜料或吸管吸气。

（10）滚画。

滚画是将不同形状的白纸放在鞋盒或者其他盒子中，然后把蘸上颜料的玻璃球或者球状的纸团放到盒子里摇动，其滚动时留下的痕迹会形成特殊的画面效果。由于这种活动操作简单、装饰性强，适用于年龄较小的儿童。教师可以利用衣服、手帕等装饰主题。

参考以上十种常见的绘画类型，教师可以根据儿童的年龄特点和绘画发展水平为之选择合适的工具和材料，开展绘画活动。

2. 根据绘画内容和主题划分的绘画类型

（1）命题画。

命题画指的是由教师提出绘画的主题和要求，儿童按照这一命题完成绘画的活动。命题画以帮助儿童学习造型、设色、构图等形式语言为目的，根据命题内容的不同，又可分为物体画和情节画两种类型。物体画侧重于描绘单一的物体，注重儿童造型能力的培养；情节画主要的描绘对象是一组物体，能够反映出一定的情节，注重儿童构图能力的培养。

典型案例

城市高楼（中班命题画）

活动目标

1. 能够用线、图形表现城市中的高楼。

2. 认真观察、大胆运用自己喜欢的颜色构图，感受创造的快乐。

活动准备

材料准备：毛线、小猪手指偶、活动歌曲和课件、高楼图片、水彩笔、油画棒等。

环境准备：利用区域活动在建构区投放大型积木，以"盖高楼"为主题鼓励幼儿搭建自己理想的高楼,保留幼儿搭建作品供幼儿参观欣赏。

幼儿经验:知道《三只小猪》的故事,对自己居住的房屋有初步的了解。

教师经验:了解楼房的基本建筑结构,收集大量风格不同的楼房图片。

活动过程

1. 创设情境,引导幼儿轻松进入活动。

(1)出示三只小猪手指偶,以"三只小猪进城,看到城里漂亮的楼房,也想自己盖漂亮的房子"为情境,组织幼儿讨论、描述自己看到的楼房的外形及功能。

(2)鼓励幼儿详细说出自己看到的楼房的外部特征,如高矮、宽窄和楼顶的形状,以及窗、门等。

2. 拓宽幼儿视野,观察不同风格的楼房。

(1)以神秘形式出示一根毛线,创设"变魔术"的情境。两手将线拉直时告诉幼儿这时的线叫作直线,一手把线晃起时告诉幼儿这时的线叫作曲线等。

(2)播放歌曲《数高楼》和相应课件,逐一展示不同风格的楼房图片,供幼儿欣赏。请幼儿找出图片中自己喜欢的楼房,并说出图片中自己喜欢的部分用的是直线还是曲线等。

(3)组织幼儿对比生活中见到的楼房和自己在图片中看到的楼房的区别,请幼儿大胆表述。

3. 启发幼儿尝试画高楼。

(1)创设"我是小小设计师"的情境,鼓励幼儿为自己喜欢的小猪大胆创意,设计出最漂亮的房子。

(2)请幼儿描述自己设计的楼房的独特外部特征,重点说说用到什么样的线条和颜色、什么样的门窗和楼顶等。

(3)幼儿自选绘画工具,根据自己的创意进行绘画。提醒幼儿在绘画过程中要多和各种线条做游戏,这样才能画出自己理想的高楼。

(4)对能力强的幼儿,鼓励其在画好高楼线条的基础上大胆使用漂亮的颜色进行装饰;对能力弱的幼儿,及时鼓励,适时指导。

4. 启发幼儿展示、介绍作品。

将幼儿的绘画作品张贴于幼儿画廊,请幼儿介绍自己绘画的高楼是为哪只小猪设计的。

5. 鼓励幼儿对作品进行讲评。

针对故事情节,全体幼儿举手表决该作品中设计的楼房是否适合该小猪居住。鼓励幼儿从所有绘画作品中选出喜欢且结实的三幅图,送给三只小猪作为楼房的设计图。

活动延伸

1. 我的房子。

继续巩固各种线条和色彩的使用,鼓励幼儿为自己设计一座漂亮的房子,包括房子里的各个功能部分都要设计出来。

2. 我搭建的高楼。

增强幼儿的空间感和立体感,在建构区投放大型积木,请幼儿自由结组拼搭高楼。

(2)意愿画。

意愿画指的是在教师协助下,儿童根据自己的生活体验与感受,自己确定主题和形象,自由地把自己的所见所闻、所思所想在纸上大胆表现出来的活动。主要发展儿童的记忆力和想象力。

典型案例

绘画接龙比赛(大班意愿画)

活动目标

1. 通过不断地思考，尝试在别人的画面中创造出自己的图画。

2. 体验有趣、神奇的接龙绘画方式，感受集体创作的快乐。

活动准备

材料准备：水彩笔(油画棒)、纸、舒缓和活泼相间的音乐。

环境准备：根据幼儿人数将桌子摆放成若干组正方形，幼儿每四人一组围桌站立。

幼儿经验：幼儿知道逆时针、顺时针的方向。

活动过程

1. 引发幼儿参与活动的兴趣。

(1)播放音乐《找朋友》，请幼儿跟着音乐节奏拍手唱歌。当唱到"你是我的好朋友"时，要求四个幼儿手拉手围着桌子站好。

(2)鼓励幼儿向同伴介绍自己的好朋友。

2. 创设情境，启发幼儿想象。

(1)教师以"绘画旅程"为主题创设情境，请围在桌旁的幼儿在舒缓的背景音乐中闭上眼睛，启发幼儿大胆想象画笔将开始怎样的旅程。

(2)鼓励幼儿大胆想象，尝试说一说自己绘画旅程的内容。

3. 引导幼儿尝试绘画旅程。

(1)绘画旅程的情境贯穿始末。以"画的第一站"为起点，每四名幼儿为一组，每人面前的桌面上摆放画纸和画笔。当音乐响起时，幼儿要在画纸上画出自己想象的画面。提醒幼儿画面内容要突出。

(2)当音乐停止时，进入"画的第二站"。幼儿顺时针方向走到下一个幼儿的作品前，先观察同伴的画面上画的内容，当音乐再次响起时，再根据自己的想象和创意，在上边继续画画或在空白处添画。鼓励幼儿第二次绘画前一定要仔细观察后再创作。

(3)当音乐再次停止时，进入"画的第三站"。幼儿顺时针方向走到再下一个幼儿的作品前，鼓励幼儿继续观察画面中的颜色和内容还需要进行哪些调整。当音乐再次响起时，鼓励幼儿根据画面选择自己喜欢的颜色和图案进行装饰。

(4)当音乐再次停止或再次响起时，进入"画的第四站"。鼓励幼儿根据实际情况按自己的意愿再次添画或涂色装饰。

(5)当音乐最后停止时，幼儿回到第一幅作品前，绘画旅程基本结束。

4. 启发幼儿欣赏、分享绘画接龙作品。

(1)引导幼儿观察、欣赏面前的作品，鼓励幼儿说出自己原来的图画创意。

(2)启发幼儿再观察、再欣赏现在的作品内容。请每组幼儿评价自己面前的作品，说出作品中自己最满意的地方。

(3)每四幅画为一组进行展览，邀请其他组的同伴分享本组绘画接龙作品的创意。

相关经验链接

音乐领域：能够随音乐节奏和旋律进行绘画接龙游戏。

社会领域：懂得遵守活动中的规则，知道按顺序以接龙的方式轮流画画。

语言领域：能够尝试用连贯、完整的语言对作品进行评价。

活动延伸

1. 布置画展"绘画旅程"。

以"绘画旅程"为主题开办画展，对幼儿作品进行展示，邀请其他班级幼儿欣赏，并请每组派出小解说员进行讲解。

2. 词语接龙游戏。

引导幼儿掌握词语接龙游戏玩法，能根据词语中的字进行接龙，丰富词汇量，体验游戏的趣味。

(3)装饰画。

装饰画指的是在教师协助下，儿童学会运用点、线、几何图形、动植物花纹和色彩，按照形式美的规则进行装饰和美化的活动。装饰画在托幼机构开展非常广泛，也是儿童非常喜欢的一种类型。

典型案例

青花瓷盘(中班装饰画)

活动目标

1. 初步欣赏、感受青花瓷的美，增强民族自豪感。

2. 尝试用单色彩笔设计新颖、别致的青花瓷盘图纹。

活动准备

材料准备：不同花纹的青花瓷盘和青花瓷器图片、青花瓷短片、民族古典音乐、蓝色水彩笔、蛋糕纸托盘、幼儿画册。

环境准备：在美工区展台摆放青花瓷瓶、盘、碗等，设置以"青花瓷"为主题的展台。

幼儿经验：认识日常生活中的普通瓷器。

教师经验：了解青花瓷的发展史、制作工艺和图案特点。

活动过程

1. 感官体验，初步感知青花瓷盘。

(1)教师神秘地出示用布盖住的瓷盘，请幼儿摸一摸，根据手感和物体的形状，猜猜是什么。

(2)揭去盖住青花瓷盘的布，幼儿观察青花瓷盘实物。请幼儿根据自己的生活经验回忆在何处见过这样的盘子，说出盘子的作用，并对比自己在生活中使用的餐具与其在颜色和花纹上的区别。

(3)教师告诉幼儿，他们看到的蓝色花纹、白色背景的瓷器的名字叫作青花瓷。

(4)播放青花瓷短片，向幼儿简单介绍我国历史上青花瓷的来历，提升幼儿对青花瓷的认识。

2. 出示范例，引导幼儿观察其装饰方法。

(1)请幼儿认真观察美工区展台装饰好的青花瓷盘的构图特点，引导幼儿发现青花瓷盘的图案是有规律的，有时是单样图案，有时是混合图案。

(2)请幼儿说出自己喜欢哪种图案的青花瓷，并鼓励幼儿说出原因。重点请幼儿说出图案中认识的线条和其他漂亮的线条，教师将幼儿说出的线条画在黑板上，展示在幼儿面前。请幼儿说出黑板上的哪些线条是自己喜欢的。

(3)请幼儿大胆想象、思考自己如何装饰青花瓷盘。鼓励幼儿和同伴讨论对青花瓷盘装饰的想法。

3. 提出要求，启发幼儿尝试装饰。

（1）播放民族古典音乐，请幼儿自选操作材料。提醒幼儿在绘画图案进行装饰时，要先装饰材料中间，再用自己喜欢的各种线条装饰旁边的空白处。

（2）鼓励幼儿大胆装饰，让自己的作品与众不同。提醒幼儿作画时要细心，注意保持画面的清洁，以免影响作品的美观。

（3）在幼儿操作过程中，教师巡回进行适时指导，重点指导能力较弱的幼儿运用线条。

4. 启发幼儿展示分享作品。

将幼儿作品摆放在以青花瓷为主体的展示板块，引导幼儿观察、分享、交流。请幼儿从所有作品中选出装饰新颖、富有创意的，并请该作品的主人介绍自己用到了哪些线条、造型等。

5. 激发幼儿的爱国情感。

创设情境"青花瓷博览会"，激发幼儿创作出更好的作品，让自己的作品将来可以走向世界，为祖国做贡献。

相关经验链接

科学领域：通过各种感官的体验，增强幼儿对青花瓷的认识。

社会领域：初步认识、了解青花瓷的发展史。

艺术领域：能够发现青花瓷图案里的规律性、单样性和混合性的艺术美。

活动延伸

1. 青花瓷瓶展。

鼓励幼儿用废旧的纸杯和报纸做成纸浆，制作成立体的花瓶形状。用白色的颜料涂色后，再用蓝色的记号笔进行装饰，然后放到展台展览。激发幼儿创造美、发现美。

2. 葫芦吊饰。

将不同的葫芦造型涂成白色后，鼓励幼儿进行装饰，设计成吊饰美化环境。

3. 收集青花瓷图片。

发动幼儿请家长帮忙收集各种各样的青花瓷图片，欣赏青花瓷的艺术美。

（二）学前儿童绘画活动的指导方法

1. 按年龄段指导绘画活动的方法

（1）0～3 岁儿童绘画活动指导。

3 岁前的儿童还处于涂鸦期，因此教师在进行绘画指导时重在培养儿童对美术活动的兴趣，而对于线条、造型、构图等技法不能作较高要求。在集体教学活动中，教师可以提供多种有趣的材料，创设适合儿童绘画的环境，开展一些具有游戏性的绘画活动，如手指画、玩色游戏、印章画等。另外，教师可以在美工区设立涂鸦区，提供蜡笔、颜料、粉笔等绘画工具，以及大张的、不同颜色和材质的纸，鼓励儿童进行涂鸦。儿童作品还可以布置到作品展示区，提高儿童进行绘画创作的成就感。结合本年龄段儿童特点，教师指导侧重于以下几个方面。

①引导儿童初步认识纸笔和手的动作的关系，体验涂鸦的愉悦感。

②鼓励儿童尝试探索多种绘画工具材料，注意材料使用的安全性。

③引导儿童画出一些不同特征的线条，并尝试为作品取名字。

④通过一些玩色游戏，鼓励儿童大胆运用印章、手指等进行不同色彩的图案装饰。

学习笔记

⑤通过添画游戏帮助儿童获得绘画活动成就感。

(2)3～4岁儿童绘画活动指导。

小班儿童处于象征期，所创作的形象在造型上还不能表现出物体的基本结构和特征。由于该年龄段儿童在观察事物时没有明确的目的，观察的顺序比较紊乱，因此对他们一般在构图上不作要求，而是着重培养绘画常规。另外，结合游戏的方式帮助儿童积累各种形象经验。下面结合身心发展特点和绘画能力，从情绪情感、使用绘画工具、色彩、造型、构图等几个方面提出为3～4岁儿童开展绘画活动的指导要点。

①引导儿童参加绘画活动，养成大胆作画的习惯，体验绘画活动的乐趣，对绘画活动产生兴趣。

②帮助儿童认识和初步学会使用蜡笔、油画棒、水彩笔、纸、棉签、印章、颜料等绘画工具、材料，逐渐养成良好的绘画姿势和习惯。

③培养儿童对美术观察的兴趣和习惯，在游戏中学习点、线、圆形、方形和简单物体的画法及涂色方法，并运用这些方法表现日常生活中熟悉的、简单的物体轮廓。

④引导儿童认识红、黄、蓝、绿、黑、褐、白等颜色，初步学会选用多种颜色绘画，区分主体色和背景色；培养儿童对使用色彩的兴趣。

⑤启发儿童在画面的中心位置画出主要形象，并把它画大一些。

(3)4～5岁儿童绘画活动指导。

4～5岁儿童在与外界接触的过程中已经表现出较高程度的社会意识，他们不再漫无目的地沉浸在自我游戏之中，而是有了一定的绘画意识。结合中班儿童的绘画能力和身心发展特点，提出如下绘画指导要点。

①帮助儿童进一步学习用多种工具和材料绘画的方法，体验绘画的乐趣。

②鼓励儿童学习用各种线条表现熟悉的事物的基本结构和主要特征。

③引导儿童认识和使用12种颜色，并会辨识颜色的深浅，学习用物体的固有色绘画，并能选择多种颜色作画。

④启发儿童初步学习在画面上安排物体的上下、左右关系。

(4)5～6岁儿童绘画活动指导。

结合5～6岁儿童的绘画能力和身心发展特点，着重培养儿童系统的观察能力，启发其尝试物体画的细节表达和情节画的构图能力。另外，由于儿童绘画工具使用能力的提高，在指导时强调绘画工具和材料综合运用能力的培养。5～6岁儿童绘画活动指导的要点如下。

①鼓励儿童学习运用多种工具和材料，使用不同的技法进行绘画。

②启发儿童较完整地表现熟悉的或想象中的物体的动态结构和简单情节。

③鼓励儿童大胆用自己喜欢的色彩绘画，学习用对比色、类似色进行绘画，并初步学习根据画面的需要用色彩表现自己的情感。

④启发儿童初步表现画面物体的前后、远近等简单的空间关系及主题与背景的关系。

⑤引导儿童根据自己的绘画经验和技能开展各种形式的绘画活动，将绘画作为表达思想和情感的方式之一。

2. 按绘画类型指导绘画活动的方法

针对不同的绘画类型，教师指导应该有不同侧重点。

(1)物体画的指导。

引导儿童观察物体的基本结构和主要特征。教师应该根据儿童的特点有意识地引导儿童观察物体。如小班儿童可以侧重物体的色彩方面，注重物体轮廓的基本视觉印象。伴随年龄的增长，应该侧重物体的基本结构和主要特征。如中班绘画活动"孔雀"，不仅要让儿童观察孔雀的基本结构(头、身体、尾巴、脚)，而且要引导儿童观察孔雀的尾巴上的羽毛排列，了解羽毛排列的秩序美和色彩美。大班儿童除了观察物体的基本结构和主要特征外，可以引导他们重点观察细节，通过对比观察和局部观察，把握物体的造型。

引导儿童从不同角度表现物体。如在对建筑物的描画中，可以让儿童从不同角度观察建筑。另外，可以通过系列主题帮助儿童把握好某一物象的造型特点。如可以让儿童观察幼儿园、家、小区等贴近他们的生活的建筑，引导其从不同角度描绘房子的特征。

(2)情节画的指导。

引导儿童感知不同物体之间的空间关系。教师通过欣赏有意识地引导儿童感知物体的空间关系，包括各个形象的远近关系和主次之分，通过观察比较提高他们的空间感知能力。教师还可以启发儿童欣赏一些大师的作品，如《大碗岛的星期天下午》《星月夜》等，从而感受不同构图形式所带来的不同视觉效果。根据不同年龄段儿童的发展特点，小班主要是培养绘画兴趣；中班侧重在画面上简单布局，将景物画在基底线上，并能画出一些辅助物表现情节；大班要求儿童能够根据主题需要合理安排画面，形象有主次之分。

教师应通过各种不同形式的练习提高儿童的构图能力，可以采用日记画、故事画、添画等方式。另外，还可以通过欣赏和观察使儿童逐渐掌握情节画的基本构图技巧，通过色彩凸显、位置凸显、大小凸显等形式突出绘画的主题。

(3)意愿画的指导。

教师可以结合儿童熟悉的一些话题展开讨论，启发儿童回忆已有经验并展开思考。

在进行绘画前，教师首先通过提问帮助儿童确定绘画的主题，如："假期里你最开心的事儿是什么？在哪里做的？和谁在一起?"并引导儿童思考、探索这个主题的表现形式，即引导儿童先画什么，再画什么，在构图、色彩、造型等方面予以指导。教师要注意的是，在意愿画的指导中，不要以自己的思路代替儿童的思考。

(4)装饰画的指导。

引导儿童在欣赏的基础上理解一些装饰的原理，如对比与均衡、对比与调和、节奏与韵律、连续与反复等。在欣赏内容上，教师不仅要关注艺术作品中的装饰美，还要多提供一些绘有装饰性强、造型独特且具有民族特色、表现多元文化的花纹的生活用品。如花瓶、雨伞、围巾等。

引导儿童循序渐进地学习装饰画。在装饰的形状上，年龄较小的儿童可以尝试在正方形、长方形、圆形等规则图案上进行装饰，年龄较大的儿童可以尝试在衣服、靴子、手套等不规则图案上进行装饰。在装饰的纹样上，可以从点、线、简单几何图形装饰开始，随着年龄的增长，再用自然界中的花草树木、人物等图案进行装饰。在装饰的色彩上，年龄较小的儿童可以用两到三种颜色进行装饰，并初步尝试用对比色；年龄较大的儿童可以尝试用多种颜色进行装饰，并运用对比色和渐进色，还可以尝试运用补色、撞色等色彩原理使色彩搭配更加协调。

采用多样化的练习方法培养儿童对装饰画的兴趣。图案装饰练习的方法多样，描绘过程规范性较强。教师可以结合某些节日，鼓励儿童为妈妈设计服装，为爸爸设计领带，或者结合剪纸、染纸等手工活动开展添画。

二、学前儿童手工活动的内容与方法 >>>>>>>>>>>>>>>>>>>

（一）学前儿童手工活动内容

根据儿童制作的特点，学前儿童手工活动可以分为平面手工活动(粘贴、撕纸、剪纸、染纸)和立体手工活动(折纸、泥塑、废旧材料制作等)；根据儿童手工工具、材料和基本制作技法的不同，可以分为粘贴活动、纸工、泥工和综合制作活动。其中纸工根据基本制作技法的不同，又可以分为剪纸、撕纸、折纸和染纸。下面选择几种典型的活动加以介绍。

1. 粘贴活动

粘贴活动是儿童将事先准备好的图形或材料以一定方式干净、平整地粘贴在纸张、板材、器皿等背景上，呈现出不同的物体、情节和场面的造型活动。儿童的粘贴活动一般可以分为点状材料粘贴、线状材料粘贴和面状材料粘贴三种类型。

点状材料粘贴主要是指将沙子、小石子、小珠子、纽扣、谷物、果壳、种子、木屑、贝壳、瓶盖等点状材料，运用粘贴的手段进行组合的一种造型活动。教师可以设计具有简单轮廓主题的内容，引导儿童运用胶水、双面胶等工具粘贴出一些形象，如豆类粘贴画、蛋壳粘贴画等。

线状材料粘贴主要是指将绳、棉线、毛线、火柴棒、麦秸、树枝、高粱秸等线状材料，运用粘贴的手段进行组合的一种造型活动。教师可以引导儿童运用并列粘贴或绕圈粘贴的方式进行造型，如毛线粘贴画、皱纹纸条粘贴画、火柴棒粘贴画等。

面状材料粘贴主要是指将纸、布、树叶、花瓣、羽毛等面状材料，运用粘贴的手段进行组合的一种造型活动。教师可以通过"因艺选材"和"因材施艺"两种不同的思路设计活动。

2. 纸工

纸工是以不同材质的纸为主要材料，运用剪、撕、折、染等各种技能进行的造型活动。纸工有助于促进儿童手指肌肉的发展及手指的灵活性。

(1)剪纸。

剪纸是以纸为加工对象，用剪刀将纸剪出简单形状或物象轮廓的纸艺创作活动。剪纸活动要求教师提供儿童专用剪刀，并提供厚薄适中的纸。剪纸一般可以分为目测剪、沿轮廓剪、折叠剪三种常见的类型。

目测剪是指通过目测将没有任何线条或痕迹的纸直接剪出形象的方法。儿童目测剪的内容可以从剪直线到剪曲线，再到剪出一些简单的轮廓。考虑剪刀使用的安全性，一般从中班开始尝试使用剪刀。从目测剪到沿轮廓剪再到折叠剪，教师需要遵循由易到难的原则，循序渐进地为儿童选择合适的主题。中班可以设计一些结合实物的目测剪主题，如水果、气球等；大班可以尝试人、动物等相对复杂的目测剪主题。

沿轮廓剪是指按照已经画好的轮廓线来剪出所需形象的方法。轮廓可以是教师提供的，也可以是儿童自己画的。如大班剪纸活动"动物头饰"，就是引导儿童自己画出喜欢的动物，并沿轮廓剪出动物的形象，最终做成头饰的一个活动。

折叠剪是将纸折叠后再运用目测剪或沿轮廓剪的方法进行剪裁，如剪窗花。随着儿童年龄的增长，可以引导儿童从对称折叠剪到多次折叠剪，再到剪出拉花等较为复杂的剪纸活动。在折叠剪后，教师注意引导儿童学会将剪好的作品展开。

（2）撕纸。

撕纸是以纸为加工对象，用手指将纸撕出简单形状或物象轮廓的纸艺创作活动。撕纸和剪纸十分类似，一般也可以分为目测撕、沿轮廓撕、折叠撕三种常见的类型。

想一想

纸工包括哪些类型？

儿童撕纸内容的选择一般会按照"点—条—形"的顺序，其中撕点和撕条都可以运用目测撕的方式。如小班儿童喜欢玩纸和撕纸，教师可以提供颜色各异、材质不同的纸，通过设计"闪闪的星星""彩色果果"等主题活动，让儿童练习点状材料的撕贴技能；通过设计"面条""狮子的头发"等主题活动，让儿童练习条状材料的撕贴技能。伴随儿童手眼协调能力的提高，教师可以鼓励儿童沿轮廓撕出一些不同形象进行组合粘贴，创作出情节画，如"我的肖像画""过大年""逛公园"等。

✎ 学习笔记

（3）折纸。

折纸是利用双手将纸折成立体形象的活动，是我国民间传统手工活动之一。折纸的基本规则是对齐、抹平。教师应掌握折纸活动的一系列基本术语，如边、角、中心线、中心点、对角线等，还要引导儿童掌握基本的折法，如对边折、对角折、双正方形折、双三角形折、集中一角折和四角向中心折等。一般从中班开始尝试对边折、对角折，从大班开始尝试更为复杂的双正方形折、双三角形折。

（4）染纸。

染纸是用吸水性较强、韧性较好的纸和水性染料作材料，将纸折叠后染出色彩美丽的图案的活动，其中提供的纸为生宣纸、餐巾纸、毛边纸等。染纸的技能主要可以分为浸染和点染两种。

浸染是将折叠的纸的角或边浸入颜料里，让纸自动吸入颜料。教师要注意引导儿童把握纸在颜料里浸染的时间，时间太短会影响染色效果，时间太长又会导致折叠的纸展开时容易破损。点染是借助于手指、毛笔或其他工具，用点颜料的方式将纸染色。有时候，点染可以作为浸染的补充。

3. 泥工

泥工是运用黏土、橡皮泥或面团等材料，用搓、拉、团、压、捏等方法来塑造出立体形象或贴出简单形象（情节）的造型活动。结合学前儿童的实际操作，泥工可以分为泥拓印、捏塑、泥条成型、泥片成型、泥贴画五种常见的类型。

（1）泥拓印。

小班儿童泥工活动的内容主要是认识泥工的简单工具和材料，知道其名称和性质。最初侧重让儿童玩泥，任意塑造一些简单的形体，使其在玩泥的过程中体验泥工活动的快乐。伴随儿童对于泥工工具和材料使用的熟练性的提高，可以设计一些泥拓印活动，如手印泥拓印、树叶泥拓印等，培养儿童对于泥工活动的兴趣。另外，教师可以鼓励儿童借助于一些模具拓印出不同的形象。

想一想

泥工包括哪些类型？

(2)捏塑。

在玩泥和泥拓印的基础上，教师可以鼓励儿童运用搓长、团圆、压扁、挖空等基本技能，尝试一些简单物体形象的捏塑。小班可以尝试饼干、棒棒糖、小蛇等；中班可以尝试能表现出物体的基本部分和主要特征的形象，如动物、人物等；大班可以尝试较为复杂的形象，如建筑物、花园等。鼓励儿童运用辅助工具生动、细致地表现物体的主要特征和细节，甚至可以是多种物体的组合，如"龟兔赛跑""恐龙乐园"等。

(3)泥条成型。

泥条成型是将橡皮泥或陶泥搓成长条状，运用泥条盘绕的方式进行塑形的一种泥塑活动。年龄小的儿童可以通过"泥条变变变"的活动熟悉泥条的制作，逐渐可以让他们尝试制作花瓶、笔筒、篮子等具有一定容积的造型。

(4)泥片成型。

泥片成型是将橡皮泥或陶泥通过团圆、搓长然后压扁的方式制成泥片，再将泥片进行组合、黏结，从而塑形的一种泥塑活动。如将泥片层层粘贴形成月季花的造型，或将泥片组合形成房顶等。一般情况下，泥片成型会与泥条成型综合开展。

(5)泥贴画。

泥贴画属于浮雕式泥塑，是运用搓长、压扁等简单技能，在平面板上、单色器皿上塑贴出各种物体形象并构成一定情节的一种造型活动。教师可以鼓励儿童用橡皮泥在卡纸、纸盘、一次性塑料盘或透明玻璃瓶上进行。

4. 综合制作活动

综合制作活动是指儿童通过综合运用所学的美术技能，对不同材料的外形、色彩加以变化、装饰，制作成简单的玩具或物品的一种活动。根据制作材料的不同，综合制作活动可以分为自然材料的制作和废旧材料的制作两类内容，一般是在物品原型基础上，运用加法(粘贴、插接等)，减法(修剪、挖空等)或加减综合等方式改变原型或组合改装。从中班开始设计一些简单易做的活动；大班可尝试不同材料、不同手段的综合运用，如"服装展示会""我的面具"等主题，引导儿童运用多种材料尝试综合制作。

(二)学前儿童手工活动的指导方法

1. 按年龄段指导手工活动的方法

(1)0~3岁儿童手工活动指导。

3岁前的儿童的手工活动具有明显的随意性，这一阶段的儿童对手工活动的工具、材料及操作过程充满好奇，往往没有明确的制作目的，只是将其作为一种玩耍的游戏。结合这个年龄段儿童的发展特点，教师需要为儿童准备充足的纸、橡皮泥等活动材料，让儿童在游戏中享受玩耍的乐趣。指导要点可归纳为以下几点。

学习笔记

> ——引导儿童初步体验泥、纸等手工材料的变形性，体验到操作过程的愉悦感。
> ——引导儿童尝试撕出纸条或小纸片，并能进行简单图案的碎纸粘贴活动。
> ——引导儿童体验泥的可塑性，学会团、压、揉、捏等基本泥工技能。

(2)3～4 岁儿童手工活动指导。

3～4 岁儿童手部肌肉发育不够成熟，认识能力也有限，所以不能有目的地制作出形象。教师在指导时应提供多种安全、卫生的工具、材料，给儿童以充分接触材料、探索工具的机会，帮助儿童逐步学习一些基本、简单的手工技能。结合3～4 岁儿童手工能力的发展特点，对其手工活动的指导要点包括以下几个方面。

🖊 学习笔记

> ——引导儿童乐于参加手工活动，愿意尝试准备好的手工材料。
> ——鼓励儿童用糨糊等工具将沙子、芝麻、麦片等材料粘贴成简单的图形。
> ——引导儿童初步学会撕纸、染纸等简单技能。
> ——启发儿童体验泥的可塑性，学会搓长、团圆等技能，塑造出简单的物品。
> ——帮助儿童在原型物体上进行简单粘贴，制作简单的玩具及物品。

(3)4～5 岁儿童手工活动指导。

4～5 岁儿童已经开始由无目的的动作逐步发展为呈现出有意图的尝试。教师在组织进行手工活动时应鼓励儿童大胆按照自己的意愿进行尝试，培养他们对手工活动的兴趣的同时，也要引导他们熟悉一些基本的手工技能技巧。结合 4～5 岁儿童手工能力的发展特点，对其手工活动的指导要点包括以下几个方面。

> ——引导儿童认识多种手工工具和材料。
> ——帮助儿童用更丰富、更复杂的材料粘贴出简单的形象。
> ——引导儿童学习集中一角折、双正方形折、双三角形折等技能，折出简单的玩具和物象。
> ——帮助儿童学习黏合平面泥贴的技能。
> ——启发儿童撕出简单的物体形象，用浸染和点染结合的技能进行染纸。
> ——鼓励儿童初步学习用自然材料和废旧材料做出造型简单、制作方便的玩具。

(4)5～6 岁儿童手工活动指导。

5～6 岁儿童由于手部肌肉精细动作得到了发展，手眼协调能力逐渐增强。教师应注意引导他们综合运用手工技能技巧，并探索一种工具、材料的多种用法。结合 5～6 岁儿童手工能力的发展特点，对其手工活动的指导要点包括以下几个方面。

> ——帮助儿童较熟练地选择和使用手工工具和材料，创造性地进行手工操作活动，表达自己的意愿。
>
> ——启发儿童收集各种常见的自然材料和废旧材料，进行手工操作。
>
> ——鼓励儿童综合运用泥工技能。
>
> ——引导儿童运用多种技能折出简单的玩具，并能将折纸和绘画、粘贴、环境布置联系起来。
>
> ——引导儿童撕出自己喜欢的物体的轮廓。
>
> ——引导儿童用目测剪或者折叠剪的方法剪出窗花、拉花。

2. 按手工类型指导手工活动的方法

(1)粘贴活动的指导。

①粘贴活动的难点与教学策略。

粘贴活动的难点在于多种粘贴工具的使用方法。如撕贴或者剪贴活动中，教师可以提供双面胶、胶水、固体胶等多种粘贴工具，通过演示与示范、空手练习等方式，指导儿童学会自主选择、运用合适的粘贴工具。

在粘贴活动中，教师应引导儿童养成细致、耐心的好习惯，要注意物与物之间的色彩搭配、构图、造型的关系，如材料的颜色与底色、某一形象的不同部位的色彩要有一定的差异性，造型轮廓要相对简单。

②粘贴活动实施中应注意的问题。

在粘贴活动中，要注意画面的构图，分清主次形象，从色彩、位置等方面凸显主要形象。另外，教师要引导儿童注意粘贴的整洁性，如在制作蛋壳粘贴画时，注意画面轮廓要简单、蛋壳排列要均匀。教师还要提醒儿童注意粘贴工具与材料的契合度，如树叶粘贴画用双面胶比较好，而豆类粘贴画用白乳胶更好。

(2)泥工活动的指导。

①泥工活动的难点与教学策略。

基本技能的学习是泥工活动的难点，包括搓长、团圆、压扁、连接、盘绕、挖空等。教师除了讲解示范外，还应注重循序渐进地指导儿童对各种技能进行学习，并引导儿童通过一些具体形象的制作来练习泥工技能，如通过制作"糖葫芦""棒棒糖"来练习团圆的技能、通过制作"水杯""篮子""花瓶"来练习将泥条盘绕成型的技能。

②泥工活动实施中应注意的问题。

在泥工活动中，教师应注意培养儿童良好的泥工活动常规，如卫生习惯和安全习惯，并注意引导儿童运用一些辅助材料装饰作品。

(3)纸工活动的指导。

①纸工活动的难点与教学策略。

纸工活动主要技能可以分为剪、撕、折、染、卷五种。其中，剪纸中剪刀的使用、撕纸时手指的配合、折纸中的双三角形折和双正方形折、染纸中纸的折法和展开等都是难点。教师可以运用图式辅助法、儿歌辅助法、对比发现法等几种教学策略。

图式辅助法指的是用照片、图片、图形等辅助方式提示纸工活动的操作步骤。

教师一边讲解一边借助于图式，大大降低了儿童学习技能的难度。此方法运用在折纸和染纸活动中，尤其能提高儿童学习技能的效率。

生活练习法指的是儿童通过生活活动练习纸工技能技巧的方法，如通过叠毛巾、叠被子的方式帮助儿童掌握对边折、对角折等基本的折纸技巧。生活中，教师还可以通过手指操、手指游戏等方式锻炼儿童手指的灵活性，为剪纸、撕纸的手眼配合做好准备。

对比发现法指的是儿童通过自己对比、探索掌握纸工技能技巧的方法。如在染纸活动中，教师可以鼓励儿童尝试不同的折叠方法浸染，从而对比发现折叠与图案之间的关系。

②纸工活动实施中应注意的问题。

在纸工活动中，教师应注意引导儿童了解不同工具、材料的性质。不同的纸工活动所用的纸的材质也有所不同，如染纸用的是生宣纸、剪纸用的是普通纸、撕纸用的是报纸或者皱纹纸等。教师应鼓励儿童自主探索纸的软硬、吸水性等不同性质，从而更好地参与到纸工活动中。

纸工活动往往会和粘贴活动、绘画活动相结合。撕贴活动、剪贴活动中，教师要注意引导儿童对撕贴、剪贴的作品进行添画，更加完整、形象地表现出一定的情节或事物。

注意不同的纸工作品需要采用不同的保存方式，如染纸作品需要阴干保存。剪纸作品和染纸作品在折叠后展开时，注意不要毁坏作品。

(4)综合制作活动的指导。

①综合制作活动的难点与教学策略。

综合制作活动是一种综合性的儿童美术活动，所用的工具比较多。教师引导儿童在材料原型基础上大胆想象，可以从模仿开始，逐渐迁移、创造，让儿童体会到材料变形的快乐。综合制作活动的难点在于几何体的制作，如正方体、圆柱体、长方体、圆锥体等。教师可以准备一些实物、玩具或范例供儿童欣赏、对比、探索，在儿童自主探索的基础上，再让儿童尝试材料。也可以借助于图式辅助法帮助儿童了解综合制作的步骤，为儿童的操作提供支持。

②综合制作活动实施中应注意的问题。

综合制作活动可以与环境创设、玩教具、游戏等活动充分融合，让儿童在一种游戏情境中获得综合制作的乐趣。综合制作活动还可以与其他领域活动相联系，如体育器材的制作与健康活动结合、自制图书与语言活动结合、自制乐器与音乐活动结合、用自制玩具创设环境等。儿童在参与活动时运用自己制作的物品，会有更高的积极性和成就感。

三、学前儿童美术欣赏活动的内容与方法 >>>>>>>>>>>>>>>>

(一)学前儿童美术欣赏活动内容

学前儿童美术欣赏活动是教师引导儿童欣赏和感受美术作品、自然景物和周围环境中的美好事物，感受其形式美和内容美，从而丰富儿童的美感经验、培养其审美情感和审美评价能力的教育活动，其内容主要包括生活、自然和艺术三个部分。

1. 生活中的美

日常生活中，美无处不在。教师要有一双善于发现美的眼睛，抓住一切可以利用的机会，引导儿童去发现、感知、欣赏、体验生活中的美。教师可以组织儿童欣赏生活中美的事物，如漂亮的糖纸、多彩的围巾、民族服装等。生活中很多事物都蕴含了丰富的美感和审美的特征，教师可以从事物的装饰美、色彩美、造型美、图案美等不同角度引导儿童表达对美的联想和分析，也可以利用一日生活中的某些环节随机地引导儿童欣赏生活中的美，如周围环境中的吊饰、墙壁的装饰、班级的植物角等。通过对生活中的美的发现，提升儿童发现美、感受美的能力，为欣赏能力的提高打下基础。

2. 自然中的美

自然界的景物千姿百态，美不胜收。教师在选择自然景物作为儿童欣赏的对象时，应注意尽量选取儿童可观察到的景物，如日月星辰、花草树木、虫鱼鸟兽等。教师可以利用户外活动、散步等时间，引导儿童观察蓝天中白云形状的变幻，鼓励儿童发散思维、大胆想象；引导儿童捡树叶，欣赏树叶的形状和色彩……教师也可以引导儿童感受自然景物的形式美以及其蕴含的生命意义。如欣赏梅花时，既要欣赏梅花的千姿百态和梅枝曲折上升的姿态，又要通过欣赏梅花了解梅花坚韧不拔、自强不息的精神品质。教师还可以借助于对文学作品的阅读和欣赏，增进儿童对自然美的领会。作为幼教工作者，更应该敏感地发现自然中的美，从而带领儿童用眼睛感知、用耳朵倾听、用手指触摸，多渠道地欣赏、发现自然中的美。

3. 艺术中的美

艺术中的美主要指艺术作品中的美，其中美术作品包括绘画、雕塑、工艺美术和建筑艺术四大门类。在学前儿童美术欣赏活动中，这四大门类均可以作为欣赏的内容，既可以通过集体美术教育活动进行，也可以在游戏时间、区域活动时间进行。

(1)绘画。

绘画是一种常见的艺术形式，是其他各种美术形式的基础。绘画作品根据技能技法的不同，又可以分为水墨画、油画、水粉画、版画等。引导儿童欣赏绘画作品时，无论什么类型，都可以从绘画的主题(内容)和绘画的形式(色彩、造型、线条等)两方面进行欣赏。

通过欣赏艺术大师的绘画作品，可以感受不同的艺术风格，积累不同艺术创作的经验，如齐白石作品富有闲情逸致和生活情趣、吴冠中作品体现了东西合璧、米罗作品充满稚拙童趣、毕加索作品反映了立体主义等。在欣赏名家作品之余，还可以鼓励儿童尝试模仿、再现或者创作出与大师作品主题类似的绘画作品，提升儿童的综合审美素养。

还可以引导儿童欣赏同伴或自己的绘画作品，这一方面能够增加儿童绘画创作的成就感，另一方面也能够帮助儿童拓展创作的思维。许多儿童作品构思新奇、色彩明快、富有想象力，欣赏同伴的绘画作品，可以激发儿童创作的积极性。另外，儿童绘画中色彩、造型、线条、构图等各种形式语言的积累，都可以增加儿童的审美经验、提升儿童的审美能力。

《指南》中提出要创造条件让儿童接触多种艺术形式与作品，因此体现民俗文化的绘画作品也应作为绘画欣赏的内容，如年画、农民画等。年画是中国画的一种，只是由于它的特殊用途，与传统水墨画又有一定区别。年画大多线条单纯、色彩鲜明，用于民间过年时对环境的装饰，含有祝福新年、吉祥喜庆之意。农民画内容上自然朴实，形式上造型夸张、色彩艳丽，具有装饰性，富有民间特色，如金山农民画。教师引导儿童欣赏体现民俗文化的绘画作品，不仅可以在形式上丰富儿童的审美经验，还可以通过了解年画、农民画的寓意扩展儿童对民俗文化内涵的理解，这也是对民间艺术的一种传承。

（2）雕塑。

雕塑是雕、刻、塑三种制作方法的总称，一般分为圆雕和浮雕两类。圆雕是不附着于任何背景的可四面欣赏、完全立体的雕塑，如《大卫》《思想者》等；浮雕则是在平面上雕出凸起的形象，如人民英雄纪念碑等。雕塑是三维空间艺术中最典型的样式，引导儿童欣赏雕塑作品时，应着重体验作品形体所表现出的充沛生命力，另外要注意雕塑与周围环境、文化背景的关系。结合儿童的认知水平，教师可以选择无锡惠山泥人大阿福系列、天津泥人张系列等圆雕作品供儿童欣赏。

（3）工艺美术。

工艺美术是与人们生活关系较为密切的一种艺术形式，通常分为日用工艺和陈设工艺两大类。日用工艺以实用为主，以审美为辅，如餐具、茶具等；陈设工艺则以摆设、观赏为主，如陶瓷、刺绣等。我国的工艺美术历史悠久、品种繁多，与各族人民的劳动、生活、娱乐紧密结合在一起，具有鲜明的民族气质和独特的艺术风格。教师可以结合当地民俗特点，选择富有地方特色的工艺美术作品，指导儿童欣赏。

陶瓷是一种黏土或主要含黏土的混合物，经过成型、干燥、烧制而成的工艺品和日用品，包括陶器和瓷器。陶瓷工艺美术作品随处可见，是儿童美术欣赏的好材料。如在欣赏花瓶时，先引导儿童欣赏它的造型特点（细长、矮胖、变形等），再引导儿童欣赏它的装饰图案（纹样、色彩等），最后让儿童自己设计花瓶，进一步理解花瓶造型的对称美、色彩的协调美和花纹的节奏美。

可以选择一些民间染织工艺美术作品和陶瓷、家具等日用工艺作品供儿童欣赏，也可以选择一些风筝、花灯、脸谱等富有民俗特色的工艺美术品供儿童欣赏。注意工艺美术作品的选择需要结合儿童审美特点的生活经验和认知水平。

（4）建筑艺术。

建筑艺术是一种实用性和艺术性相结合的立体作品，属于空间造型艺术。引导儿童欣赏建筑艺术时，应让儿童了解建筑艺术所包含的丰富内容，从而体会建筑独有的象征性、形式美、民族性和时代感。优秀的建筑艺术往往会和周边环境融为一体，体现出人文景观和自然景观的完美结合。教师可以结合儿童生活经验，选择一些独具特色的建筑或生活中的建筑供儿童欣赏，结合建筑的结构、特点、风格增加儿童对于建筑的审美经验，如悉尼歌剧院、埃菲尔铁塔、四合院、苏州园林、福建土楼等。要让儿童了解建筑物的轮廓，欣赏建筑物前后、左右、上下表现出来的均衡美、对称美、节奏美等形式美，体会建筑与周边环境的和谐统一，获得一种独特的审美感受。

学习笔记

(二)学前儿童美术欣赏活动的指导方法

1. 按年龄阶段指导美术欣赏活动的方法

(1)0～3岁儿童美术欣赏活动指导。

3岁前的儿童还处于美术欣赏的准备阶段，他们对于艺术美的欣赏是表面的、直觉的。考虑到这个年龄段儿童对于周围世界的懵懂，教师可以从儿童生活环境出发，选择一些贴近儿童生活实践的欣赏对象，如糖果、手套等，有计划、有选择性地让儿童在生活中增加审美经验，为日后的美术欣赏做好准备。结合此时儿童的欣赏特点，指导中应侧重以下几个方面。

> ——引导儿童欣赏生活中熟悉事物的美，如毛巾上的图案、漂亮的糖纸等。
> ——引导儿童有意识地感知室内和户外环境中的美。
> ——引导儿童欣赏一些内容简单的艺术作品，尝试用自己的语言表达对艺术作品的感受。

(2)3～4岁儿童美术欣赏活动指导。

教师可以选择一些形象具体、色彩鲜艳、生动有趣的作品让儿童欣赏与评价，如水墨动画片《小蝌蚪找妈妈》、米罗的作品《天空中蓝色的金子》等。结合此时儿童的年龄特点和审美能力，美术欣赏活动在指导上应侧重以下几个方面。

> ——帮助儿童感知、体验自然景物、艺术作品中视觉艺术的美。
> ——引导儿童观看、欣赏艺术作品，激发其对艺术作品、图书中的各种形象的兴趣。
> ——启发儿童初步体验艺术作品中不同"性格"的线条。
> ——启发儿童学习运用动作、表情等表达自己欣赏后的感受。

(3)4～5岁儿童美术欣赏活动指导。

4～5岁儿童已经具备了初步的审美能力，教师在美术欣赏过程中要充分给予儿童独立欣赏的时间和自由，选择一些具有不同艺术风格、艺术形式的审美对象。在指导过程中运用多种教学策略，鼓励儿童积极发言，和审美对象自由对话。通过欣赏作品，使儿童了解作品的主题和基本内容。结合此时儿童的审美心理特点和美术目标，美术欣赏活动在指导上应侧重以下几个方面。

> ——帮助儿童体验作品中的线条、形状、色彩等，感受作品的色彩变化以及相互关系。
> ——启发儿童通过欣赏产生与作品相一致的感受，感受作品中形象的鲜明性、象征性，并体验其情感表达。
> ——引导儿童观察作品的构成，体验作品的对称美、均衡美、节奏美。
> ——启发儿童通过欣赏说出自己喜爱或不喜爱作品的理由，并对作品进行简单评价。

(4)5～6岁儿童美术欣赏活动指导。

5～6岁儿童的审美能力和语言表达能力都有了很大提升，在他们进行美术欣赏时，教师可以鼓励他们针对不同的美术作品发表自己的独特观点，并在欣赏的基础上自己模仿或创作相应的艺术作品，提升自己的审美能力。指导要点如下。

——帮助儿童了解作品的形状、色彩、结构等美术要素，感受作品的色调、色彩之间关系的变化。

——引导儿童了解作品的表现手法、艺术风格和创作意图，感受作品中形象的象征性、寓意性。

——鼓励儿童在欣赏和评价他人的作品时发表自己的独特观点。

2. 学前儿童美术欣赏活动中常用的指导方法

审美活动在美术领域中称为美术鉴赏。美术鉴赏是指个体充分调动其感知、想象、理解、情感等各种心理能力，对美术作品的形式及内容进行充分体验和认识的活动。教师应该结合儿童审美过程，根据其不同阶段的特点对儿童进行指导。

孔起英在《幼儿园美术教育》中提出儿童审美过程可以分为审美注意、审美感受和审美判断三个阶段，因此儿童美术欣赏活动的实施和指导也可以分为审美注意形成阶段的指导、审美感受形成阶段的指导和审美判断形成阶段的指导。审美注意是指儿童注意到欣赏对象的内容或形式的环节，是审美的第一个阶段。此阶段教师要引导儿童将注意力集中到审美对象的形式和结构上来。审美感受是指儿童对欣赏对象进行感知和想象，在感知其形式美的基础上，体验其所表达的内容美。此阶段是美术欣赏指导的关键阶段，教师要通过各种教学策略让儿童充分感知和体验，并引导儿童用一些简明、浅显的语言表达对于艺术语言和形式美的理解。审美判断是指欣赏者在感受的基础上，运用一定的审美标准对美的事物进行评价或判断。此阶段的指导宜放在揭示作品对于人类美术活动的意义上。下面结合儿童审美欣赏的心理特点，介绍几种常见的美术欣赏活动的教学策略。

（1）对话法。

对话法是指美术欣赏活动中，教师、儿童和美术作品三者之间的相互作用和交流。教师需要尊重儿童对于作品的理解和感受、体现教育的民主与平等、注重关于艺术的沟通与理解，儿童的审美潜力将在对话碰撞中得到提升。作为引导儿童与美术作品对话的中介，教师首先要与美术作品进行对话。在儿童审美过程的三个阶段，教师的提问应有所侧重。

在审美注意阶段，教师可以通过提问的方式激发儿童对于作品的注意。儿童根据教师的提问，对作品进行整体欣赏。教师要引导儿童对作品的内容进行描述，如"你看到了什么？"

审美感受阶段又可以分为审美感知和审美体验两个阶段。在审美感知阶段，教师主要是通过对话的方式引导儿童感知欣赏对象的形式美，如色彩、造型、线条、空间等。针对作品的形式美的要素，引导儿童展开想象，如"你看到画面上有什么颜色？看上去有什么感觉？"形式美的分析阶段是学前儿童美术欣赏活动的关键环节。在审美体验阶段，教师可以通过创设情境的方式引导儿童运用多通道感知作品的情绪情感，并鼓励儿童大胆表达自己对于欣赏对象的感受，如"如果你是这个人，你会想到什么？"

在审美判断阶段，教师通过对话的方式引导儿童对审美对象作出判断和评价。儿童由于发展水平、知识经验等的限制，还缺乏自主评判的能力，因此教师可以通过谈话帮助儿童表达自己的审美判断、提升审美能力。

在儿童与美术作品展开对话时，教师应为儿童提供充足的时间进行欣赏，尽

学习笔记

可能让儿童充分感知、畅所欲言，自由、独立地表达自己的看法与体会。下面结合凡·高的作品《向日葵》，介绍教师如何运用对话法引导儿童感知、体验作品中的美。

第一阶段：你从这幅画上看到了什么？有什么感觉？（审美注意：描述）

第二阶段：这幅画中有什么颜色？哪种最多？给你什么感觉？（审美感受：色彩感知与想象）

这里面有几朵向日葵？这些向日葵都一样吗？是朝着一个方向吗？（审美感受：构图感知）

向日葵的花瓣是怎样的？它好像在干什么？（审美感受：线条感知与想象）

第三阶段：你喜欢这幅画吗？能给它起个名字吗？（审美判断：表达）

(2)情感体验法。

美术欣赏不仅仅是感知作品的形式美，教师还可以通过一些方式引导儿童感知作品的内容美。情感体验法是指在美术欣赏过程中，教师通过让儿童扮演角色、创设故事情境、进行环境布置等方式，引导儿童体验作品表达的情绪情感的一种教学策略。如在欣赏约翰·埃·密莱的名画《盲女》时，教师通过设计儿童扮演盲人的环节导入欣赏主题，让儿童体验盲人的不便和内心的不安全感，使儿童在欣赏这幅作品时更能体验到小女孩对盲女的关爱之心。而后在欣赏作品中的自然风光时，教师让儿童闭着眼睛扮演盲女。在轻音乐的烘托下，教师用优美的语言描绘画面上的景色，儿童在倾听中充分想象，从而体会到作品所表达的美丽风景。在美术欣赏活动中，通过情感体验法可以帮助儿童积累相关的感性经验，并能快速带领儿童进入角色，体验作品的内涵。

(3)对比欣赏法。

对比欣赏法也是美术欣赏活动中常用的一种教学策略。教师为了提升儿童对作品的表现形式、表现风格和表现内容的审美理解能力，会借助于对一些类似或者截然不同的作品进行对比欣赏，以帮助儿童感受作品表达的不同情感。进行美术欣赏时，可以就同一主题的不同表现手法引导儿童对比欣赏，感受其给人带来的审美感受的差异；也可以对同一画家的不同主题的作品进行对比欣赏，感受作品的艺术风格。如在欣赏毕加索的《格尔尼卡》时，教师可以将《大碗岛的星期天下午》与之进行比较，让儿童进一步体验作品中表现的灰暗与沉重、凌乱与恐惧。

(4)多通道参与法。

美术欣赏不仅仅是一种视觉的感知，教师可以提供多种材料和媒介，帮助儿童充分运用视觉、听觉、触觉、肢体觉等多通道感知自然、生活和艺术中的美。如欣赏徐悲鸿画的马时，在儿童充分欣赏画面上的内容后，可以让儿童在《赛马》的背景音乐中学一学奔跑的马，从而激发儿童对于万马奔腾的场面的想象。在听音乐、模仿马奔跑的动作后，儿童对于画面的感受更直接、更强烈。他们能体验到马在奔跑时的"腿很紧""越跑越快，都停不下来了"等感觉，进而更加大胆地想象画面。

另外，在学前儿童美术欣赏活动中，教师应该充分给予儿童和作品对话的自由，运用集体教学活动、区域教学活动、环境创设等多种途径，激发儿童积极参与审美活动的主动性。如在欣赏民间艺术青花瓷时，教师可以将一些青花瓷盘、青花瓷花瓶、青花瓷服饰等图片作为教室环境布置的内容，并将儿童创作的一些青花瓷花纹、青花瓷装饰图案等也作为环境创设的一部分。这样，不仅将欣赏渗透到一日生活之中，而且潜移默化地增加了儿童的审美感知。

3. 学前儿童美术欣赏活动实施中应注意的问题

（1）教师要提高自身的审美素质。

教师在引导儿童欣赏美术作品前，自己要先学会与美术作品进行对话，做好儿童与美术作品之间的"审美期待"中介。因此，教师要加强自身美术修养，对美术作品所蕴含的意义进行合理解释，对艺术的形式有一定的理解与欣赏。欣赏西方名画之前，教师需要深入了解作品的历史背景和审美要素；欣赏民间艺术之前，教师需要充分了解作品的历史文化背景、制作技能和独具特色的艺术风格。如在欣赏《格尔尼卡》时，不仅要了解这幅画的创作背景，对作品中的内容进行分析，而且对于作品的色调、线条、构图、空间等各种形式的内容也要深入了解，包括作品中某些内容如灯、牛、马的象征意义。又如在欣赏剪纸之前，要了解剪纸是传统民间艺术之一，作品色彩鲜艳、形象简明夸张、构图有虚实变化，在欣赏过程中培养儿童对民间艺术的热爱之情。虽然不需要让儿童对作品的所有内涵都能理解，但教师应做好充分的经验准备。

（2）美术欣赏内容的选择要注意适宜性。

美术欣赏是对美术作品的接受，这种接受不是被动的，而是主动的，包括欣赏者的感知、体验、理解、想象、再创造等心理活动。为儿童选择美术欣赏作品时，要考虑儿童的兴趣、经验和理解接受能力，选择接近他们的生活经验和年龄特点的题材。虽然许多美术作品都具有独特的美感，但是教师选择欣赏内容时要注意适宜性。要从儿童的生活经验出发，选择与儿童年龄特点和思维发展特点相符的内容，这样才会达到事半功倍的效果。小班儿童应侧重美术欣赏的生活化，中大班儿童可选择一些形式复杂、内涵丰富的作品。

（3）欣赏过程要注重儿童的体验。

体验是与个体的情感、态度、想象、直觉、理解、感悟等心理活动紧密相连的。在美学领域，审美体验有两层基本含义：首先，审美体验是非功利、直觉、想象和意象的；其次，审美体验是深层的、高强度的或难以言说的瞬间性生命直觉。由于经验有限、身心发育及语言系统不成熟，儿童对周围世界的认识是以直接感知体验为主的，体验是儿童重要的学习方式和认识世界的途径。学前儿童美术欣赏活动应该以儿童为主体，尊重儿童情感体验的个体性和情境性，使儿童积极参与，体会到欣赏美的愉悦。教师可以通过背景音乐的烘托、肢体动作的表演、故事情境的想象等多种方式调动儿童的多种感官，丰富儿童的审美体验。

（4）欣赏结束后可以提供丰富的材料，让儿童自由创作。

欣赏活动不是孤立的，应该与绘画、手工、音乐等其他活动形式相结合。这样不但可以加深儿童对作品的理解，而且有利于儿童欣赏水平的提高。教师可以在欣赏活动过后及时为儿童提供可自由选择的材料，让儿童自由地发挥想象、进行创作。如在儿童欣赏完蒙德里安的格子画后，可以提供一些T恤衫、各种颜色的布块、黑色布条、方巾等材料，儿童利用线条和色彩的合理搭配，可以创作出一件件富有个性的作品。

学习笔记

实训任务

实训 1：组织实施一次学前儿童绘画活动

1. 实训目的

(1)根据活动预设方案，尝试运用所学知识和经验组织实施一次学前儿童绘画活动。

(2)亲自组织实施学前儿童绘画活动，初步体验教师在组织指导学前儿童美术教育活动时的感受，发现自身的优势与不足。

📝 学习笔记

2. 材料准备

(1)收集不同年龄段儿童不同绘画内容(命题画、意愿画、装饰画)的经典活动案例及典型的儿童绘画作品。

(2)每人准备一份活动预设方案。

(3)活动所需绘画材料与教具等。

3. 实训方式

6～8 人一组对应一个实践班级，小组成员均要完成这一实训任务。

4. 任务与要求

(1)每组讨论产生一名负责人、一名撰稿人、一名发言人，全体成员作为积极参与活动实施的配合者(担当适龄儿童角色)。

(2)各组成员在充分研讨的基础上，修改个人的活动预设方案。

(3)组内成员分别试讲，并对活动的设计、实施过程和效果进行评价和反思。

(4)每组推荐一名优秀试讲者参加组间交流。

(5)每组分别依据本组成员活动和讨论过程写出一份总结报告并提交。

5. 考评

通过小组考评和个人考评两项，评价学前儿童绘画活动的实施情况。

小组考评			
考评项目	优秀	良好	及格	不及格
团队配合				
活动实施				
总结汇报				
个人考评			
姓名	优秀	良好	及格	不及格

实训 2：组织实施一次学前儿童手工活动

1. 实训目的

(1)根据活动预设方案，尝试运用学前儿童艺术教育专业知识和掌握的手工技巧、经验组织实施一次学前儿童手工活动。

(2)亲自组织实施学前儿童手工活动，初步体验教师在组织指导学前儿童美术教育活动时的感受，发现自身的优势与不足。

2. 材料准备

(1)收集不同年龄段儿童不同手工内容(泥工、纸工及其他)的经典活动案例。

(2)积累优秀儿童手工作品，了解不同年龄段儿童的动手能力和创新水平，增强对学前儿童手工活动的了解和认识。

(3)每人设计一份学前儿童手工活动方案，根据方案联系实践园适龄班级。

(4)提前布置活动实施现场及摆放桌椅。

(5)准备手工活动的相关材料(彩泥、卡纸、安全剪刀、胶棒、托盘、抹布及辅助材料等)。

3. 实训方式

6～8人一组在实践园适龄班级完成实训任务。

4. 任务与要求

(1)每组讨论产生一名负责人，安排组内任务。

(2)小组成员讨论每个人设计的学前儿童手工活动方案，积极参与讨论，提出修改意见。讨论后分别进行活动前的方案修改。

(3)组内成员集体讨论进入实践园后应该遵守的活动规则和组织活动中应该注意的若干事项等。

(4)负责人和实践园相对应的不同班级接洽，提前进入活动实施班级熟悉、了解幼儿的发展水平和动手操作能力，及时调整活动中的重点和难点。

(5)各组成员轮流在实践园相对应的不同班级分别进行试讲，请实践班级的指导教师针对手工活动的过程、组织方法、操作步骤，幼儿参与手工活动的表现、手工活动的创意，以及各组成员在活动过程中的指导策略、对幼儿作品的评价等，进行客观分析和评价。

(6)根据不同指导教师的评价，负责人组织组内成员对自己实施的手工活动的设计、材料准备、组织方法、操作步骤、各环节衔接、幼儿表现等进行讨论，找出亮点与不足，写出个人活动反思调整改进方案。

(7)各小组提交每名成员的个人考评表、活动总结汇报一份，每人提交个人活动反思与调整改进方案各一份。

5. 考评

小组考评(由教师进行考评)				
考评项目	优秀	良好	及格	不及格
团队配合				
活动实施				
总结汇报				

学习笔记

个人考评（由实践园实践班级指导教师和小组评定）					
姓名	考评项目	优秀	良好	及格	不及格
	活动方案				
	活动实施				
	活动反思				
	调整方案				

思考与练习

一、填空题

1. 学前儿童美术教育活动组织可归结为 _____、_____、_____、_____四个环节。

2. 根据绘画内容和主题划分的学前儿童绘画类型为 _____、_____、_____。

3. 学前儿童手工活动根据工具、材料和基本制作技法的不同可分为纸工、_____、_____和_____，其中纸工根据基本制作技法的不同可分为_____、_____、_____和_____。

4. 学前儿童美术欣赏活动的内容主要包括_____、_____、_____。

二、选择题

1. 小班组织的绘画活动主题为洗澡的喷头，这体现了学前儿童美术教育活动组织的（   ）原则

A. 生活性   B. 游戏性   C. 审美性   D. 适宜性

2. 小班组织绘画活动"吹泡泡"，让幼儿围成圆圈一起吹泡泡并画泡泡，这体现了学前儿童美术教育活动组织的（   ）原则

A. 生活性   B. 游戏性   C. 审美性   D. 适宜性

3. 以下教师指导行为中，符合小班幼儿绘画能力发展水平的是（   ）

A. 引导他们认识和使用12种颜色，并会辨别颜色的深浅

B. 启发他们初步学习在画面上安排物体的上下、左右关系

C. 帮助他们认识和初步学会使用蜡笔、油画棒、水彩笔、纸、棉签、印章、颜料等绘画工具、材料

D. 鼓励他们学习用对比色、类似色进行绘画

4. 以下教师指导行为中，符合大班幼儿绘画能力发展水平的是（   ）

A. 鼓励他们初步学习根据画面的需要用色彩表现自己的情感

B. 启发他们初步学习在画面上安排物体的上下、左右关系

C. 引导他们认识红、黄、蓝、绿、黑、褐、白等颜色

D. 启发他们在画面的中心位置画出主要形象，并把它画大一些

5. 以下教师指导行为中，符合小班幼儿手工能力发展水平的是（   ）

A. 帮助儿童学习黏合、捏和平面泥贴的技能

B. 鼓励儿童综合运用泥工技能

C. 引导儿童用目测剪或者折叠剪的方法剪出窗花、拉花

D. 引导儿童初步学会撕纸、染纸等简单技能

6. 以下教师指导行为中，符合大班幼儿手工能力发展水平的是（　　）

A. 引导儿童尝试撕出纸条或小纸片，并能进行简单图案的碎纸粘贴活动

B. 鼓励儿童用糨糊等工具将沙子、芝麻、麦片等材料粘贴成简单的图形

C. 引导儿童体验泥的可塑性，学会团、压、揉、捏等基本泥工技能

D. 引导儿童撕出自己喜欢的物体的轮廓

7. 以下教师指导行为中，适用于小班美术欣赏活动的是（　　）

A. 帮助儿童体验作品中的线条、形状、色彩等，感受作品的色彩变化以及相互关系

B. 帮助儿童感知、体验自然景物、艺术作品中视觉艺术的美

C. 引导儿童了解作品的表现手法、艺术风格和创作意图

D. 帮助儿童感受作品的色调、色彩之间关系的变化

8. 以下教师指导行为中，适用于大班美术欣赏活动的是（　　）

A. 引导儿童观看、欣赏艺术作品，激发其对艺术作品、图书中的各种形象的兴趣

B. 引导儿童欣赏生活中熟悉事物的美，如毛巾上的图案、漂亮的糖纸等

C. 引导儿童感受作品中形象的象征性、寓意性

D. 引导儿童尝试用自己的语言表达对艺术作品的感受

三、简答题

1. 为什么学前儿童美术教育要贴近生活？

2. 怎样在美术教育活动中发展幼儿的审美能力？

3. 将学前儿童美术教育活动游戏化要处理好哪些关系？

4. 简述学前儿童美术教育活动中情节画的指导要点。

5. 简述学前儿童美术欣赏活动常用的指导方法。

四、论述题

联系实际具体说明纸工活动的指导要点。

专题五
把握学前儿童音乐能力的发展特征

学习目标

1. 掌握学前儿童不同年龄段音乐能力的发展特征，为组织、实施学前儿童音乐教育活动做好知识储备。

2. 能够根据学前儿童歌唱能力、韵律活动能力、打击乐演奏能力、音乐欣赏能力的发展特征，在音乐活动中对相应能力进行培养。

思维导图

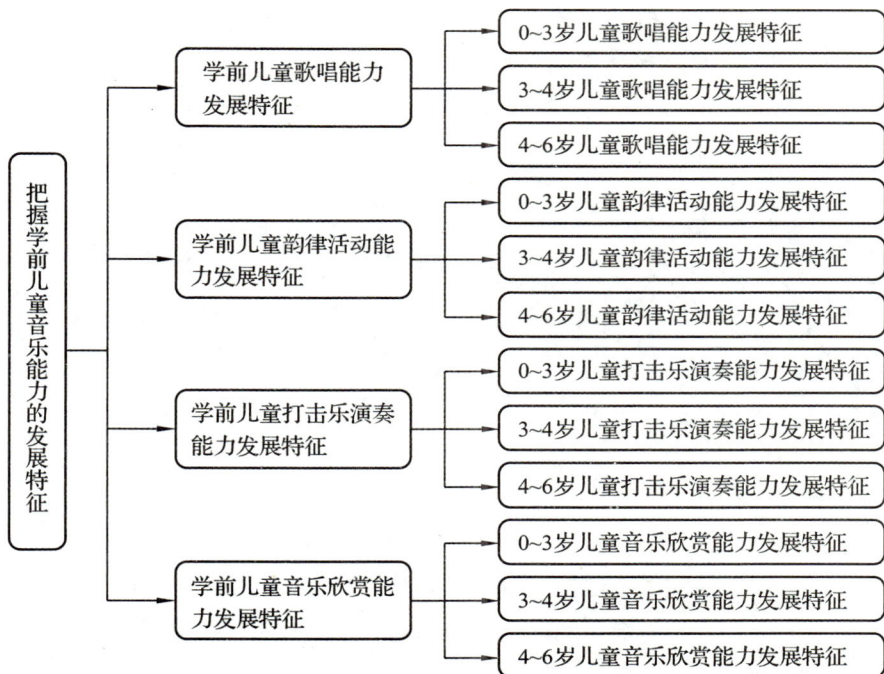

专题导入

为什么说了解和熟悉学前儿童音乐能力发展特征是做好音乐教育活动的前提？

有同学在幼儿园实习期间，听到很多小朋友大声唱着《自由飞翔》，仔细一听，发现有的歌词唱得含混不清，有的不在调上，还有的唱的是自己随心所欲编的歌词。于是同学就充满热情地把《自由飞翔》这首歌教唱给孩子们，连续教唱了几次，孩子们还是原来的情况。同学百思不得其解，与带队的王老师交流。王老师一语道破天机："喜欢音乐是孩子的天性。一方面，教师要接纳孩子们嬉戏式的歌唱，尊重他们自发的音乐活动，给他们随意表现的权利；另一方面，教师要了解儿童音乐能力发展特征，为他们选择合适的音乐活动材料。只有把握好学前儿童音乐能力发展的规律和特征，教师才能在自己的音乐教育活动过程中激发孩子们参与音乐活动的兴趣，有效地培养他们的审美情趣，培育他们终生热爱生活美和艺术美的情愫。"

音乐教育活动是学前儿童艺术教育活动的内容之一，主要由歌唱活动、韵律活动、打击乐演奏活动、音乐欣赏活动四部分组成。了解和熟悉学前儿童音乐能力发展特征，是教师组织、实施音乐教育活动必须具备的首要条件。

本专题分别介绍了不同年龄段的学前儿童在四大类活动中音乐能力的发展特征，为同学们组织、实施音乐教育活动提供了基础性的理论支持。

学习主题 1
学前儿童歌唱能力发展特征

歌唱活动能够给学前儿童带来无穷的乐趣，是他们日常生活的重要组成部分，也是他们交流思想、表达情感的最自然的方式。同时，歌唱活动还能够起到培养兴趣、陶冶情操、启迪智慧、完善人格等教育作用。了解学前儿童歌唱能力发展特征，有助于教师根据儿童实际情况组织、实施音乐教育活动。

一、0～3 岁儿童歌唱能力发展特征 >>>>>>>>>>>>>>>>>>>>>>>>

学前儿童的歌唱活动是人生最早的音乐活动。儿童在婴儿期就会发出音调不同的声音，学会说话之前经常用有表情的音调与他人进行声音互动，这是语言的萌芽，同时也是歌唱的萌芽。2 岁的儿童已有歌唱意识，但听辨和发音的能力较弱，歌唱的音高、音准模糊不清，歌词表达不清晰，歌唱与说话几乎无法区分，经常出现走调现象，通常被称作"近似歌唱"。[①] 总之，喜欢唱歌是儿童的天性，儿童在 3 岁以前就已经对摇篮曲、无意义的音节、有节奏的诗和歌谣表现出极大的兴趣。到 3 岁时，儿童歌唱能力发展进入初始阶段，初步有了想把歌唱好的愿望。

二、3～4 岁儿童歌唱能力发展特征 >>>>>>>>>>>>>>>>>>>>>>

（一）声音特点与歌唱情感

1. 声音特点

3～4 岁儿童喜欢唱歌，自然发音时声音的音量不大，音色纯净、脆而亮，但由于发声器官和呼吸器官发育得还不完善，控制发音的能力较差，加之音乐经验较少，有时不能连续地唱出曲调，经常断断续续地发音唱歌。

2. 歌唱情感

由于此时儿童在情感理解与表达手法上的欠缺，歌唱表现一般比较平淡，如演唱时强弱体现不明显，常常越唱越慢，表现为拉着长声唱歌。

（二）歌词的理解与表现

1. 理解歌词

3～4 岁儿童大多喜欢歌曲中生动形象的拟声词部分、多次重复的部分及其他有趣印象深刻的部分，他们喜欢利用同一个旋律自由编歌词来演唱。

3～4 岁儿童还能够根据多段重复的歌词进行歌词的填充与创编，并根据自己积累的音乐知识进行即兴的演唱。如歌曲《小鸡在哪里》，他们会把"小鸡小鸡在哪里？叽叽叽叽在这里"中的"小鸡"用自己熟悉的动物来代替，如小狗、小鸭等，而把"叽叽叽叽"的叫声换成"汪汪汪汪""嘎嘎嘎嘎"等。歌词即被改编成"小狗小狗在哪里？汪汪汪汪在这里""小鸭小鸭在哪里？嘎嘎嘎嘎在这里"等。此时他们的创造性表现已经崭露头角。

2. 表现歌词

在歌词表现方面，这个阶段的儿童能够相对完整地表现较长的乐句或某个完整的音乐片段，但是由于他们理解能力、听辨能力与纠错能力不足，对于自己不理解或不熟悉的歌词，要么用自己熟悉的字词代替，要么唱得含混不清，经常出现"造字"或"吃字"现象，不能完整地表现歌曲的音乐形象。

（三）旋律的感知与表现

1. 音域特点

3～4 岁儿童处于生长发育时期，声带短小柔嫩，发声器官脆弱，音域狭窄。研究表明，3～4 岁儿童的音域一般在 c^1—a^1 之间，而歌唱最准确、自然、舒适的音域往往在 e^1—g^1 之间。个别儿童音域稍宽，可以达到 a—c^2 之间；有的儿童音域稍窄，只能演唱三度左右。因此，他们在遇到音高较高、时值较长、多次重复的音时，就会感到吃力，无法胜任歌唱任务。

---

① 　华夏：《学前儿童音乐教育与活动设计》，112 页，北京，北京大学出版社，2010。

2. 节奏感知

3～4 岁儿童对节奏的感受能力和理解能力较弱，在无伴奏、无音乐的情况下歌唱时，往往不合拍。而当演唱的歌曲多由二分音符、四分音符、八分音符构成或与生理活动(如心跳、脉搏、呼吸等)，身体动作(如走路、跑步等)一致时，他们掌握起来就会比较容易，如《小雨沙沙》。

谱例 5-1

小雨沙沙

徐　宽　词
王天荣　曲

1=G 2/4

5 3	5 3	1 1 1 1 1 1	5 3	5 3	2 2 2 2 2 2	5 3 3
小雨	小雨	沙沙沙,沙沙沙,	种子	种子	在说话,在说话,	哎呀呀
小雨	小雨	沙沙沙,沙沙沙,	种子	种子	在说话,在说话,	哎呀呀

5 3 5 6	5 -	5 3 3	2 1 2 3	1 -
雨水真	甜,	哎呀呀	我要发	芽。
我要出	土,	哎呀呀	我要长	大。

3. 音准能力

音准是歌唱的基本要求，也是学前儿童在歌唱活动中最难掌握的基本技能之一。3～4 岁儿童对音准的把握有一定困难，通常在乐句与乐句之间换气时走调。他们在音域较宽、音程关系较复杂时，会用自己的方式去处理所接触的音高关系，有的会降低八度演唱、有的会选择适合自己的音高演唱。因此，此阶段儿童演唱的歌曲曲调多为一字一音，一字多音的曲调他们很难唱准。另外，当他们缺乏自信心、疲劳、有疾病、情绪波动、用力过大或注意力不集中时，也容易走调。

3～4 岁儿童歌唱的音准问题非常普遍，走调也是他们在歌唱活动中存在的重要问题之一，需要长时间关注和纠正。

4. 乐句表现

3～4 岁儿童肺活量小，呼吸浅，气息支持力弱。固有的生理特点导致他们对于较长的乐句掌握不好，经常根据自己气息的长短随意换气，出现断句不当或句意表达不完整的现象。

(四)集体合作与独立演唱

1. 集体演唱的协调性

3～4 岁儿童集体演唱时，不善于和别人保持一致，往往各唱各的调，速度相差也很多。他们刚刚融入班级这个大集体，歌唱时不但不会相互配合，还会出现互相超越的现象，比比到底谁的声音大。有的儿童把声音响亮当作歌唱的目标，以超越其他人的声音为荣。通过一段时间的练习，到了小班后期，他们基本上能够同时开始和结束演唱，并在初步合作中体会到协调一致的快乐。

2. 独立演唱

独立演唱是一种需要练习和培养的歌唱能力，很多儿童和成人能够在集体中参加演唱，但不能自己一个人独立演唱。3～4 岁儿童不但集体演唱协调能力差，独立演唱能力也比较差。许多小班幼儿不能自己连贯地唱完一首歌，需要别人的提示或助唱。

三、4～6 岁儿童歌唱能力发展特征 >>>>>>>>>>>>>>>>>>>>>>

4～6 岁儿童在生活经验、身体发育、语言表达能力、理解能力和音乐语汇积累等各方面，都比 3～4 岁儿童有了进一步的发展。而且由于所在环境和受到的教育不同，同龄孩子也往往表现出较大差异。

（一）声音特点与歌唱情感

1. 声音特点

4～6 岁儿童对嗓音的控制能力增强，相对于 3～4 岁儿童音量大了，声音变得结实有力。有些儿童能自己体会到一些共鸣的发声方法，大部分儿童对声音运用自如。但也有一部分儿童出于想表现自己、引起关注或表扬等心理，故意用不自然的声音演唱，这一点要及时纠正。

2. 歌唱情感

随着年龄和歌唱经验的增长，4～6 岁儿童对歌曲的理解和感受能力有了明显提高，演唱时能够较好地运用呼吸、发声、力度和速度，并表现得与众不同。这时的儿童能借助一些词来描述对音乐情绪的体验和把握，如"欢快活泼的、安静的、有力的"等。他们正成为积极的听众，能从音乐中获得更多的享受，听不同性质的音乐，比较精确地听辨教师的歌声并加以模仿。他们喜欢独自唱、小组唱、集体唱和问答唱等多种演唱形式，当他们辨认出自己熟悉的旋律时，会产生一种发现的快乐和极大的自豪感。

（二）歌词的理解与表现

随着理解能力、记忆能力的提高，大部分 4～6 岁儿童都能够较完整地表现歌曲中熟悉、易懂的歌词，并能进行背唱，且在咬字、吐字方面更加完善。对于篇幅较长、较复杂或难理解的歌词，他们唱错字、发错音的情况较 3～4 岁儿童有了进一步的改善，但是唱错歌词的现象依然存在。他们也会用，相近的或自己熟悉教词语来代替自己理解不了的部分。

（三）旋律的感知与表现

1. 音域特点

随着声带的发育和歌唱经验的增长，4～6 岁儿童的音域有所扩展，一般会在 $c^1—c^2$ 之间，对于这个音域范围内的歌曲能够较轻松自如地演唱；但对于时值较长、处于强拍的高音，或较低的音（如 a、g 等）仍难以把握。

2. 节奏感知

随着歌唱经验的日益丰富，4～6 岁儿童在节奏方面有了较大提高，不但能演唱二分音符、四分音符、八分音符，对于偶尔出现的十六分音符及含有十六分音符的节奏型也能较好地演唱；不但能演唱二拍子和四拍子的歌曲，对于节奏较简单的三拍子和六拍子的歌曲也能演唱。需要说明的是，有的儿童会将前松后紧（×××）和前紧后松（×××）等节奏型中的十六分音符唱得过快，或将四个十六分音符（××××）唱得不均匀。也有儿童会因歌唱速度过快或过慢而影响对节奏的把握，如在演唱歌曲《娃哈哈》时就会出现这种情况。

谱例 5-2

娃哈哈

1=F 2/4

新疆维吾尔族儿歌
石　夫 记谱编词

```
6 3 3 3 3 | 4 4 6 3 | 2 2 2 2 1 | 2 2 3 6 |
```
我们的祖国　是花　园，　花园里花朵　真鲜　艳，
大姐姐你呀　赶快　来，　小弟弟你也　莫躲　开，

```
2 2 2 2 6 7 | 1 1 1 1 7 6 | 7 7 7 7 2 1 7 | 6 6 6 |
```
和煦的阳光　照耀着我们，　每个人脸上都　笑开颜，
手拉着手呀　唱起那歌儿，　我们的生活　多愉快，

```
2 2 2 6 7 | 1 1 1 7 6 | 7 7 7 7 2 1 7 | 6 6 6 |
```
娃哈哈！　娃哈哈！　每个人脸上都　笑开颜。
娃哈哈！　娃哈哈！　我们的生活　多愉快。

3. 音准能力

如果有琴声伴奏或教师领唱，大部分 4～6 岁儿童能够唱准自己熟悉的歌曲。但有的儿童在独立演唱、清唱、精神紧张、对歌词不熟悉或一字多音时，会出现走调现象。因此，音准问题应该是歌唱活动中常抓不懈的问题。

4. 乐句表现

4～6 岁儿童能够适量控制气息，会根据乐句或歌词大意选择合适的气口进行换气，但在演唱速度较慢、乐句较长的歌曲时仍有困难。如大班歌曲《小篱笆》中的一句"把春天送到我的家"，有的儿童气息短浅，可能会在"我"字后面换气，这样就破坏了乐句和乐意的完整性。因此，教师在教唱过程中，对不能在句末换气的幼儿，可以根据实际情况允许其在"到"字后面换气，既保证了乐句和乐意的完整性，又缓解了气息的问题。

谱例 5-3

小篱笆

1=F 3/4

金　波 词
佚　名 曲

```
5 - 5 | 5 - 6 | 4 - - | 3 - 3 | 5 6 5 2 |
```

```
1 - - | 5 6 5 | 1 - 3 | 5 3 1 | 2 - - |
```
　　　微　风　吹　进　小　篱　笆，
　　　我　家　那　小　小　篱　笆，

```
5 6 5 | 3 - 2 | 6 5 | 6 - - | 5 6 5 |
```
把　春　天　送　到　我　的　家。　太　阳　一
如　今　爬　上　牵　牛　花。　　风　一

```
5 - 3 | 6 5 6 | 3 - - | 2 3 5 | 3 - 2 |
出  来 天  气 暖，   青 青 的 草  儿
吹  来 它  一 摆，   好 像 那 美  丽的

2 - 5 5 | 1 - - | 1 4 4 | 5, 6 5 | 4. 3 5 |
发  嫩 芽。   野 外 的 小   河 流 水
小  喇 叭。   轻 轻 地 摘   下 一 朵

2 - - | 5 3 3 | 2. 3 2 | 1. 7 2 | 6 - - |
啦，   篱 笆 的 积  雪 融  化 啦，
来，   放 在 嘴 上 吹  吹 它。

5 5 6 6 | 5 - 6 | 4 - - | 3 3 3 3 | 5. - 2 |
嘀 嘀 嘀 嘀  嘀  嘀 嗒    嘀 嘀 嘀 嘀  嘀
嘀 嘀 嘀 嘀  嘀  嘀 嗒    嘀 嘀 嘀 嘀  嘀

1.                    3.
1 - - : | 1 - - | 1 0 0 |
嗒。       嗒。
```

（四）集体合作与独立演唱

1. 集体演唱的协调性

4~6岁儿童在日常学习中积累了一定的合唱经验，掌握了一些与他人合作的正确技能，能够比较积极地参与到集体歌唱活动中，并能够在速度、力度、节奏、音量、音色、表情等方面控制自己与集体保持一致，尽量避免自己的声音过于突出。同时，他们也能够大胆地指出歌唱中不协调的因素并予以纠正，从而享受合作带来的愉悦。

2. 独立演唱

此时儿童的独立演唱能力出现明显差异，大部分儿童喜欢独立演唱以显示能力，其演唱水平、驾驭歌曲的能力和心理因素有了很大提高。但也有部分儿童由于歌唱能力稍差而缺乏自信，如节奏不稳、唱不准旋律等，不能独立演唱。

（五）即兴演唱与创编能力

4~6岁儿童的即兴演唱与创编能力也得到了发展，他们会根据自己熟悉的曲调唱出自己所见和所想的事物，会自发地哼唱一些自编的小歌，以此为乐。比如，看见老奶奶、老爷爷就唱老奶奶、老爷爷，看见汽车就唱汽车，看见小鸡、小鸭就唱小鸡、小鸭，看见妈妈洗衣、做饭就唱妈妈洗衣、做饭等。

综上所述，不同年龄段的学前儿童生理发育水平各不相同，他们对歌唱器官的控制能力也不同。随着年龄的增长及歌唱经验的日益丰富，学前儿童掌握的歌唱技能技巧也会相应提高。了解学前儿童歌唱能力的发展规律和特点，有助于教师选择合适的歌唱材料并有效地组织歌唱活动，也有助于培养学前儿童对歌唱的兴趣，促进学前儿童身心健康发展。

学习笔记

学习主题 2
学前儿童韵律活动能力发展特征

韵律活动是指在音乐伴奏下，用协调的身体动作来表现音乐的活动，没有音乐伴奏的身体动作不能称为韵律活动。学前儿童进行韵律活动时，身体动作和音乐是紧密相连、密不可分的，动作是儿童表达和再现音乐的最直接、最自然的手段。韵律活动有助于儿童音乐感受力、表现力和创造力的培养，还能够促进儿童身体运动能力和肢体协调性的发展，并帮助儿童获得参与、探索、合作及创作的快乐体验。韵律活动是学前儿童音乐教育活动的重要组成部分，学前儿童韵律活动能力的获得需要教师、家长给他们提供一个良好的环境，并依其身心发展规律循序渐进地培养。

学习笔记

一、0～3 岁儿童韵律活动能力发展特征 >>>>>>>>>>>>>>>>

（一）动作方面

人在出生前就已经开始了动作，婴儿期是动作迅速发展的阶段，婴儿如鱼得水动作的发展是从整体到具体、从粗糙到细化的过程。3 岁前的儿童身体动作是从未分化的不随意阶段向初步分化的随意阶段发展的。几个月大的儿婴儿不仅能对声音做出反应，而且能用动作寻找声源，但这只是此时儿童的一种本能的反应。随着年龄的增长，2 岁左右的儿童能自如地进行走、爬、滚、推、拉、拍球、吹气等较准确、精细的动作，3 岁左右的儿童基本能够掌握点头、拍手、跺脚、摇动手臂等简单的动作。

（二）随乐能力

虽然几个月大的儿童能够对音乐做出一些主动性的反应，但这些动作只是对纯音响做出的反应，并不是由节奏性的音乐引起的。1.5 岁左右的儿童对声音的刺激有了明显的反应，试图使自己的动作与鲜明的音乐节奏相协调，不同部位的身体动作显著增加，如跟随音乐上下颤跳。3 岁左右的儿童能较好地控制身体动作，随乐能力逐渐提高，对好听的声音会有意识地去寻找、尝试，但这些动作都是偶然的。在合作协调方面，这个年龄段的儿童初步产生了与他人一起做动作或舞蹈的意向。

想一想

3～4 岁儿童韵律活动能力发展特征有哪些？

二、3～4 岁儿童韵律活动能力发展特征 >>>>>>>>>>>>>>>>

（一）动作方面

3～4 岁儿童动作逐步进入初步分化阶段，大多数儿童能自如地运用头部、四肢、躯干做各种单纯的动作，如点头、摇头、拍手、跺脚等。但由于受到生理因素的制约，其平衡和自控能力较差，特别是腿部力量较弱，身体左右摇摆幅度较大，容易摔倒。所以，他们掌握上下肢联合动作有一定困难，易于掌握单纯的上肢运动和对下肢力量要求不高的动作如小碎步、小跑步等，能一边做小碎步一边学开汽车、学小鱼游等。

（二）随乐能力

3～4 岁儿童利用动作表现音乐的经验更丰富了，随乐动作更准确、更流畅。3 岁初期的儿童听到自己熟悉或喜爱的音乐时，往往会跟着音乐拍手、踏步、扭屁股，但这些动作并不能做到完全合拍。随着音乐经验的积累，这个年龄段的儿童会逐步发展到根据音乐特点努力使自己的动作与音乐节奏保持一致，但很难长时间保持住。

（三）合作协调

3～4 岁儿童在韵律活动中还不善于运用动作与同伴配合、交流，他们的动作表现往往是以自我为中心的。

（四）创造性表现

3～4 岁儿童能根据音乐性质的变化用相应的动作来表达自己对音乐的感受与理解，音乐快则动作迅速，音乐慢则动作舒缓。他们在动作的创造性表现上有了初步的意识，并能模仿、表现日常生活中熟悉的事物，如小狗、小猫、小汽车等。

三、4～6 岁儿童韵律活动能力发展特征 >>>>>>>>>>>>>>>>>>>

（一）动作方面

4～5 岁儿童动作发展有了明显的进步，走路、跑步、跳跃等下肢动作水平逐步提高，身体大动作及手臂动作得到很好的发展，能够比较自由地做一些连续移动的动作，上下肢联合的动作也发展起来，平衡能力及对动作的控制能力也有所加强，如边做跑跳步边叉腰做动作等。

5～6 岁儿童动作进一步分化且更精细，对动作的自控能力更强。他们可以做比较精细的手腕、手指的动作，从躯干的动作到手臂、手腕、手指的动作，均可在速度和幅度上做出相应的变化；能够做较为复杂的上下肢联合的动作，如采摘果实的动作，需要同时协调配合头部、眼睛、手臂、手腕、手指、腰部及脚的动作；可以学会更多较为复杂的连续移动的动作，如进退步、垫步、秧歌十字步等。有的儿童发展特征保持重心和平衡性的能力有了更进一步的提高，甚至可以做一些腾空动作。

（二）随乐能力

4～6 岁儿童随乐水平有了显著提高，在发展复合动作的同时，协调性也得到发展，能跟着音乐节奏合拍地做动作，与音乐相协调的动作表现得更自如，节奏的稳定性、均匀性也更明显，不再像以前那样紧张、生涩；能够较敏锐地用动作表现出音乐的速度和力度的变化，对于含有附点或切分音的复杂节奏和三拍子、六拍子的节奏都能做出相应的反应。另外，这个年龄段的儿童还能对音乐的结构做出较为细致的反应，如乐句和乐句之间、乐段和乐段之间的变化等。

学习笔记

想一想

4～6 岁儿童韵律活动能力发展特征有哪些？

（三）合作协调

在集体韵律活动中，4～6岁儿童获得了较多的合作交流的经验，开始注意运用动作与同伴进行合作交流。他们的合作意识越来越明确，能够在活动场所受限制的情况下自己寻找一块空地，避免与他人相撞；会用一种宽容的态度，甚至不借助于语言邀请舞伴共舞；还会与同伴合作表演动作，能够用眼神、表情与同伴交流。

（四）创造性表现

随着认知能力的发展、情感的逐步丰富、音乐经验的不断积累，4～6岁儿童开始尝试用一些简单的舞蹈语汇进行动作的创编，动作的表现力也越来越强，显现出来用动作语汇创造性地表现音乐的积极性。对同样的音乐、主题、情绪、形象，他们会努力用已有的表达经验创编出与他人不同的动作。如在表演走路时，同样是走路的动作，他们能表现出老爷爷、解放军和小朋友的区别。

尽管4～6岁儿童主动创编动作的意识和积极运用已有经验的能力有了显著提高，在活动中仍然需要教师予以正确引导和提示。

总之，学前儿童韵律活动能力发展受生理和心理相互作用的影响，对于发展的个体而言，在层次类别和表现上均有着很大的差异。这就要求教师针对不同年龄段、不同发展水平、个性各异的学前儿童进行循序渐进的引导和教育，更好地帮助他们积累动作语汇，体验用身体动作表达自己、释放情感的快乐。

学习主题3
学前儿童打击乐演奏能力发展特征

学习笔记

德国音乐教育家卡尔·奥尔夫认为，打击乐器是儿童最容易掌握的乐器之一，也是儿童最容易从中获得快乐的乐器种类。打击乐演奏活动是以大肌肉动作参与为主，运用一定的节奏和音色，通过操作打击乐器来表现音乐的一种活动，是学前儿童以接近玩耍的方式表达音乐的手段，所以他们非常感兴趣。对于精细动作还处在发展中的学前儿童来讲，打击乐器就是可以发声的音乐玩具，因此，进行打击乐演奏的音乐活动能够让学前儿童"在玩中学，在学中玩"，乐在其中。

学前儿童打击乐演奏能力既是学前儿童节奏能力发展的重要表现，也是学前儿童感知、理解音乐及创造能力发展的具体体现。

一、0～3岁儿童打击乐演奏能力发展特征 >>>>>>>>>>>>>>>>>>

（一）乐器操作

乐器操作能力是指学前儿童运用乐器演奏出特定音响的能力。几个月大的婴儿就已经学会抓握身边的玩具，如拨浪鼓、洋娃娃等，并对它们发出的声音产生浓厚的兴趣，会主动弄响它们，从中获得快乐。1～2岁儿童探索声音的范围进一步扩大，经常自发地敲击能够发出声音的物品，如锅、碗、勺子、水壶等，探索声音的高低、长短、强弱、音色等。他们会敲打、摇动、挤压这些物品，或反复将玩具扔到地上等，不厌其烦地欣赏自己制造出的声音。此时的儿童就积累了通过摆弄物品来创造声音的经验，同时发展了小手的操作能力。

（二）随乐演奏

虽然这一年龄段的儿童对乐器及演奏产生了较大的兴趣，会想方设法敲击乐器、感受声音的变化，还会一边敲击乐器或其他物体一边唱歌，但是这些意识都是偶然的、有限的，不能与音乐中的节拍等保持一致。因此从总体上来讲，0～3岁儿童随乐演奏的能力是很有限的。

（三）合作协调

3岁前的儿童基本没有机会参加集体演奏活动，他们在与小伙伴或家人的玩乐中开始注意他人的动作，初步产生了要与他人保持一致的意识。

> **想一想**
>
> 0～3岁儿童打击乐演奏能力发展特征有哪些？

二、3～4岁儿童打击乐演奏能力发展特征 >>>>>>>>>>>>>>>>>

（一）乐器操作

3～4岁儿童能够逐步掌握一些简单打击乐器的演奏方法，如碰铃、串铃、大鼓等。大鼓虽然需要用鼓槌敲击，但鼓面面积大，容易击中，经过一段时间的练习就可以掌握。由于这些打击乐器操作简单、易掌握，对手眼协调能力要求不高，所以在教师的正确引导下，儿童能够逐渐调整演奏所需要的力量和技巧，奏出比较合适的音量和音色。但由于演奏经验的有限和零散，此年龄段儿童能演奏的乐器是少量的。

（二）随乐演奏

3～4岁儿童虽然积累了一定的演奏打击乐器的经验，但随乐意识和能力较弱，大多数不能合拍随乐演奏，有的儿童还会因为摆弄乐器而忽略了演奏的基本要求。对于这个年龄段的儿童来讲，演奏出音响与旋律相协调的乐曲是有困难的。他们也不能用准确的节奏、完美的音色来表达音乐，还可能故意用力敲击乐器以凸显自己的音色，甚至互相攀比音量，以音量大为荣。

> **想一想**
>
> 3～4岁儿童打击乐演奏能力发展特征有哪些？

（三）合作协调

在集体演奏活动中，3～4岁儿童产生了努力使自己与同伴或集体保持一致的意识。但由于自身动作发展水平低和自控能力差、受到客观因素的制约，他们要想在集体演奏活动中保持各声部间的协调配合是有困难的。不过，他们可以学会看简单的指挥，能够与同伴同时开始和结束，初步体验合作协调的快乐。

（四）创造性表现

3～4岁儿童初步掌握了用少数不同的乐器来表现自己熟悉的、鲜明的音乐形象，甚至能用不同的力度来表现形象的变化。如选择用铃鼓来表现下雨的情境时，用铃鼓的强奏表现下大雨，用铃鼓的弱奏表现下小雨。此阶段儿童的创造性表现已经崭露头角。

> **学习笔记**

三、4～6岁儿童打击乐演奏能力发展特征 >>>>>>>>>>>>>>>>>>

（一）乐器操作

4～6岁儿童在学习中接触了更多的打击乐器，随着年龄的增长、音乐经验的不断积累，他们不但能模仿他人的演奏，而且掌握了演奏技巧更高的乐器，并且开始探索不同的演奏方法，在音色、力度、速度的表现上也有所提高。同时，还能演奏一些利用身体小肌肉操作的乐器，如用轻松自然的手腕运动击奏三角铁、双响筒，用手指运动捏奏响板等。

想一想

4～6岁儿童打击乐演奏能力发展特征有哪些？

（二）随乐演奏

4～6岁儿童在生理和心理上较4岁前有了很大提高，听觉分辨能力进一步分化和精细，随乐演奏打击乐器的能力有了明显增强。他们不但能够自如地随乐齐奏，而且初步掌握了用两种不同节奏型随乐合奏。大多能够配合二拍子、四拍子甚至三拍子的乐曲合拍演奏，并努力使演奏与音乐的速度、力度一致。

（三）合作协调

在集体演奏活动中，4～6岁儿童能够与同伴同时开始和结束，并能够处理好自己与其他声部的配合协调关系；会看指挥，能够理解简单的指挥手势，知道在演奏中始终注意指挥的手势，并随手势的变化做出积极的反应，随时调整乐器的操作和演奏；担任指挥时，会用明确的手势、表情和体态对演奏者进行提示。

（四）创造性表现

随着音乐经验的积累，4～6岁儿童能够在教师的引导下积极参与配器方案的讨论，当某个儿童的方案被采纳后，全体儿童都会不同程度地体会到成功的愉悦感；能够借助一些基本的节奏型初步为音乐编配伴奏，如一首四拍子的节奏型，可以在教师指导下为前两拍选配一种音色、为后两拍选配另一种音色，或者为前三拍选配一种音色，为第四拍选配另一种音色等；对节奏、音色、力度、速度的认识越来越深刻，运用这些要素进行创造性表现的能力也越来越强；能够积极探索打击乐器的制作，如用纸箱做鼓，用矿泉水瓶、易拉罐做沙锤等。

综上所述，通过参加集体打击乐活动，不仅能够培养学前儿童对打击乐演奏活动的积极态度，积累打击乐演奏的基本技巧和简单的配器方案，而且能够从小培养他们参与音乐活动的兴趣。

学习笔记

学习主题 4
学前儿童音乐欣赏能力发展特征

　　音乐欣赏是学前儿童音乐教育的重要组成部分，与其他音乐活动紧密相连。学前儿童音乐欣赏活动是以听觉为主导，对音乐作品进行感知、理解的一种审美活动，可以让学前儿童接触更多的音乐作品，能够起到开阔视野、丰富音乐经验的效果，从而发展学前儿童的想象力、记忆力和思维能力。此外，在音乐欣赏的过程中还能培养学前儿童敏锐的听觉和良好的倾听习惯，发展学前儿童的审美情趣和能力。

一、0～3 岁儿童音乐欣赏能力发展特征 >>>>>>>>>>>>>>>>>>>

（一）听辨能力

　　严格来讲，倾听是指有意识地、集中注意力地听。倾听不仅需要注意力的参与，还需要情感的参与，这是音乐欣赏的前提。一个人对声音的反应从胎儿时期就已经具备了，如我们经常提到的胎教。事实证明，"大多数婴儿具有敏锐的辨别不同频率声音的能力"[①]。三四个月大的婴儿就能从不同的声源中找到熟悉的声音，尤其是母亲的声音。六七个月大的婴儿开始主动对音乐做出反应，比如，把头转向发出音乐声的方向，并伴随喜悦的表情。随着年龄的增长，两岁左右的儿童对外界的各种声音和音乐的刺激、反应、听辨能力等都有了进一步的发展，能准确地判断出声音的来源，还能分辨出对比鲜明的音色，并能模仿熟悉的声音如小狗、小猫的叫声等。

（二）理解、表达音乐能力

　　2 岁前的儿童对音乐的理解较弱，对音乐的感知和反应缓慢且不精细。他们一般会对节奏鲜明、旋律优美、音响柔和的音乐产生兴趣并做出本能反应，但这还不能算是对音乐的理解。2～3 岁儿童初步有了理解音乐和表达情感的能力，并产生了初步的想象和联想，如在听《做个小孩真是不容易》时会有忧伤的情绪。

（三）创造性表现

　　0～3 岁儿童喜欢用熟悉的物体、玩具或自己的声音创造属于自己的音乐，如敲击玩具，但这种反应多是直觉反应，创造性表现意识的萌芽尚未出现。

学习笔记

想一想

0～3 岁儿童音乐欣赏能力发展特征有哪些？

---

　　①　罗小平，黄虹：《最新音乐心理学荟萃》，158 页，北京，中国文联出版公司，1995。

二、3～4岁儿童音乐欣赏能力发展特征 >>>>>>>>>>>>>>>>>>>>

（一）听辨能力

3～4岁儿童开始有意识地听自己喜欢的音乐，在日常生活中积累了较多的音乐素材，获得了较多的倾听经验，对生动形象、节奏鲜明的乐曲会有所反应和感受，能自发地倾听周围环境中的各种声音，并能分辨和描述。他们对熟悉的音乐能区分速度的变化，但不能区分音高和力度等的变化。

（二）理解、表达音乐能力

想一想

3～4岁儿童音乐欣赏能力发展特征有哪些？

理解是音乐欣赏的基础和保障，3～4岁儿童对音乐的理解能力依然是有限的。这一年龄段儿童的理解能力是随着他们的认知、思维能力的发展而逐步发展的，伴随着音乐经验的积累，他们能理解性质鲜明的音乐作品并产生一定的共鸣，会以自己的表情、动作、语言来表达对作品的感受。听到优美柔和的摇篮曲时，他们就会晃动自己的身体；听到强劲有力的乐曲时，他们就会踏步。在教师的指导下，他们还能够模仿简单的律动动作、舞蹈动作和小游戏。但手段此阶段对于音乐的其他表现儿童难以理解，如节奏、音色、旋律等。

（三）创造性表现

学习笔记

音乐欣赏能力与学前儿童的创造性表现是密切相关的。3～4岁儿童受到生理、心理因素的制约，所以不能很好地用语言表达对音乐作品的理解。他们常用的表现音乐的方式往往是身体动作，在随音乐做动作时已经意识到尽量用自己想出来的与他人不同的动作来表现音乐、表达自己的思想和情感。

三、4～6岁儿童音乐欣赏能力发展特征 >>>>>>>>>>>>>>>>>>>>

（一）听辨能力

4～6岁儿童听辨的分化能力有了大幅度的提高，表现在倾听、感受能力进一步增强，能辨别声音的细微变化，对音乐的区分更加细致；对一些熟悉的、形象鲜明的乐曲能很快识别，如小兔跳、小乌龟爬等；能欣赏内容较为宽泛的、结构较为复杂的、风格较为多样的音乐作品，如摇篮曲、进行曲、舞曲等；在教师的引导下，能初步感受乐曲结构、演奏乐器、情绪风格上的变化，能区分男声、女声和童声。他们的不足之处是经常把强音和高音、弱音和低音混淆。

（二）理解、表达音乐能力

4～5岁儿童的理解、表达音乐能力有了进一步的发展，他们已经能够理解音乐表达的情绪和情感，并由此产生一定的联想，如在欣赏摇篮曲时，对音乐结束处的渐弱和渐慢，能体会出音乐描写的是小宝宝睡着了；能够理解歌词较复杂的歌曲和带标题的器乐曲，明白其节奏、旋律、力度、速度、音色等表现手段的变化。同时，他们能够对形象鲜明的同类音乐作品进行归类和分析，用语言来表达自己的音乐感受，并用一定的故事情节或较完整的语句来描述音乐。如在欣赏《猴子爬树》时，能理解旋律的上行和下行与猴子上树和下树的关系。5～6岁儿童的动作已经能和音乐保持一致，手和脚的动作能自然地配合音乐节拍，并体现二拍子和三拍子的强弱规律，享受随乐肢体动作带来的快乐。

（三）创造性表现

4～6岁儿童能够比较自由地通过多种手段进行创造性表现，并且尽量使自己的表现更凸显个性和创造性。他们的表现会比以前更细致、完美，更具有艺术审美情趣。另外，他们的创造性表现手段更丰富，不但有肢体动作，还有嗓音表达、语言描述、图片再现等，并能够比较自如地在自己的水平上运用这些手段。

学前儿童音乐欣赏能力的发展与其整体的身心健康发展是分不开的，并与其所处的音乐环境和受到的音乐教育密切相关。

> **想一想**
>
> 4～6岁儿童音乐欣赏能力发展特征有哪些？

实训任务

实训1：赛歌会——交流积累学前儿童歌曲素材

1. 实训目的

(1)运用所学知识和积累的音乐经验，选择适合学前儿童演唱的歌曲。

(2)能够较准确地演唱儿歌旋律与节奏，为活动实施做好准备。

2. 材料准备

教师准备钢琴；学生每人准备一首自己把握较准确的儿歌，演唱形式自选。

3. 实训方式

以个人或组合的形式进行自弹自唱。

4. 任务要求

(1)以班级为单位进行推荐，讨论产生六名评委。

(2)参赛选手在充分练习的基础上，展示自己准备的儿歌。

(3)班内交流自己收集的学前儿童歌唱材料，谈一谈学习本专题后的收获，找出自己的不足，并进行反思提高。

(4)每个人写一份赛歌会的交流心得并提交。

5. 考评

考评1（个人表现）			
考评项目	优秀	良好	及格	不及格
演唱技巧				
演唱数量				
综合表现				
考评2（个人心得）			
姓名	优秀	良好	及格	不及格

> **学习笔记**

实训2：讲述、哼唱经典乐曲——丰富乐曲资源

1. 实训目的

(1)能够讲述适合学前儿童的经典乐曲所描写的音乐形象、故事情节、构成要素、情感表达等。

(2)能够较准确地哼唱经典乐曲主题的旋律与节奏。

(3)互相交流自己积累的乐曲，丰富欣赏素材。

2. 材料准备

学生每人准备 1～2 首自己熟悉的曲目，以组为单位进行讨论、交流。

3. 实训方式

(1)每组讨论产生一名负责人、一名发言人、一名撰稿人。

(2)每个同学在小组内讲述、哼唱自己准备好的经典乐曲。

(3)每组在个人讲述基础上选定一首音乐作品，集体对其进行曲式结构的分析、音乐内容的讲述(可以是故事、诗歌、散文等)，哼唱乐曲中难度不大的主题曲谱，设计与音乐相匹配的动作等。每组推荐一名成员，对自己准备的乐曲进行展示。

(4)每组展示交流后，将所选音乐作品的内容、曲式结构、图谱设计、动作设计等撰写成文本提交上来，以便保存。

4. 考评

由小组考评与个人考评两项构成。

小组考评（由教师考核）				
考评项目	优秀	良好	及格	不及格
团队合作				
完成效果				
上交材料				
个人考评（由小组内考核）				
姓名	优秀	良好	及格	不及格

📚 **典型案例**

乐曲《狮王进行曲》

1. 讲述乐曲作者、分析乐曲结构。

《狮王进行曲》是管弦乐组曲《动物狂欢节》的第一段，作者是法国作曲家圣·桑，整部组曲由十三首标题小曲和终曲组成，分别是：(一)序曲及狮王进行曲；(二)公鸡与母鸡；(三)野驴；(四)乌龟；(五)大象；(六)袋鼠；(七)水族馆；(八)长耳人；(九)林中杜鹃；(十)大鸟笼；(十一)钢琴家；(十二)化石；(十三)天鹅；终曲。

《狮王进行曲》在结构上包括：全曲的引子；第一段的引子；第一段的 ABA 结构。乐曲结构复杂、篇幅较长，适合大班儿童。

2. 讲述故事情节、分析音乐形象。

在一片很黑很黑的大森林里，大树小树长得很密很密，风吹树摇，隐隐传来了狮王的吼叫声，狮王在山洞里理理鬃毛准备出巡。忽然，猴子从树上滑下来报告说："狮王驾到。"乐队随即吹起了喇叭打起了鼓，欢迎狮王的到来。狮王大摇大摆、威风凛凛地走出来，得意地大声吼叫，对小动物们说："今天是动物狂欢节，我不吃你们。"小动物们听了非常高兴，围着狮王跳起了舞，乐队为他们伴奏，他们跳得可开心了。

乐曲在形象上表现了危机四伏的黑森林、乐队的号角声、狮王的吼叫声、狮王及小动物们的脚步声等，整首作品中描写的动物形象生动逼真、个性十足、惹人喜爱。例如，两架钢琴由弱转强的和弦颤奏，营造了狮王出场前紧张不安的气氛，仿佛还没有看到狮王的身影，就已经听到了狮王一阵强过一阵的咆哮声。狮王用吼叫来显示它的威风。

3. 哼唱主旋律。

1=C $\frac{2}{4}$ $\frac{4}{4}$

全曲的引子（略）

5 5 5 5 | 5 5 5 5 | 5 5 5 5 |
引子

5 5 5 5 | 5 5 5 5 | 5 6 | 5 6 | 5 6 | 5 6 |

63 33 4.3 23 | 1767 12 7 - |
A段

63 33 4.3 23 | 1232 17 1 - | 63 23 4.3 23 | 1767 12 7 - |

63 33 4.3 23 | 1232 17 66 | 3456 7123 4321 7654 |
B段

3 33 33 3 3 | 3456 7123 4321 7654 |

3 33 33 3 3 | 5712 3456 7654 3217 |

6 33 33 4 4 | 6712 3456 7654 3217 |

6 33 33 ♯4 4 | 63 33 4.3 23 | 1767 12 7 - |
A段

63 33 4.3 23 | 1232 17 1 - | 1232 17 1 -‖: 6717 65 3454 32 |

1232 17 67 13 :‖ 67 13 | 6♭771 12 234♯45♯5 | 33 6 0 ‖

4. 讲述情感表现。

《狮王进行曲》成功地把儿童带入那个美妙奇幻的森林世界，使人融入故事情节，仿佛身临其境，同时寓教于乐地向儿童讲述了浅显易懂的道理：在这样的森林里，没有物种界限，没有强弱、贵贱之分，整个世界充满生机、激情、平等、博爱和欢乐。

思考与练习

一、选择题

1. 下列表述中，与小班幼儿歌唱能力发展水平接近的是（　　　）

A. 体会到了共鸣的发声方法，声音运用自如

B. 能够唱准自己熟悉的歌曲

C. 能够适量控制气息，选择合适的气口进行换气

D. 演唱时强弱体现不明显，常常越唱越慢

2. 下列表述中，与小班幼儿歌唱能力发展水平接近的是（   ）

A. 可以理解音调的高低

B. 可以掌握声音的力度

C. 没有伴奏和领唱时，容易走调

D. 调节自己的歌声，恰当表现歌曲情感

3. 下列表述中，与大班幼儿歌唱能力发展水平接近的是（   ）

A. 控制发音的能力较差，不能连续地唱出曲调

B. 经常出现"造字"或"吃字"现象

C. 集体歌唱时，在速度、节奏等方面控制自己与集体保持一致

D. 在无伴奏、无音乐的情况下歌唱时，往往不合拍

4. 下列动作中，属于小班幼儿韵律活动的动作特点的是（   ）

A. 摇动手臂　　　　　B. 跳步　　　　　C. 垫步　　　　　D. 手腕花

5. 下列动作中，属于大班幼儿韵律活动的动作特点的是（   ）

A. 梳头　　　　　　　B. 吹喇叭　　　　C. 打鼓　　　　　D. 蹦跳步

6. 下列表述中，与小班幼儿韵律活动能力发展水平最接近的是（   ）

A. 会自发地跟着音乐跺脚、拍手

B. 会自如地做出与音乐相协调的动作

C. 能在同一段音乐的转换处以不同的动作节奏加以表现

D. 能对比较复杂的节奏如附点节奏做出反应

7. 下列表述中，与大班幼儿韵律活动能力发展水平最接近的是（   ）

A. 动作表现以自我为中心，不善于运用动作与同伴配合、交流

B. 音乐速度快时，动作则加快

C. 集体韵律活动中，会自己找一个比较空的位置，不与别人碰撞

D. 能用自己想出来的动作模仿生活中熟悉的具体事物，如动物、植物、交通工具等

8. 下列表述中，与小班幼儿打击乐演奏能力发展水平最接近的是（   ）

A. 基本不能够合拍随音乐演奏

B. 能演奏三角铁等利用小肌肉操作的乐器

C. 自如地随音乐用简单的节奏进行齐奏

D. 自觉与集体的演奏相协调，以追求和谐动听的音响效果

9. 下列表述中，不符合大班幼儿打击乐演奏能力发展水平的是（   ）

A. 学习区别不同的节奏型

B. 在教师帮助下，能够用打击乐器为学过的歌曲伴奏

C. 逐步掌握铃鼓、串铃等运用大肌肉动作来演奏的打击乐器

D. 对指挥的演奏要求做出积极反应

10. 下列表述中，与大班幼儿音乐欣赏能力发展水平最接近的是（   ）

A. 随音乐做动作时，开始注意到音乐速度的变化

B. 能正确辨认熟悉的音乐作品中的情绪和性质

C. 容易把强音和高音、弱音和低音机械地联系在一起

D. 逐步区别音乐中明显的速度变化

二、判断题

1. 幼儿园歌唱活动选取歌曲时，只能选择幼儿较易理解的歌词，不能选择幼儿还不理解的精品歌词。　　　　　　　　　　　　　　　　　　　　　　　　　　　　（　　）

2. 节奏朗诵是一种艺术语言与音乐结合的艺术表演形式，同样体现了音乐艺术的形式美特征。
　　　　　　　　　　　　　　　　　　　　　　　　　　　　　　　　（　　）

3. 幼儿韵律活动中，身体动作和音乐表现往往是密不可分的。　　　　　　（　　）

4. 幼儿韵律活动中，教师示范时，幼儿要以教师的动作为标准。　　　　　（　　）

5. 幼儿运用已有的动作进行创意表达时，只要他们说出自己的理由，就应该予以肯定。（　　）

三、简答题

1. 简述小班幼儿在歌词的理解与表现方面的发展特征。

2. 简述 4～6 岁幼儿韵律活动能力发展特征。

3. 简述 4～6 岁幼儿打击乐演奏能力发展特征。

4. 简述小班幼儿音乐欣赏能力发展特征。

专题六
组织实施学前儿童音乐教育活动

思维导图

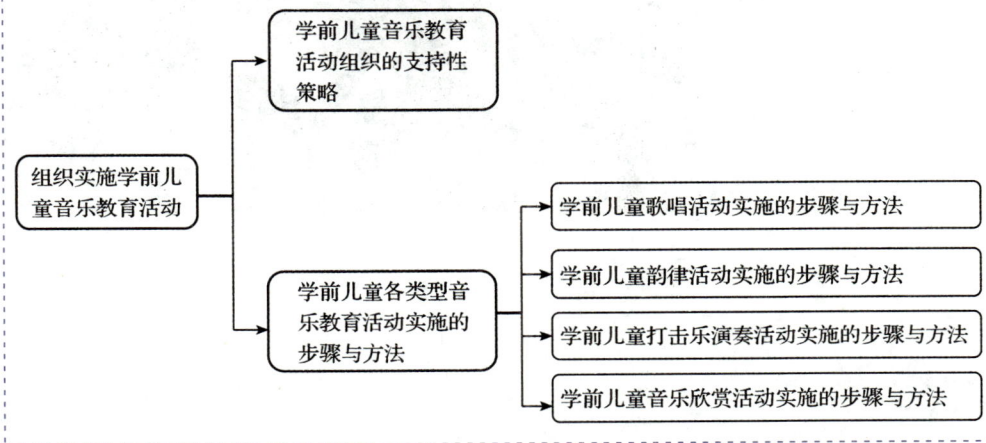

专题导入

组织实施学前儿童音乐教育活动需要了解哪些知识和策略呢？

同学们到幼儿园见习音乐教育活动后，个个都很兴奋，回来的路上就和教师热烈地交流起来。

学生：老师，今天看到的儿童音乐教育活动怎么和我们在学校学习音乐的方式不一样啊？

教师：对，是不一样。那你们觉得哪种形式好玩呢？

学生：老师带孩子们玩的音乐活动形式太吸引人了，真有意思！

教师：是啊，儿童在音乐感受、表现、经验习得、自身能力等方面与成人是不一样的，我们将来也要懂得用适合儿童的方式帮助孩子们喜欢上音乐，并获得一些音乐能力的发展。

本专题不但给出了学前儿童音乐教育活动中常用的支持性策略，还对音乐活动分类进行细致讲解，并给出了指导不同类型的音乐活动的方法。

我们从实践观察和知识学习中能够获得这样的基本信息：学前儿童在艺术感受、表现、经验习得等诸多方面均有其自身的规律和特点，那么，在组织实施学前儿童音乐教育活动时，就应该有与成人的学习方式不同的、与学前儿童的规律和特点相适应的策略和方法。

学习主题 1
学前儿童音乐教育活动组织的支持性策略

谈到学前儿童音乐教育，我们会把"儿童、音乐、生活、快乐"这些关键词联系在一起，即儿童的音乐教育应该贴近他们的生活、应该是快乐的。在儿童的生活中，"玩"是核心内容，也是他们最快乐的事情，音乐与儿童生活最密切相关的地方就是"音乐是用来玩的"。因此，组织实施学前儿童音乐教育活动时强调"玩"

的形式和内涵是在儿童理解的基础上满足他们的音乐感受与表达的需要。所以，在儿童生活的内容中找到音乐元素、带领儿童"玩音乐"和把音乐变成能玩的内容，就成为幼儿教师应该掌握的本领。下面具体列举一些组织实施学前儿童音乐教育活动的支持性策略。

一、生活发现策略 >>>>>>>>>>>>>>>>>>>>>>>>>>>>>>>>>>>>>

　　儿童生活的世界里蕴含着很多音乐元素，如婴儿牙牙学语中蕴含的旋律、成人拍宝宝睡觉时的拍子、走路与跑步的节奏等。儿童在玩耍中能发现很多音乐，如火车马上开、土豆丝土豆片等拍手游戏中的节奏与速度，跳皮筋游戏中的曲式与节奏。教师要善于发现和拓展儿童生活中的音乐元素，将他们熟悉的生活内容作为音乐活动材料，引发儿童更多地自发进行音乐游戏活动。

典型案例

　　拍手游戏：土豆丝土豆片

　　土豆 土豆　丝儿 丝儿，土豆 土豆 片儿 片儿。

　　土豆 丝儿，土豆 片儿，　土豆 丝儿 片儿。

　　说明：两个幼儿面对面，土豆——自己拍自己的手，丝儿——双手正面对拍，片儿——双手反面对拍。

　　评析：

　　这是一个儿童非常喜欢的自发性非常高的嬉戏游戏，游戏中蕴含着音乐的节拍，通过速度的变化，可以锻炼儿童的反应能力。

典型案例

　　日常聊天节奏

　　昨天 晚上 吃什 么？×× 　×× 　×× 　×？

　　包 子和米 粥。× 　× 　×× 　×。

　　包子 米粥 好吃 吗？×× 　×× 　×× 　×？

　　好吃 好吃 真好 吃。×× 　×× 　×× 　×。

　　评析：

　　利用谈话内容，加上合适的节奏，营造出亲和有趣的谈话氛围，让儿童自然地习得音乐经验。此活动还可以加入拍腿、拍手、捻指等发声动作。

二、关注倾听策略 >>>>>>>>>>>>>>>>>>>>>>>>>>>>>

　　音乐是声音艺术，倾听是根本。让儿童听到音乐是所有音乐活动方法与策略的前提和基础，让儿童养成倾听音乐的习惯是音乐学习的必然要求。音乐活动中，倾听的内容包括倾听音乐的习惯、音乐旋律特点和音乐语言内容。

学习笔记

谱例 6-1

太阳出来了

1 = C $\frac{4}{4}$

官建霞 词曲

12 34 5 - | 54 32 31 | 3 1 3 1 | 12 34 5 - |
太阳 出来 了，　小鸟 开始 唱歌, 喳 喳 喳 喳; 风儿 吹来 了,

54 32 31 | 4 2 4 2 | 12 34 5 - | 54 32 31 | 5 3 5 3 |
树叶开始 唱歌, 沙 沙 沙 沙; 海浪涌来了，　大海 开始 唱歌, 哗 哗 哗 哗;

12 34 5 - | 54 32 31 | 1 2 3 4 | 12 34 56 7 | i - - - |
琴声 响起 了，　我们 开始 唱歌, 哆 来 咪 发, 哆来咪发 嗦啦 西 哆。

例如，儿童歌唱活动材料《太阳出来了》就能很好地培养倾听能力，倾听的内容包括音乐旋律特点(相同与不同)、歌词语言逻辑关系(谁出来了、引出谁开始唱歌、怎样唱歌)。这样的音乐活动能使儿童更关注倾听，提高音乐旋律听辨能力和语言分析理解能力。在儿童音乐教育实践中，很多教师不注意要求倾听，儿童一玩起来，音乐就被淹没、忽略了。

学会倾听不仅是学习音乐的必然要求，也是社会生活中需要具备的基本素养，是儿童进行各种活动必备的学习品质之一。因此，对在音乐活动中培养儿童的倾听习惯和能力应给予特别关注。

三、图谱图画策略 >>>>>>>>>>>>>>>>>>>>>>>>>>>>>>>>>>

图谱图画策略是将音乐的某些特点用图画、符号、实物等表现出来的一种方式，把看不见摸不着的音乐辅以看得见的图谱图画。图谱图画可以是教师设计的，目的是为音乐增加可视性，也可以是儿童表现音乐时绘制的。

评析：

这是根据小班歌曲《这是小兵》的歌词、歌谱设计的图谱。图谱首先呈现了歌词内容，便于儿童记忆歌词；其次呈现了歌曲的乐句、节拍或部分音的长短。

图 6-1　歌曲《这是小兵》[①]

---

① 王惠然：《幼儿自主活动资源·幼儿画册·小班(上)：艺术感受与创造》，3 页，北京，中国和平出版社，2013。

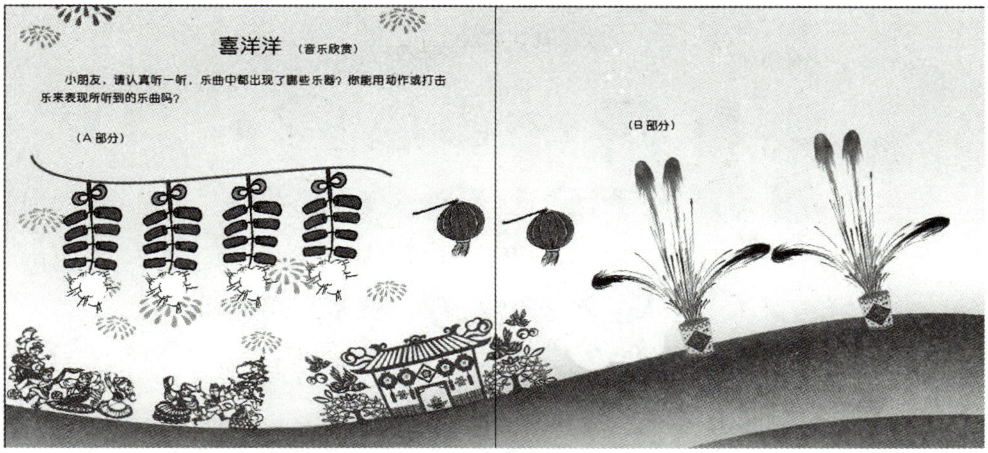

图 6-2 民乐曲《喜洋洋》①

评析：

以上图谱借助放鞭炮和放烟花的情境呈现了音乐。乐曲的 A 部分用放鞭炮的画面表现，四串鞭炮表现四个乐句，每串八个鞭炮表现每个乐句由八拍组成。两个灯笼表现乐曲的间奏。乐曲的 B 部分用放烟花的画面表现，两个一样的烟花表现 B 部分由两个重复的小段落组成，每个小段落由四个乐句组成，蹿出的每道烟花表现一个乐句。在喜气洋洋的日子里，我们可以带着喜洋洋的情绪做许多事情，如包饺子、锻炼身体、扫房子、贴春联等，也可以尝试用这些情境绘制成《喜洋洋》的音乐图谱。

图 6-3 儿歌《大老虎和小花猫》②

评析：

儿童利用熟悉的事物初步感知声音的强弱和代表强弱的音乐符号，利用图谱做音乐游戏，游戏结束后还可以通过声音符号在图谱里找一找藏着的事物。

① 王惠然：《幼儿自主活动资源·幼儿画册·小班（上）：艺术感受与创造》，30 页，北京，中国和平出版社，2013。
② 同上书，22 页。

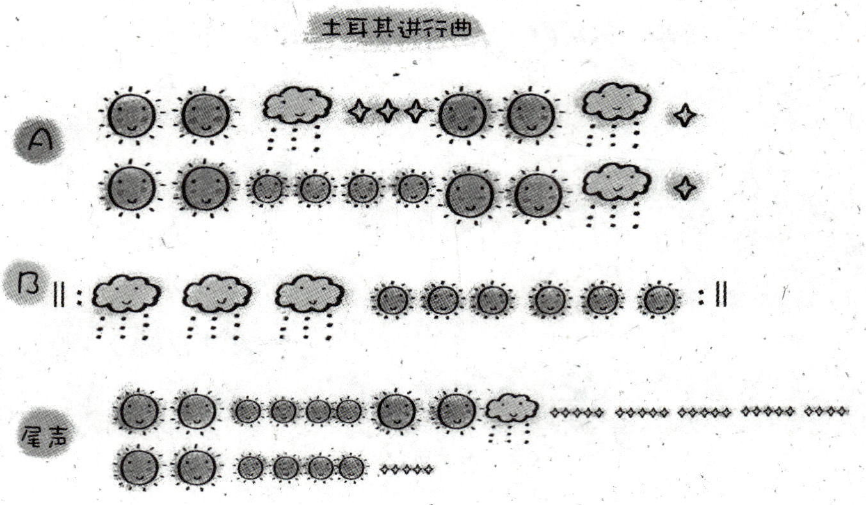

图 6-4　贝多芬的《土耳其进行曲》①

评析：

此图谱是大班儿童的创意，他们想用天气类的图形来表示贝多芬的《土耳其进行曲》的典型音响，所以教师和儿童一起做了这样一个图谱。

图 6-5　《落叶的合唱》②

评析：

图中大叶子、中叶子和小叶子落下来的样子表示的分别是二分音符、四分音符和八分音符，我们可以利用这个图谱说一说这些叶子落下来是什么样子。可以边说边做动作，还可以进行打击乐器演奏，大叶子用三角铁、中叶子用沙锤或鼓、小叶子用响板，三件乐器同时演奏时就是"落叶的合唱"。

---

① 王惠然：《幼儿自主活动资源·幼儿画册·小班(上)：艺术感受与创造》，12页，北京，中国和平出版社，2013。
② 王惠然：《儿童入学关键能力提升课程·综合》，23 页，北京，现代出版社，2011。

需要注意的是，图谱的使用是把双刃剑，运用得当会帮助儿童理解感知音乐，运用不当则会限制儿童的想象力。这是因为如果把音乐定格在一个图谱上，音乐的不确定性带给儿童的发散性思维就会被扼杀。因此在音乐活动中运用图谱之前，应先整体、单纯地听音乐，把儿童的思路打开，再呈现一种促进理解的图谱。这样先整体感知音乐，再利用图谱走进音乐的内涵，既充分调动了儿童的想象力，又可以帮助儿童感知音乐元素。

四、嗓音参与策略 >>>>>>>>>>>>>>>>>>>>>>>>>>>>>>>>>>>>

嗓音参与即唱与说的开发运用。众所周知，人的嗓音可以用来唱，也可以用来说。嗓音的唱的功能在音乐活动中最常见的是歌唱活动。如可以给《狮王进行曲》的主题音乐填上歌词，供儿童演唱，这样既能表现生动的狮王形象，又能帮助儿童记忆、识别音乐主题。

谱例 6-2

```
6 3   3 3   4.3   2 3  | 1 7 6 7   1 2 7   - |
我就  是那  森林   之王，  你们都得  听我  的，

6 3   3 3   4.3   2 3  | 1 2 3 2   1 7   1 - |
我就  是那  森林   之王，  你们都得  听我  的。
```

嗓音的说的功能参与到音乐中，会有很多有趣的活动，如说歌词、仿编歌词、听音乐讲故事等。除此之外，在音乐活动中运用说的方式还有运用拟声词感知音乐、儿歌、古诗练节奏、语言组织集体舞等。运用嗓音的说的功能参与或组织音乐活动这种方法最贴近人最初的音乐基础，是儿童力所能及的事情。

典型案例

运用拟声词感知音乐

活动内容

大班音乐活动《土耳其进行曲》A 部分

拟声词与音乐的匹配

```
5 3 3 3 | 5 3 3 3 | 2 1 7 6 5 4 | 3 4 5 |
嗨哟 嗨哟 | 嗨哟 哟哟 | 哗啦啦啦 啦啦 | 嗒嗒嗒 |

5 3 3 3 | 5 3 3 3 | 2 1 7 6 5 #5 | 6. 0 |
嗨哟 嗨哟 | 嗨哟 哟哟 | 哗啦啦啦 啦啦 | 嗒。 0 |

1 6 6 6 | 2 7 6 6 | 2 7 2 7 | 3 1 3 1 |
嗨哟 嗨哟 | 嗨哟 嗨哟 | 嗨哟 嗨哟 | 嗨哟 嗨哟 |

5 3 3 3 | 5 3 3 3 | 2 1 7 6 5 7 | 1. 0 |
嗨哟 嗨哟 | 嗨哟 哟哟 | 哗啦啦啦 啦啦 | 嗒。 0 |
```

学习笔记

评析：

运用此方法朗朗上口，鼓励儿童小声念或默念拟声词，可以从头到尾跟随音乐，感知乐段、乐句和不同的旋律。此外，如果给儿童提示和诱导，儿童也能为其他乐曲编配很合适的拟声词。如民乐曲《喜洋洋》A部分孩子们用"噼啪"来随乐，间奏说两次"恭喜发财"，B部分模仿放烟花时发出的不同声音，一个乐句发出一个声音，如"嗞""嗖""嘭""嘟"等。

典型案例

古诗《春晓》的系列活动

古诗自然节奏活动：鼓励儿童拍着自然的节奏念古诗，古诗的自然节奏为三拍子，每句的节奏型为：×× ×× ×。

运用四拍子念古诗：加入弹舌或语气词（啊、呵、咦、哈、嗨），体会四分休止的时间。

为每句古诗加上动作表现念古诗。

运用踩脚、拍腿、拍手、捻指四个基本声势动作念古诗。

加入打击乐器念古诗。

变换节拍和声势动作念古诗。

评析：

教师带领儿童以多变的形式念古诗，儿童不但觉得好玩、易接受，而且在活动过程中能够获得音乐经验。在师幼共同游戏的过程中，要关注儿童的兴趣，不断发现新的玩法。

典型案例

用语言组织集体舞

问候舞（伴随音乐）

1. 手拉手围成圆圈，面向右。

2. 走走 走走 走走 走走，走走 走走 走走 转。

3. 走走 走走 走走 走走，走走 走走 走走 停。

4. 走向 圆心 说声 你好，退回 圈上 圈上 停。

5. 踏踏 踏踏 拍拍 拍， 踏踏 踏踏 拍拍 拍。（重复）

评析：

教师的语言组织贴近音乐的乐句和节拍，有节奏、有动作，易于儿童接受和模仿，这样就将一个动作和方向都有变化的较复杂的集体舞边说边做地传达给了儿童。

五、肢体动作策略 >>>>>>>>>>>>>>>>>>>>>>>>>>>>>>>>>>>>>

闻乐起舞自古以来就是人们感受音乐的途径，肢体动作能帮助我们更多地、更真实地参与到歌曲、乐曲中去。肢体动作包括生活动作、舞蹈、律动、声势、指挥等，随乐自由走动、跳动、舞蹈、韵律活动等均是常见的形式。在常见肢体参与形式的基础上，我们介绍两种不多见的肢体动作——声势和指挥，以丰富儿童肢体参与音乐活动的方式。

声势一词来源于奥尔夫音乐教学法，是将能发出声音的身体动作组合成身体乐器，进行节奏练习或伴奏。这一形式从古至今都存在，是人类宣泄、交流、表达最原始、最直接的方式。跺脚、拍腿、拍手、捻指是四个最基本的声势动作，我们还可以开发出其他声势动作，如弹舌、拍肩等。声势的节奏练习形式非常丰富，仅声势的组合就数不胜数。我们可以将四个基本声势动作作为歌曲伴奏，进行声势节奏模仿、接龙、造句等。

这里的指挥不同于专业音乐指挥的动作和规范性，儿童指挥或指挥儿童音乐活动是比较随意的动作，但要求有一定的形象性和音乐性。要用具体形象、明显提示及引发表现、表达的手势和肢体动作组织指挥儿童的各种音乐活动，如类似点数的指乐曲。

六、节奏乐器策略 >>>>>>>>>>>>>>>>>>>>>>>>>>>>>>>>>>>>>

打击乐教学是儿童音乐教育的重要内容之一。在儿童音乐教育实践中，打击乐器更多地是以辅助材料的身份运用在歌唱、节奏、韵律、欣赏等各类音乐活动中，它的加入使儿童多了一种玩音乐的工具材料。

打击乐器一般有三个获取途径：有条件的可以购买正规的打击乐器，没有条件的可以用自制的打击乐器，还可以用生活中能发出声音的物品来替代。部分打击乐器其实是噪音在音乐中的运用，只要自制乐器和替代乐器是安全的，又能发出一定的声音，儿童就能使用。

七、道具表演策略 >>>>>>>>>>>>>>>>>>>>>>>>>>>>>>>>>>>>>

音乐活动可以利用许多音乐之外的道具材料增加趣味性和参与性，如头饰、杯子、纸条、纱巾、彩带、海洋球等。儿童伴随音乐玩手中物品，也是在表现音乐。音乐与表演接近，所有的音乐都在直接或间接地讲故事，所有的故事情节都能以表演的方式呈现出来，因此提供材料让儿童进行表演是非常好的方法。

八、游戏玩耍策略 >>>>>>>>>>>>>>>>>>>>>>>>>>>>>>>>>>>>>

没有一个儿童不喜欢游戏和玩耍，在儿童音乐教育活动中添加一些原生态的儿童游戏和玩耍元素，让儿童在音乐活动中回归他们的天性，他们便会乐在其中，如挠痒痒、猜拳、点兵点将等。

📖 **典型案例**

支持性策略的运用(小班音乐活动"蝴蝶找花")

一、音乐曲谱

蝴蝶与花朵

二、图谱设计

三、预设方案

小班音乐活动:蝴蝶找花

本活动音乐节选自我国著名的小提琴协奏曲《梁祝》,是其中的《化蝶》部分的引子和主题音乐。引导幼儿安静倾听,并感知音乐带来的宁静和美好。

活动目标

1. 感受乐曲旋律及其 AB 结构,了解其宁静起伏、优美柔和的音乐性质。

2. 创编花儿开放和蝴蝶舞蹈的动作。

活动准备

1. 歌曲《这是小兵》,截取的《梁祝》中《化蝶》音乐片段,播放设备,花儿朵朵开的大图,蝴蝶教具、蝴蝶头饰和红、黄、蓝、紫等各种颜色的花朵头饰若干。

2.《幼儿画册——多彩的夏天》中"蝴蝶找花"的图谱页。

3. 在墙饰中布置蝴蝶在花间飞舞的图画，在音乐区投放录音机和笛子、提琴等图片。

4. 活动室能够自由活动。

5. 幼儿喜欢美丽的花，有花儿绽放的视觉经验。

6. 教师透彻分析音乐的段落、乐句，能哼唱音乐。

活动过程

1. 教师带领幼儿走着正步、唱着歌走进活动室。

请幼儿唱着《这是小兵》正步走进活动室，可以绕着活动室走上一圈。然后请幼儿围坐成半圆形。

2. 引导幼儿安静倾听后讨论音乐。

教师引导：今天老师给你们带来一段特别好听的音乐，这段音乐听起来柔美极了，音乐里还讲了一个特别美好的故事呢。请你们闭上眼睛，仔细听一听，音乐里都讲了什么故事？（播放音乐）

请幼儿自由讨论，讲述自己听到的是什么音乐、音乐讲了什么美丽的故事。

3. 帮助幼儿完整欣赏音乐。

听完幼儿的讨论，教师讲故事：音乐中的故事是这样的，早晨，在一个花园里，太阳刚刚出来。花苞们被风一吹，醒来了，纷纷开放，露出了甜甜的笑脸。这时，蝴蝶闻到了花香，飞到花园，欣赏着美丽的花朵，看到最美的花朵，就停下来亲一下。

教师出示《幼儿画册——多彩的夏天》中"蝴蝶找花"的图谱页，指着图谱请幼儿完整欣赏一遍音乐。

教师出示花朵大图，请幼儿完整听音乐。在 A 段，指图中太阳表示太阳出来，指图中花朵表示花朵纷纷开放；在 B 段，手拿活动的蝴蝶表示蝴蝶飞来。

启发幼儿听一听音乐的不同：什么时候花朵开了？什么时候蝴蝶来了？这两段音乐哪里不同？

4. 帮助幼儿分段欣赏音乐。

欣赏 A 段音乐——花朵开放。教师引导幼儿随音乐自由表演花朵竞相开放、在风中摇摆的情景，启发幼儿：我们都是花园里美丽的花苞，太阳出来啦，风儿吹过来，花苞醒了，竞相开放，露出甜甜的笑脸，老师看看谁的笑脸最甜、开得最美丽。

欣赏 B 段音乐——蝴蝶飞来。第一遍欣赏，教师随音乐演示蝴蝶教具，并在每个乐句句尾停顿一次，引导幼儿：美丽的花朵把谁引来了？蝴蝶在花园里看花，看到最美的花就停下来亲一亲。第二遍欣赏，教师请幼儿观察蝴蝶亲了几朵花，来感知音乐的乐句。第三遍欣赏，教师请幼儿起立，表演开放后的花朵在风中摇摆，哼唱音乐并手拿蝴蝶在幼儿中间穿行，在乐句句尾找一朵最甜美的花亲一下。启发幼儿看着蝴蝶是怎样随着音乐上下飞舞的。第四遍欣赏，教师请几个幼儿戴上蝴蝶头饰，表演蝴蝶随着音乐上下飞舞。其他幼儿戴上花朵头饰，表演花朵随音乐在风中摇摆。

5. 引导幼儿分角色表演"蝴蝶找花"。

请幼儿自选花朵和蝴蝶的头饰，形象地表演 A 段音乐的性质和 B 段音乐起伏、连贯的乐句。

活动延伸

1. 绘画——美丽的花园。

引导幼儿用色彩表现花园的美丽景色。

2. 看蝴蝶，画蝴蝶。

引导幼儿观察蝴蝶的花纹，利用观察到的纹样装饰空白的蝴蝶。

3. 听音乐绘画。

启发幼儿用图形、线条表现听到的音乐旋律。

学习主题 2
学前儿童各类型音乐教育活动实施的步骤与方法

一、学前儿童歌唱活动实施的步骤与方法 >>>>>>>>>>>>>>>>>>

（一）学前儿童歌唱活动的一般步骤

教师在歌唱活动中，应根据歌曲的题材、体裁、内容、风格和性质以及儿童年龄段的特点，结合儿童实际情况，灵活运用不同的指导方法。

1. 活动前的准备工作

（1）教师的准备。

熟悉歌曲：教师必须事先分析歌曲的词曲作者、内容、风格及情绪，掌握歌曲的重点和难点及构成要素，包括节奏、旋律、表现手法等，反复斟酌之后，准确、熟练地表现歌曲，包括演唱、伴奏、速度、力度、表情、意境、音乐形象等。

了解儿童：全面了解、熟悉儿童的情况，注重儿童的个体差异，如音乐素质、基础、能力、习惯、对唱歌的兴趣、身体状况、情绪特点、性格特点等。

准备与歌唱活动和歌曲相关的材料和环境：包括布置环境，设计场地使用，准备音响、乐器、教具、道具等。

（2）儿童的准备。

感受与欣赏新歌：在唱新歌之前，先让儿童从听觉上感受新歌。在教唱前，教师利用课前、课间、午饭、午休前后的时间，以背景音乐的方式先让儿童听，初步感受音乐形象。

在相关活动中加以渗透：如在朗诵、讲故事、游戏、表演、绘画、手工制作中学会歌词或节奏，在正式教唱时就会更有成效。如《刷牙》的歌词："小牙刷，手里拿，挤点牙膏在牙刷上，上面刷，下面刷。刷刷刷刷，刷刷刷刷。我们天天来刷牙，牙齿刷得白花花。"动作表演学会了，歌词基本就会了。又如《小羊》，可以引导儿童画出羊妈妈和小羊，在绘画的过程中将歌词记住。

谱例 6-2

小羊

1=F 2/4

中速、抒情地

游弥坚 词
李茂渊 曲

小羊咩咩叫妈妈，母羊咩咩
满地青草绿油油，母羊催着
小羊咩咩叫妈妈，母羊咩咩

也叫它，跟着妈妈一同去，吃饱好回家。
小羊吃，小羊不吃贪玩耍，跑去看野花。
也叫它，快来吃呀别玩耍，吃饱好回家。

　　为理解歌词作经验准备：利用课件、视频、图片、参观等方法，增加和积累儿童的感性经验，帮助儿童感受将要涉及的音乐形象。如在学习歌曲《种豆又种瓜》之前，先让儿童认识现实生活中的七种豆和七种瓜，培养儿童学习歌曲的兴趣。

谱例 6-3

种豆又种瓜

1=♭E 2/4

歌风

马 成 词曲

佳佳和牛牛种瓜又种豆，种瓜
牛牛和佳佳种豆又种瓜，种豆

得瓜呀种豆得豆。黄豆、绿豆、架扁豆，
得豆呀种瓜得瓜。黄瓜、冬瓜、老倭瓜，

豌豆，蚕豆，大蛇豆，还有那角儿宽宽，
甜瓜，苦瓜，哈密瓜，还有那瓢儿红红，

粒儿扁扁的猪耳朵豆。
水儿多多的大西瓜。

📝 **学习笔记**

2. 在活动中学唱新歌

帮助儿童感知和学唱一首新的歌曲，一般分为以下几个步骤。

(1)发声练习。

儿童在演唱之前应进行一定时间的发声活动，以使儿童嗓音热身，并调动儿童的演唱情绪。儿童的发声练习曲应简单、易模仿，一般为有趣的声音模仿或歌曲中有趣的乐句。

（2）欣赏新歌。

教师要让儿童安静、完整地欣赏新歌。安静倾听是儿童感知音乐的重要手段，完整倾听是儿童感知和欣赏整个音乐形象的必要环节，有利于引起儿童对新歌的兴趣，使儿童对歌曲留下深刻印象。

（3）教师范唱。

教师的范唱要具有审美感染力，增强儿童对歌曲形象的整体审美感受。高质量、完整的示范可以激发儿童情感的共鸣，使儿童产生学习新歌的兴趣和愿望。清唱能达到最好的范唱效果，要从轻声唱入手，做到歌唱姿势正确、旋律节奏准确、咬字吐字规范、音色优美动听、情绪处理合理等。

现在很多教师因为种种原因依赖音响示范，不愿意亲自演唱，这样不好。我们认为教师亲自演唱能让儿童产生亲切感、和儿童有情感的交流，并树立良好的榜样，让儿童感受到音乐的魅力。

（4）儿童学唱。

首先，介绍歌曲的音乐形象，学习节奏、旋律等，使儿童对歌曲有一个具体的了解。其次，根据歌曲的难易程度，可采取分解学唱，如教歌词、教节奏、教旋律，也可同时学唱。最后，可以采用分句教唱法或整体跟唱法。所谓分句教唱法就是教师唱一句、儿童学一句，通常用于歌曲中的重点和难点乐句或较长乐句。这样容易教、容易学，但也容易割裂音乐的整体性、破坏曲调的完整性，影响歌曲作品的音乐形象；同时，这种机械的教唱方法不利于儿童有意注意和有意记忆的发展。所谓整体跟唱法就是教师演唱全曲，儿童从头到尾跟着学唱全曲，通常用于结构短小、歌词简单的歌曲。这种教唱方法固然能够完整再现歌曲的内容、情绪，但对于年龄较小的儿童却不是一件易事，在记忆歌词时可能会出现记住前一句忘记后一句、记住后一句又忘记前一句的情况。因此，教师要根据歌曲和儿童的实际情况选择合适的教唱方法，可以将以上两种方法结合运用；此外，可以采用先教唱歌词再教唱旋律或先教唱旋律再教唱歌词的方式。

典型案例

教唱儿歌《捏拢放开》

教师在教唱儿歌《捏拢放开》时，采用整体跟唱法。由于歌曲中第一、二小节的歌词"捏拢放开、捏拢放开"与第五、六小节的歌词"捏拢放开、捏拢放开"是一样的，因此幼儿在歌唱时就会自然地把第一、二小节的旋律搬到第五、六小节来用，把两句不同的旋律唱成一样的，教师纠正起来较困难。为了解决这一问题，教师应采用分句教唱法，唱完"小手拍拍拍"之后，采用语言或动作提示的方法，提醒幼儿仔细听辨下一句"捏拢放开、捏拢放开"的旋律，并进行跟唱。教师可以根据具体情况要求幼儿反复练习，帮助幼儿准确掌握歌曲。

（5）复习歌曲。

为巩固所学歌曲，歌唱活动结束前要采用复习的方法帮助儿童继续学唱，不断提高。教师在复习过程中要避免单调、乏味的重复练习，要让儿童在轻松愉快的情境中享受复习的快乐。

■ 学习笔记

(6)活动延伸。

教师根据本次活动学唱新歌的实际情况，引导儿童进行活动延伸，包括回家唱给爸爸妈妈听，创编歌词、动作、游戏，结合歌曲内容进行绘画或手工制作等。例如，学唱《森林音乐家》这首新歌后，鼓励和引导儿童进行不同的延伸，可以根据歌曲内容进行手工制作，让爸爸妈妈协助做一只松鼠、白兔或熊猫，也可以创编动作或歌词等。

(7)活动反思。

活动反思往往在活动方案实施后更具有说服力，所以如果不是教师参加赛课或说课时规定必须出现，本环节可以在活动方案实施后进行。教师及时回顾总结活动的优点与不足，进行详细记录，为下次指导儿童学唱新歌积累经验。

典型案例

大班新授歌曲《森林音乐家》

活动目标

1.掌握弱起小节、附点节奏的正确唱法，提高节奏感及自我表现力。

2.理解歌词，感受词曲和谐之美。

活动准备

1.材料准备：歌曲大图谱一张，每个儿童小图谱一张，小兔、小猪、小狗图片若干，大鼓、喇叭、铃鼓图片若干。

2.环境准备：将活动墙饰布置成"美丽的大森林"。

3.经验准备：儿童在自由活动时已听过此歌曲，教师能熟练弹唱此歌曲。

活动过程

1.带领儿童进行发声练习。

2.启发儿童复习演唱歌曲《秋天多么美》。

3.引出新歌《森林音乐家》。

在儿童复习演唱《秋天多么美》之后，教师引导儿童：秋天是丰收的季节，小动物们为了庆祝丰收，开了一个音乐会。现在有一只可爱的小动物带来了一首好听的歌曲，请小朋友听一听，歌曲里谁是森林音乐家？它带来了什么乐器？乐器是怎样演奏的？

(1)播放音乐，请儿童安静倾听。

(2)教师边做动作边清唱，儿童倾听。

(3)教师跟着伴奏范唱第二遍，边唱边做动作。

(4)教师提问儿童歌曲的内容，引导其进一步熟悉歌词。

(5)请儿童尝试和教师一起演唱1～2遍。

4.引导儿童借助图谱感知、学习歌曲。

教师出示图谱，请儿童尝试看图谱，并指导说："这就是《森林音乐家》的节奏图，现在我们一起把歌词的内容用符号表现出来。"

(1)教师出示红点："在歌曲里，我们用三个红点来表示热闹的气氛。"边说边把红点贴在相应的节奏图上。

(2)教师出示小松树，用它来表示森林，贴在相应的节奏上。

教师把图谱念一遍："热闹的森林里面，我是一只小松鼠。"儿童尝试着唱一遍。

(3)教师出示高音谱号，在歌曲里用它来表示音乐家。

教师和儿童共同把图谱念一遍"我带着一把提琴，我是一个音乐家"，并试着唱一遍。

(4)教师出示红色、蓝色箭头，用红色的箭头表示这边，用蓝色的箭头表示那边。看图谱齐唱"这边拉一拉，那边拉一拉"。

(5)看着图谱，听着琴声，试着唱一遍。

(6)引导儿童掌握弱起小节、附点节奏的正确唱法，试着学唱弱起小节。

5. 鼓励儿童用不同的方法表现歌曲。

(1)教师鼓励儿童用喜欢的动作来表现歌曲的第一段，儿童随着琴声边唱边做自己喜欢的动作。用同样的方法教唱第二段和第三段。

(2)引导儿童创编歌词，模仿其他小动物的动作自创相应演奏乐器。教师以鼓励、赏识的语气予以指导，提出更好的建议。

活动反思

这是一首活泼、富有童趣的歌曲。儿童的注意力比较集中，都表现得很积极、兴奋，能够充分体验集体活动带来的乐趣。在歌唱活动中发挥儿童的主体性，让儿童在唱唱、听听、看看、想想、动动的轻松气氛中掌握活动的重点、难点。通过师幼互动，运用形象生动的游戏调动儿童的积极性、主动性和创造性，使儿童愉快地投入到整个活动中。

（二）指导学前儿童歌唱活动常用的方法

歌唱活动是学前儿童音乐教育中一个重要的组成部分。通过歌唱活动，在使儿童唱好歌曲的同时，进一步培养儿童对音乐的感受力，激发儿童的想象力和创造力。在活动过程中，为了避免简单的重复演唱，教师可以通过以下几种方法让歌曲的内容和音乐形象变得鲜活起来。

1. 多种演唱形式变换使用

变换演唱形式是歌唱活动的传统做法，儿童对此比较感兴趣，因此一直沿用至今。下面几种演唱形式，教师可以在复习歌曲中灵活运用。

(1)齐唱。

齐唱简言之就是全班一起唱。对于大部分儿童似会非会的歌曲，可以采取这种演唱形式进行复习。在全班一起唱的过程中，儿童之间可以互相学习、取长补短，不会唱的儿童很快就会唱了。对于唱熟的歌曲，也可以采取这种演唱形式，全班一起唱更能营造热烈欢快的气氛，如《找朋友》。

谱例 6-4

找 朋 友

佚 名 词
林 缘 曲

1=C 2/4

5 6 | 5 6 | 5 6 | 5 | 5 i | 7 6 | 5 | 3 |
找呀 找呀 找呀 找， 找到 一个 朋 友，

5 5 | 3 4 | 5 5 | 3 | 5 5 | 3 4 | 5 5 | 3 |
仔细 听， 仔细 辨， 他的 声音 真好 听，

```
1  4   3 2  | 1  4   3 2  | 1      5   | 1  4   3 2  |
请你  快快   请你  快快  猜  嘛，    请你  快快
```

```
1  4   3 2  | 1    1  | X   —  | X   —  ‖
请你  快快  猜  呀。  咳!        咳!
```

（2）小组唱。

小组唱即部分儿童演唱。采取这种演唱形式有以下几点好处：①参与的人数较少，教师可以更加仔细地倾听，同时观察儿童的歌唱情况，及时发现儿童歌唱时存在的问题并加以纠正；②部分儿童演唱时，其他儿童能够得以休息；③儿童之间能够互相倾听，使儿童有机会模仿同伴，树立良好的学习榜样，还能引导儿童共同讨论、评价歌唱的质量；④可以培养儿童的歌唱能力，满足儿童表达自己情感的愿望。对于歌唱能力较弱、自信心略差且不肯独自在大家面前歌唱的儿童，可采取这种演唱形式增加他们歌唱的勇气，逐步做到独自歌唱。

另外，分组的目的要明确。不论是按原有小组唱，还是按性别分组唱，或者是指定部分儿童唱，都要明确为什么请他们唱、唱完要达到什么目的，教师应心中有数。

（3）独唱。

独唱是歌唱能力的一种体现，并不是每个儿童都能在别人面前独唱。教师可以在领唱、对唱歌曲中有意识地训练儿童的独唱能力，让每个儿童都有担任领唱的机会，并由几个人领唱向一个人领唱过渡，逐步使每个儿童都具有独唱能力。

（4）接唱。

接唱是提高歌唱兴趣与技能的有效演唱形式。无论是个人对个人的接唱还是小组对小组的接唱，都要求儿童的注意力高度集中，在接唱时与前面的儿童保持速度一致。

2. 歌唱与表演结合——表演唱

活泼好动是儿童的天性，边唱歌边做动作或者分配不同的角色表演是他们喜欢的事情。这种方法有助于培养儿童的节奏感和肢体协调能力，也有助于他们记忆歌词并学习有感情地歌唱，如《怎样走》。

谱例 6-5

怎 样 走

1=C 4/4

```
( 3  32 3 35 | 2  21  6  — ) | 3  35  3  — | 2  21  6  — | 3  32  3 35 | 2  21  6  — |
              p 老爷爷，  怎 样 走?   弯着 腰来  低着 头。
              f 解放军，  怎 样 走?   挺着 胸来  抬着 头。
                小朋友，  怎 样 走?   唱着 歌儿  甩着 手。
```

```
6·  1  6·  1 | 2  23  2  — | 3  32  3  35 | 23  21  6  — ‖
走  呀  走  呀  走  呀  走，  一 步 一 步  慢 慢 走。
走  呀  走  呀  走  呀  走，  一 二 一 二  大 步 走。
走  呀  走  呀  走  呀  走，  蹦 蹦 跳 跳  朝 前 走。
```

歌中的三段歌词描述的分别是老爷爷、解放军和小朋友，教师在唱歌时可以组织儿童讨论、想象老爷爷、解放军和小朋友走路的样子，并加以模仿。

3. 声势节奏活动辅助演唱

以歌曲中的重点节奏为突破口，鼓励儿童拍手、跺脚或击打乐器，刺激儿童对节奏的敏感度，同时进一步熟悉歌曲的演唱。

4. 情境游戏与玩耍中演唱

根据歌曲的需要，教师编排合适的情境，请儿童进行角色扮演或游戏玩耍。如儿歌《小红帽》，教师可分别让几个儿童扮演小红帽、外婆、妈妈，教师来扮演大灰狼，一轮结束再换其他儿童进行游戏。游戏可以由教师提前编排好，也可以让儿童即兴创编，让他们在玩玩乐乐中完成演唱练习。

谱例 6-6

小红帽

巴西歌曲
赵全平 陈小文 译词
张 宁 译配

1 = D 4/4

学习笔记

5. 歌词朗诵对比语言与旋律美

对于一些富有诗意的歌词，使用朗诵歌词的方法不但有利于儿童记忆，还能帮助儿童体会语言的诗意之美。同时，对比朗诵与演唱的不同表现效果，能规范儿童的咬字、吐字。

6. 边唱边画集中注意力

对于生动、具体、简单、便于描绘的音乐形象，可引导儿童以绘画的方法学唱歌曲，培养儿童的动手能力、想象力和注意力。如在学唱《蝴蝶》时，可引导儿童画出不同形状、不同颜色的蝴蝶。

谱例 6-7

蝴　蝶

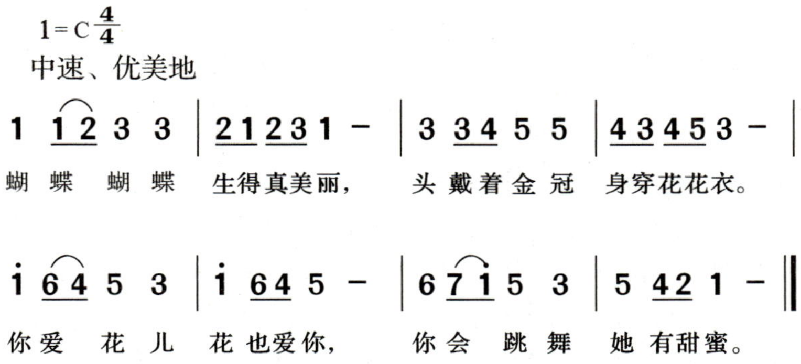

7. 多种创编、多种表现

鼓励儿童根据歌曲进行创编，包括创编动作、歌词、伴奏、游戏等，给歌唱活动一个开放的空间，能提高儿童的歌唱能力，同时帮助儿童获得创造性地表现音乐的能力。

(1)演唱中的动作创编。

如前所述，儿童喜欢边唱歌边做动作。他们不但喜欢用歌声来表达自己的情感，而且喜欢在歌唱时配以相应的动作进行表演。比如在复习《拔萝卜》时，有的儿童会自然地去做"伸手、弯腰、向后拉"的拔的动作；当唱到"小姑娘快快来，快来帮我们拔萝卜"这句时，他们会将手举过头顶做召唤的动作。又如在复习《小星星》时，当唱到"一闪一闪亮晶晶"这句时，有的儿童会将手举过头顶，五指自然合拢、张开，用来表示星光闪烁的情景。

(2)歌曲中的歌词创编。

利用原有歌词作为引子，在找到原有歌词规律的前提下，请儿童发挥想象力，拓展和创编歌词，这是歌唱活动中经常运用的。创编歌词可以从替换歌词开始，如小班儿童学习了《打电话》后，当唱到"你在做什么"这句时，教师就可以引导、启发儿童想一想自己在幼儿园或家中经常做的事情，之后可以让儿童用自己所想到的活动代替原有歌词，再唱《打电话》。这样学唱歌曲，既有利于儿童创造力的培养，又能促进儿童的歌唱兴趣。

学习笔记

谱例 6-8

打电话

1=C 2/4

3 5 3 2 | 3 6 0 | 3 5 3 2 | 3 6 0 | 5 0 5 0 | 5 - |

两个小娃　娃呀，　正在打电话呀，　喂　喂　喂，
两个小娃　娃呀，　正在打电话呀，　喂　喂　喂，

3 3 2 5 | 3 - | 2 0 2 0 | 2· 3 | 5 6 3 2 | 1 - ‖

你在哪里　呀?　哎　哎　　哎，　我在　幼儿　园。
你在做什　么?　哎　哎　　哎，　我在　学唱　歌。

(3)演唱中的伴奏创编。

儿童对伴奏的创编是指创编打击乐器为歌曲伴奏时的节奏，其前提是儿童必须能较好地掌握歌曲的节奏。比如，在复习《月儿弯弯》时，教师可以先带领儿童用手拍节奏，儿童熟悉之后再为他们选择合适的打击乐器(手铃、三角铁、铃鼓等)，最后请儿童自主选择打击器或创编新节奏来伴奏，增强儿童的节奏感。

(4)演唱中的游戏创编。

在复习《蚂蚁搬豆》时，可以请一个儿童扮演出来寻找食物的蚂蚁，再请一个儿童扮演"一粒豆"，另外请几个儿童扮演在洞内的蚂蚁，其他儿童唱歌。第一段歌词可以由寻找食物的蚂蚁表演，第二段歌词可以由在洞内的蚂蚁表演，如围着"一粒豆"转圈等，最后蚂蚁齐心协力、和着歌声把"一粒豆"抬回了洞中。这种形式既锻炼了儿童的表演能力，又复习了歌曲。当然，教师可以根据具体情况同时请几个组的儿童随着歌声一起游戏，一举两得，不失为一个好的举措。

谱例 6-9

蚂蚁搬豆

1=♭E 2/4

(1 2 3 4 5 1 | 1 2 3 4 5 1 | 5 3 1 3 | 2 1 6̣ | 5̣ 7̣ 2 | 0 1 1) |

‖: 1 2 3 3 | 1 3 5 | 6 5 3 6 | 5 - | 5 3 1 3 | 2 1 6̣ | 5̣ 1 7̣ 2 | 1 - |

一只蚂蚁　在洞口　找到一粒　豆，　用尽力气　搬不动，只是连摇　头，

1 2 3 3 | 1 3 5 | 6 5 3 6 | 5 - | 5 3 1 3 | 2 1 6̣ | 5̣ 1 7̣ 2 | 1 - :‖

左思右想　好一会儿想出好办　法，　回洞请来　小朋友，合力抬着　走。

× × | × × | × × | × × ‖

嗨 哟　嗨 哟　嗨 哟　嗨 哟

需要注意的是，教师在引导儿童为歌曲创编动作、歌词、伴奏、游戏时，一方面可以利用多媒体等现代化教学手段让儿童欣赏相关图片，或亲自示范，或让儿童观察学习其他儿童的动作；另一方面要注意拓宽儿童视野，让儿童注意多观察生活中、大自然中的各种现象，从中得到启发。教师不必把每个动作都事先设计好，应让儿童独立地、创造性地想象出更多表达自己情感的方法，培养他们动手和动脑的能力。

典型案例

中班歌唱活动：办家家

设计思路

《办家家》是一首可以边唱边玩、边唱边演的儿童歌曲，展现了一个融对话、交流、表演为一体的生动的游戏场景。

活动目标

1. 喜欢演唱歌曲，感受歌曲活泼欢快的情绪。

2. 乐意创编说唱部分的歌词，并有节奏地说唱。

3. 愉快地结伴表演，学习用体态、表情等进行交流。

活动过程

1. 师幼谈话引出话题。

教师饶有兴趣地说："你们玩过'办家家'的游戏吗？谁当爸爸？谁当妈妈？你们怎么玩的？炒了什么好吃的菜？你们看过炒菜吗？来，学给大家看看。还有别的样子吗？现在，我们一起玩'办家家'吧！"

评析：在教师层层递进的启发下，儿童已有的知识经验得到迁移，从而可以构建新的知识体系和能力结构。教师的引导大大激发了儿童抒发内心情感的需求，唤起了儿童的游戏兴趣。

2. 帮助儿童熟悉歌曲。

引导儿童倾听教师有表情地范唱。

教师轻声演唱："我来做爸爸，你来做妈妈，我们一起来呀，一起办家家……"

评析：教师适时地切入主题，师幼一起感受歌曲的欢快情绪，儿童被自然地带入情境中，水到渠成。

3. 师幼共同随音乐熟悉节奏、歌词。

教师再次范唱，鼓励儿童小声跟唱，然后启发儿童："这首歌哪里最好玩？你们最喜欢哪一句？请小朋友试一下。"

评析：如果在生硬的反复学唱中让儿童逐渐熟悉歌曲，容易扼杀儿童刚刚被激起的兴趣。"最喜欢哪一句"让儿童在不经意间倾听、欣赏，巩固了对歌曲的整体印象，进一步感知了歌曲的旋律、节奏、强弱变化，能够帮助儿童更好理解歌曲。

4. 鼓励儿童跟唱歌曲。

鼓励儿童小声地跟唱。针对儿童在连音和说唱连接处出现的问题，将旋律提取出来单独练习——用手在空中划出起点低、落点高的连音，同时配合示范（将速度放慢，口型扩大），帮助儿童掌握连音的演唱。在说唱连接处，教师用体态语言提前提醒儿童，并用口型提示，帮助儿童及时接唱并找到音高。

评析：整体跟唱法可以保持歌曲的完整性，但要把较难掌握的个别乐句或小节单独提取出来，用分句教唱法作为整体跟唱法的补充。本次活动中，教师在说唱部分没有做任何强调，而是在说唱连接处明显放慢了示范速度、强调了演唱口型、加强了手势暗示、降低了演唱难度，在不经意间突破了教学难点。由于教师时刻提醒儿童演唱时正确用嗓、不大声喊叫，大部分儿童都能用较自然的、美好的声音演唱。

5. 反复教唱，并引导儿童自然地演唱歌曲。

在每一遍教唱中提出更高的要求，例如："这一遍，请会唱的小朋友声音稍微大一点；这一遍，请小朋友将说唱的部分唱得好玩一点。这首歌哪里可以唱得响，哪里可以轻一点？来，一起试试。"

请一个儿童和教师一起分角色表演歌曲。

请几个儿童分角色表演歌曲，其他儿童进行评议。

评析：教师不断把问题抛给儿童，让儿童不断思考、不断挑战，在每一遍教唱中都提出新的问题、新的要求、新的刺激，给儿童的歌唱活动带来了无穷的乐趣。

6. 鼓励儿童根据自己的喜好创编歌词，进行演唱。

教师高兴地问："小朋友，你们还喜欢吃什么？"

教师和儿童一起变换说唱部分的内容，练习歌曲演唱。

评析：谱写歌曲是一种创造，演唱歌曲是一种再创造。对于"你们还喜欢吃什么"，儿童有的说是鱼、有的说是蛋、有的说是鸡，或煎、或烧、或煮、或炖，做法各异。儿童兴致勃勃，避免了单一的、枯燥乏味的歌曲教唱，拓宽了儿童思路，丰富了歌曲内涵、延伸了活动内容，将儿童内心对音乐的感受最大限度地释放出来，也避免了让儿童为唱歌而唱歌，极大地满足了儿童再创造的欲望。

7. 启发儿童自由运用各种方式演唱《办家家》。

儿童交换表演伙伴进行演唱。

儿童自由结伴表演(教师一直鼓励儿童将自己编的歌词唱出来)。

教师及时提醒儿童注意用眼睛与同伴交流，用动作配合同伴，体验合作的快乐。

评析：不同的儿童在炒菜过程中有着不同的表情和体态，通过交换表演伙伴，儿童可以体验不同的游戏情境、感受不同的表演情趣。在游戏情境中，通过音色、歌词、伙伴的更换使儿童情绪饱满、兴趣盎然地参与到集体演唱中，创编歌词、动作和结伴合作的能力也被淋漓尽致地发挥出来。

活动延伸

1. 鼓励儿童和其他班的儿童一起表演《办家家》。

2. 鼓励儿童在区角活动中边玩边唱《办家家》。

二、学前儿童韵律活动实施的步骤与方法 >>>>>>>>>>>>>>>>>>

(一)学前儿童韵律活动的一般步骤

1. 活动前的准备工作

(1)教师的准备。

教师的准备主要包括个人准备和对环境的准备。个人准备是指教师需要熟悉音乐材料和动作材料，包括内容、主题、情节、风格、形象等；基本把握儿童的音乐经验和能力；熟练地弹唱音乐材料，动作优美，并处理好音乐与动作的关系。对环境的准备是指教师需要做好相关环境布置、制作和准备相关道具、布置场地和场景等。

(2)儿童的准备。

生活经验是儿童做感情动作的基础。有了丰富的感性认识，儿童的头脑中才可能有足够的表象。这样，他们在进行韵律活动时，记忆、想象等心理活动才能处于积极状态，从而达到音乐教育所预期的效果。在进行动作教学时，教师可以采取各种方法来丰富儿童的感性经验，如观察实物的动作、用实物演示动作、带领儿童进入真实的生活情境中去亲身感受、给儿童实践的机会以获得切身体会等。

2. 活动组织环节

(1)导入活动。

活动开始时，教师应设计情境以引发儿童的活动兴趣，并自然地向儿童介绍活动名称、简要概述活动内容，引起儿童的学习愿望。

(2)熟悉音乐。

教师必须引导儿童倾听音乐，感受音乐的节拍、结构、情绪和风格，熟悉音乐的特点和变化，注意到音乐的变化与动作、队形的变化的联系。有的伴奏音乐是歌曲，还应先教会儿童唱歌，再教动作。

(3)教师示范。

引导儿童练习前，教师应先将动作随乐完整地示范几次。第二次示范时，可以放慢速度，以便儿童能看清动作的方向和手、脚、头及身体其他部位如何配合等，适当讲解指出动作的要领。教师的示范，应该准确、形象、情绪饱满，与音乐紧密配合，要让儿童看清楚，并有一定的时间用于思考和理解。

值得强调的是，根据《指南》的要求，儿童在音乐活动中应在感受与体验的基础上进行表现与创造，所以这里的示范只是教师的行为引导，作用是让儿童了解可以用不同的肢体动作表现音乐的变化，而不是让儿童单纯地模仿教师的动作，或者以教师的动作为标准。因此，在小班的儿童韵律活动中，教师以引导儿童一起参与为主，儿童可以随意地用自己喜欢的动作来表现音乐；到中、大班时，教师可以引导儿童一起设计简单的肢体动作。在设计时，教师必须考虑儿童是否有较好的音乐感受力、想象力，是否积累了一定的表现技能等因素。教师可以帮助儿童根据自己对角色的理解及在生活中的观察，将学过或看过的动作再现出来，并在此基础上创造性地设计动作，使之符合角色的特点和音乐性质。

(4)练习动作。

教师一般会引导儿童在活动中进行多次练习，并遵守少讲多看、精讲多练、动静交替的原则，让儿童由易到难、由分解到组合地练习。

(5)完整随乐。

儿童学会某个律动或舞蹈后，教师要有意识地采用多种方法带领儿童复习，使他们在愉快的肢体动作活动中不断提高表演水平。为了增加儿童复习的兴趣，可以利用一些辅助材料，如彩带、纸花、头饰等道具。

(6)大胆创作与表现。

根据《指南》的精神，我们要尊重儿童对于同一段音乐所采用的不同表现方式和内容。每个儿童对音乐的感受和体验与其自身的审美经验和能力密切相关，所以即使在同一时间欣赏同一段音乐，儿童的感受也可能是完全不同的。因此，教师必须尊重儿童自己对于音乐的独特、自由、大胆的表现，并且需要对其进行引导，鼓励儿童运用已有的动作语汇进行有创意的表现，只要他们能够说出自己的理由，都应该予以肯定；对于表现能力有限或者只愿意模仿教师的儿童，也要以宽容、接纳的态度对待。

✎ 学习笔记

3. 编排队形

儿童基本上学会肢体动作以后，教师还要帮助儿童编排队形，其关键是让儿童了解自己所处的空间位置与别人的关系，可以尝试使用图示法。

4. 指导活动应注意的问题

(1)音乐为主，语言为辅。

教师应注重引导儿童随着音乐做相应的动作，用动作解释听到的音乐，尽量避免喊着"一二三四、二二三四"的口令进行脱离音乐的动作指导。

(2)注重启发性的指导。

动作由儿童根据对音乐的体会自己表演，而不是由教师一招一式地教；动作要灵活自由，教师提供相应的帮助。

(3)重视基本动作练习。

注重培养儿童随着音乐即兴创作的能力，儿童能发自内心地去表现；防止专门化训练，不要追求高深的舞蹈动作技巧。

(4)创造力培养。

让每个儿童动起来，使人人都参与到韵律活动中去，激发儿童大胆进行创作与表现。

(二)指导学前儿童韵律活动常用的方法

1. 活动导入的方法

(1)从观察开始导入。

主要适合儿童能观察到的具体事物的外部形象或运动状态后，能用自己的动作创造性地进行表现的活动。

> **典型案例**
>
> **小班韵律活动"小鱼游"的活动过程**
>
> 1. 引导儿童观察鱼游(可以观察鱼缸、水盆或鱼池里的鱼，也可以观看鱼游的录像片)。
>
> 2. 播放音乐，鼓励儿童自由地跟随音乐表现鱼游的基本动作。
>
> 3. 邀请个别儿童轮流表演，引导儿童相互观察、相互学习。教师哼唱音乐或用琴声为儿童伴奏。
>
> 4. 播放音乐，带领儿童重点练习小碎步，既轻又快地移动，同时用手臂自由地模仿鱼游的动作。
>
> 注：小班常见的小动物动作模仿如小鸟飞、小兔跳等，还有生活动作模仿如洗脸等，都适合从观察开始导入。

(2)从回忆开始导入。

主要适合儿童在回忆有关具体事物的外部形象或运动状态后，能用自己的动作创造性地进行表现的活动。

典型案例

大班韵律活动"雪娃娃"的活动思路

1. 引导儿童回忆冬天下雪的场景，引出冬天有"雪花""雪人"等。

2. 请全体儿童在空地上任意摆出一种姿势不动，假装自己是一个被堆好的雪人。

3. 教师随音乐扮演小雪花，"飘"向儿童扮演的雪人。

4. 教师每"飘"向一个儿童，这个儿童就换一种雪人的造型。

5. 儿童一组一组表演，相互交流学习。鼓励表演中的合作（几个姿态不同的"雪人"在一起）。教师播放音乐，选一个儿童扮演小雪花，组织全体儿童表演。

6. 教师再次播放音乐，组织全体儿童自由地结伴表演。

（3）从动作探索导入。

比较适合动作表现有情境性的韵律活动。

典型案例

大班韵律活动"采茶"的活动思路

1. 利用谈话的方法引出主题。

2. 教师最好辅以画面，为儿童提供故事情境和创编的线索。

3. 在儿童创编的基础上，教师引导儿童合理加以美化，并提出一些问题以启发儿童思考：怎样用好看的动作来表现采茶？高的茶树、低的茶树分别怎么采？躲在里面的茶树怎么采？还可以在什么地方采？等等。让儿童用动作来表现教师提出的形象、情节、情绪、节奏或结构等。

4. 组织儿童倾听、分析、体验音乐，并用讨论的方法把动作和音乐逐步匹配起来。

（4）从音乐欣赏导入。

适合音乐的结构比较复杂、与动作结合的要求比较高的韵律活动。

典型案例

大班舞蹈"孔雀舞"的活动思路

1. 教师采取边听音乐边看投影的方法，让儿童欣赏傣族舞的风格及特点。

2. 分析音乐并介绍傣族的传统节日"泼水节"及孔雀的象征等民族风情，使儿童在感知、理解音乐的同时，了解相关的舞蹈信息。

3. 在儿童初步熟悉音乐的结构和节奏的基础上，教师开始教授这个舞蹈。

（5）从游戏导入。

可以利用游戏的方式集中解决韵律活动中的重点和难点。

学习笔记

典型案例

大班舞蹈"花之舞"的活动过程

1. 教师及全体儿童每人右手腕戴一个彩色小手圈，儿童听教师口令找朋友握手问候。教师说"花朋友握握手"，每人立刻找一个朋友，用戴手圈的手（右手）与朋友握手并说："你好，你好！"教师说"好朋友握握手"，每人立刻找一个朋友，用没有戴手圈的手（左手）与朋友握手并说："你好，你好！"

2. 将儿童分成人数相等的两组，站成两个圆圈，一组按顺时针方向站，一组逆时针方向站。继续玩上述游戏，每次每人向前换一个朋友、换一只手握手。

3. 教师哼唱舞蹈第二段的音乐，将游戏动作组织到舞蹈中去。

4. 帮助儿童熟悉舞蹈第一段的动作，并将舞蹈第二段的动作和队形变化组织到舞蹈中去。

（6）从舞谱导入。

主要通过使用舞谱来帮助儿童熟悉韵律活动的动作和路径。

学习笔记

典型案例

大班舞蹈"彩带舞"的活动过程

1. 教师向儿童提供几种图片，图片上画着不同的图形，包括圆弧形，波浪形，直线形，半圆形，螺旋形（顺时针、逆时针）等。

2. 启发儿童选择图片摆放的顺序。

3. 鼓励儿童按照图片摆放的顺序挥舞彩带。

4. 引导儿童边看舞谱边挥舞彩带，听歌曲《大中国》表演舞蹈。

（7）从队形练习导入。

适合所含基本动作比较单一、以队形变换为主的韵律活动，以便儿童能够集中精力认识空间变化和人际交往。

典型案例

大班集体舞"家庭之舞"的活动过程

队形：第一段音乐（4个乐句），儿童"面向圈（单圆）上"（即每个人面对前方舞伴的后脑勺），按顺时针方向向前走动。第二段音乐（4个乐句），儿童"面向圈里"，一个乐句向内前进，一个乐句向外后退；重复：一个乐句向内前进，一个乐句向外后退。

1. 带儿童完整走一遍队形变化路线。

2. 哼唱伴奏，儿童走队形变化路线。

3. 哼唱伴奏，儿童完整走队形，第一段音乐加上肢动作，第二段音乐不加上肢动作。

4. 专门练习第二段的上肢动作和上下肢协调动作，后加哼唱伴奏。

5. 哼唱伴奏，儿童完整表演舞蹈。以后还可以加入肢体的其他复杂变化，改用钢琴、风琴或录音伴奏。

2. 引导学前儿童学习动作的方法

(1)简单动作整体教。

儿童学习比较简单的动作时，可以按照动作的顺序依次模仿练习，并由教师讲解重点动作所表达的意思。例如，学习"小手拍拍"动作时，如果歌曲简单，歌词又比较形象，可以放慢速度，让儿童跟着教师边唱边模仿动作。

(2)复杂动作分解教。

有些动作比较难，应先将动作分解，向儿童讲清动作的要领，让儿童分别练习，再进行动作合成。例如，"踏跳步"是由踏步与单脚向上跳两个动作构成的，为了使儿童有较清晰的印象，可先对动作进行分解，然后教给儿童。

另外，教师的讲解要尽可能从儿童的生活经验出发，讲得生动形象，使儿童能理解并增加其兴趣。例如，教"手腕花"动作时，可以告诉儿童："左手在胸前，右手高过头，两手向外翻，花儿开在手。"

(3)不同角色分开教。

有些律动和舞蹈有角色的区分，由于不同的角色代表着不同的音乐形象，它们所表现的动作和情感也有所不同，为了帮助儿童尽快把握各种角色的动作特点，要将每个角色的动作分开教，再组合起来随音乐完整练习。例如，《洋娃娃和小熊跳舞》是两人组合的舞蹈，"洋娃娃"和"小熊"的形象和动作有所不同，教师应将二者的动作分开教，再带领儿童组合练习，老师还可以用头饰等教具来帮助儿童明确表演中的角色分配。

(4)精讲多练，语言辅助教学。

教授动作的过程中，可以合着音乐节拍运用一些语言提示。例如，教"踵趾小跑步"时，可以配合曲调说"脚跟、脚尖、跑跑跑"，有时也可以用"一、二、三、四"数动作的个数。但要注意不能用口令代替音乐，要让儿童尽快从听口令做动作过渡到听音乐节拍做动作。

3. 引导儿童队形变换的方法

(1)队形编排。

儿童队形编排(如圆形、半圆形、横排、纵队等)与动作有关，是根据动作的需要而定的。比较复杂的动作宜采用横排或纵队，简单的动作如邀请舞可以先采用横排再变成圆形，这能够使儿童从一开始就知道如何变换位置。

(2)带示范性的小组练习。

可以根据实际情况，先请一部分儿童学习队形变换，使这个教学过程成为对全班儿童的示范，再由这部分儿童带着全班儿童学习队形变换。值得强调的是，指导一部分儿童学习的时间不能太长，应让全班儿童都有练习的机会，防止只是培养几个儿童或突击练习。

(3)在黑板上画图。

有时，队形变换可以采用一些辅助方法。例如，教师可以边讲边在黑板上画出队形图和队形变换的路线图。这种方法对大班儿童或舞蹈能力较强的儿童能起作用，但对小班儿童或舞蹈能力较差的儿童就不太适宜。

✎ 学习笔记

（4）在地板上做记号。

对年龄小、分不清左右的儿童或当碰到较难站的队形、变换比较复杂的队形时，教师可以在地上画出记号，帮助儿童掌握自己的位置。有些儿童常会在面对面做相同动作时弄错方向，教师可以让儿童一只手戴上彩圈，提示儿童戴彩圈的手做什么动作。

三、学前儿童打击乐演奏活动实施的步骤与方法 >>>>>>>>>>>

打击乐演奏的教学应该循序渐进地进行，教学步骤与方法要根据教材的具体情况而定。其最基本的方法是练习法，还有传统教学中常用的示范法、模仿法、语言提示法以及目前广泛应用的图谱法、创作法等。下面针对两种不同类别的教学活动来分析其教学的一般步骤。

（一）学前儿童打击乐演奏活动一般步骤

1. 以演奏为主的打击乐活动

（1）认识打击乐器，探索演奏方法。

在介绍前，教师可为儿童提供观察、玩耍的时间，鼓励儿童自己去探索打击乐器的发声方法和音色特点。然后，教师再通过生动、形象的语言或示范演奏向儿童介绍各种不同的乐器，帮助儿童了解乐器的名称、外形、构造、音色特点等。在这个基础上，通过示范和模仿练习等方法指导儿童正确使用打击乐器、逐一尝试各种乐器的演奏方法。

典型案例

大班打击乐演奏活动"玩具兵进行曲"的活动过程

1. 教师："老师这里有三种打击乐器，请小朋友来试试，可以怎样玩？"

2. 教师："请小朋友们把打击乐器拿在手上，试着玩一玩，看看有哪些玩法？哪种玩法的声音最好听？"

3. 请儿童分三组（碰铃、响板、铃鼓）展示本组乐器的玩法，其他请儿童可作补充。

4. 分别演示三种打击乐器的演奏方法，介绍乐器的名称、音色特点等。

5. 指导儿童分别练习三种打击乐器，强调演奏的姿势和正确方法。

如果所运用的打击乐器是儿童已经学过的，学习的侧重点就是复习与巩固，也可视情况省去这一过程。

（2）熟悉和欣赏打击乐曲。

教师向儿童简单介绍打击乐曲的名称、内容、性质，然后弹奏或播放乐曲，使儿童初步感受乐曲的基本风格、曲式结构、速度、力度和节奏特点等。

（3）感知打击乐曲的配器，学习基本节奏型。

在儿童初步熟悉打击乐曲之后，教师应引导儿童了解乐曲的配器情况，如配置了哪些乐器、哪些乐器及哪些声部在演奏中起主要作用、主要的节奏型是什么等，以帮助儿童对乐曲有一个整体的认识。同时，教师可通过示范、讲解、节奏练习等方法带领儿童进行基本节奏型的学习，为顺利地进入乐曲演奏做好准备。

（4）徒手练习演奏。

教师在儿童了解配器的基础上让儿童按各自不同的演奏谱进行分声部分组徒手拍击节奏练习，也可让儿童模仿某一乐器的演奏动作或发出相应的嗓音来进行练习，这样能取得较好的效果。徒手练习的时间不宜太长，不要等到儿童完全掌握后再拿乐器练习。因为在使用乐器的过程中可以继续学习相关的节奏型和演奏法，长时间的徒手练习会降低儿童学习的积极性，不利于儿童音乐能力的发展。

（5）分段练习演奏。

有的打击乐曲具有不同的对比乐段，可以让儿童分段练习、分段掌握。例如，《喜洋洋》是一首中速、欢快、热情的 ABA 曲式结构的乐曲，A 段欢快、热情，B段抒情、喜悦，不同曲式所配置的打击乐器的演奏方法和节奏型不同。所以，在练习时可让儿童分段掌握。

（6）持乐器合奏练习。

在分段、分声部练习的基础上，指挥儿童持乐器随音乐进行多声部合奏。为了易于儿童学习，可以一次递增一个声部，直至达到完整的合奏。在合奏时，要求同伴互相倾听、互相配合，养成良好的倾听习惯和合作意识。

想一想

学前儿童打击乐演奏活动有哪些步骤？

另外，教师的指挥是合奏中的重要角色，不但可以帮助儿童很好地掌握作品的整体音响结构，而且是儿童学习指挥的最佳示范。因此，教师指挥的动作必须明确、准确，还要有饱满的热情。在合奏练习中，要逐步培养儿童的指挥能力，教给儿童指挥的简单方式，使儿童在对指挥的学习体验中不断加深对作品整体音响形象的认识，获得美的享受。

要在具体的打击乐演奏教育活动中实现教育目标，需要教师不断深化对教育理念的认识，强化目标意识并转化为教育行为。教师应积极创造儿童动手操作、直接观察和亲身体验的学习机会，使儿童获得丰富的学习经验，为后续学习奠定基础。这样的学习对儿童才是最有意义的。

2. 有打击乐参与的综合音乐活动

此类型活动目前比较常见。打击乐是整个综合音乐活动的一部分或一个环节，其运用目的是以多种形式玩音乐、以多种感官感受音乐，从而使儿童更深入细致地感知音乐作品，如为乐曲或歌曲选择合适的乐器、编配合适的节奏型等。同时，打击乐的加入能够保持和提高儿童对音乐作品的兴趣，使综合音乐活动更加丰富多彩。

儿童对要加入打击乐的音乐作品应该已经比较熟悉，对乐曲或歌曲的情绪性质、风格、内容、节奏、乐句、乐段等特点也应该有一定印象。运用打击乐的具体步骤如下。

（1）用有趣的方法引入打击乐。

教师根据音乐作品的特点，灵活选择语言（如讲故事、回忆性谈话、朗诵儿歌等），教具（如图片、玩具、实物、多媒体课件等）等导入主题，引起儿童学习的兴趣。例如，组织《玩具兵进行曲》的打击乐演奏活动时，教师出示课件图片，同时引导儿童观察："请小朋友看看，这些士兵在做什么？对，他们在奏乐呢！让我们和他们一起玩好不好？"

（2）为音乐作品创编节奏型。

在儿童熟悉打击乐曲的基础上，教师引导儿童编排出多种节奏型进行练习，可以让儿童分组讨论与设计、展示与交流，然后对每组儿童的设计进行总结整理，初步确定演奏所用的节奏型。

学习笔记

大班打击乐演奏活动"爱护小树苗"片段

引导儿童给"爱护小树苗"创编节奏型。

1. 儿童经过分组讨论设计节奏型。

第一组：╳　　╳　╳｜╳　╳　　╳　╳｜

第二组：╳　　—　　｜╳　　　╳　｜

第三组：0　╳　0　╳｜╳　　0　　╳　0｜

第四组：╳　　　╳　　｜╳　╳　　╳　╳｜

2. 每组儿童演示创编的节奏型。

3. 结合该作品的情绪、节奏和结构特点及儿童的实际演奏水平，教师确定选用的节奏型为：╳ ╳　╳、╳　╳　╳、　—、╳　╳这四种。

评析：

0　╳　0　╳、╳　0　╳　0的节奏型会使音乐的情绪变得欢快、跳跃，这与作品不吻合。而╳ ╳　╳的节奏型对刚开始学习切分音的部分儿童来说会有一定的演奏难度，所以不宜选择。

(3)徒手随乐练习新的节奏型。

教师在确定演奏所用的节奏型的基础上组织儿童逐一练习，然后让儿童按各自不同的演奏谱进行分声部分组徒手随乐拍击节奏练习，最后指导儿童以不同的节奏动作来表示不同的节奏型，分组进行多声部练习。

(4)选择打击乐器，配乐演奏。

教师引导儿童根据打击乐曲的情绪性质、风格、节奏等特点选择恰当的打击乐器，并与节奏动作相匹配进行配乐演奏。练习时可以一次递增一个声部，直至达到完整的合奏。

(5)探索不同的配器，随乐演奏。

教师应启发、引领儿童运用增量、减量、替换、润色、填空等变异、探索的方法改变节奏与乐器音色，使之形成对比与变化，产生新的配器方案，取得和谐、生动的音响效果。如《粗心的小画家》，可启发儿童尝试铃鼓的演奏在第一乐段休止、在第二乐段领奏的问答式设计，形成音色、力度上的对比变化。配器方案可以是多种多样的，教师对儿童稚嫩的创作应给予表扬和肯定。

在引导儿童创编演奏前，教师要做好充分的准备，对打击乐曲进行分析、研究，设计、编制好可能演奏的打击乐谱。而在组织儿童进行创编配器的过程中，教师不能把自己的设计强加给儿童，应充分发挥儿童的主动性和创造性并给予适当的帮助，不断提高儿童的想象力与创造力。

(二)学前儿童打击乐演奏活动应注意的事项

1. 创设音乐区角，全面开放打击乐器

为了便于儿童玩耍、操作、探索、熟悉打击乐器，进一步激发儿童学习演奏的兴趣，教师应创设音乐区角，在区角里放置不同的打击乐器和一些相对固定的材料如音响录放设备、表演用的道具、节奏卡或相关的图谱等，提供相应的机会和条件，满足儿童表演的欲望，发展儿童的音乐素质和能力。

2. 充分利用废旧材料自制打击乐器

如果无法购置打击乐器或打击乐器配置不齐全，不能满足教学的需要，教师可以自制或指导儿童一同参与制作打击乐器。如用易拉罐、塑料瓶等装入豆子、沙子、小石子等制成沙锤，用树杈、饮料瓶盖或铁皮盖等制成手摇铃，用竹板制成响板，用空罐头蒙上皮革制成小鼓等。自制打击乐器不仅充实了打击乐演奏活动的器材，而且培养了儿童的创造性思维和动手能力。

3. 善于捕捉素材，激发儿童想象和创造

在我们周围的环境中，无论是自然界还是现实生活，到处都有好的素材，如窗外动听的鸟叫声、街头嘈杂的汽笛声、空中震耳的雷声、活动室里的阵阵欢笑声……这些都是我们的教材。我们要把握机会，随机引入课堂，采用打击乐进行表现。拍拍手、跺跺脚、拍拍腿、捻捻指……再配以不同的乐器演奏，生动有趣的音响效果就产生了。

典型案例

大班打击乐活动"节奏 Party"的活动过程[①]

1. 引导儿童初步感受生活中各种奇妙的节奏。

（1）教师发出声音"呼、呼、呼"，然后请儿童模仿："你们听到了什么声音？我们一起来学学。"（儿童模仿发声）

（2）教师继续引导儿童发现节奏，并用拍手告诉大家。想想除了拍手，还可用什么方法来表现这种节奏。

（3）教师："老师这里还有不一样的节奏，你们能听出来吗？（下雨了）是大雨还是小雨呢？真有趣，大雨的声音也是有节奏的。我们一起来学学（沙沙沙沙）。你们还可以用什么方法来表现这种节奏呢？"（儿童展示）

（4）教师："老师再给你们增加些难度，你们仔细听听，里面藏着什么节奏？（咯咯哒 咯咯哒、咯咯咯咯 咯哒、呼噜、哒哒哒 哒哒哒、哒哒哒哒 哒哒哒哒等）除了用嘴巴模仿，也可以用其他的方法来表现这种节奏。我们一起来试试。"

（5）教师总结："我们生活中的许多声音都是有节奏的，有的长，有的短，还有的长长短短，在一起组成了各种奇特的节奏。这些充满节奏的声音，我们除了用嘴巴发出，还可以用拍手、跺脚、拍腿、捻指等方法来表现。"

2. 鼓励儿童探索用不同的方法及材料表现节奏。

（1）教师引导："小朋友，还想玩些更有趣的游戏吗？老师这里还放了很多东西（易拉罐、瓶子、筷子、脸盆、盒子、算盘、报纸、调色盒、塑料桶、小椅子等），这些东西能发出各种好听的声音，你们能使这些声音也变得有节奏吗？谁愿意来试一试？"（儿童尝试）

（2）教师："听出什么节奏了吗？我们一起来拍拍。还可以怎样发出响声？谁还想到不一样的节奏了？……"（儿童展示）

评析：

该活动设计构思独特新颖，从儿童熟悉的生活着手，在让儿童感受生活中各种奇妙节奏的基础上鼓

---

① 本案例由江门市培英实验幼儿园谭健敏设计。

励儿童用身体动作创造性地表现节奏，巧妙地引导儿童运用身边的物体表现各种不同的节奏，使儿童充分体验到节奏带来的快乐，活动气氛热烈。这种设计有利于培养儿童的想象力与创造力。

4. 设计与恰当运用变通总谱

教师要在对教材深入分析的基础上，结合各种变通总谱的设计要点进行设计。如"图形总谱"的设计，跳跃的旋律可用短线或圆点表示，连贯、优美的旋律可用连线或圆形表示，兴奋、激烈的旋律可用曲线或三角形表示等。又如"语音总谱"的设计，所用的语言应简单、有趣和上口。像《欢乐舞曲》，节奏鲜明、中速欢快，由四个乐句构成，可为其这样设计语言节奏：小鸡小鸡高兴<u>叽叽叽</u>，小鸭小鸭高兴<u>嘎嘎嘎</u>，小兔小兔高兴<u>蹦蹦跳</u>，大家高兴一起<u>跳跳</u>舞。而在"动作总谱"设计中应力求简单易学，注意动作的难易和音乐节奏的变化要相匹配，也就是不要在音乐节奏较密集的地方安排较快、较难的动作，节奏密集时可拍手或拍腿、节奏稀疏时可跺脚或捻指。

5. 鼓励儿童积极参与配器

在探索性打击乐演奏教学中，教师要引导、协助儿童，鼓励儿童积极提出建议，对已获得的经验进行迁移，尝试为歌(乐)曲编配打击乐，进行有创意的演奏活动，以发展儿童的想象力和探索精神。

组织演奏时，应合理安排打击乐器的配置和队形，将同类乐器安排在一起，这样便于指挥，音色也更为集中。要求儿童注意演奏的方法，采用适当的音量，养成互相倾听的习惯，追求协调一致、和谐动听的效果。

6. 帮助儿童学习看指挥与指挥

在学前儿童打击乐演奏活动中，指挥包含两重含义：一是"看指挥演奏"的能力，二是"指挥演奏"的能力。由于儿童年龄小、音乐经验少，这里的"指挥演奏"主要是开始、结束、交替、轮流演奏和击打出演奏的节奏型，并且能够在需要时做一些模仿乐器演奏的动作来指挥。儿童在学习"指挥演奏"中能较好地掌握如何与人沟通、合作以及协调，从而获得快乐和自信，这对儿童的音乐素质能力和非音乐素质能力的发展有着积极的作用。具体而言，儿童应学习的指挥技能包括："准备""开始""结束"的动作，要求简洁、明确，能让演奏者明白并做出反应；善于运用相关的动作来表现出节奏和音色的对比变化；与演奏者积极交流，以较好的体态和表情调动演奏者的热情；指挥的动作要与音乐作品相适应。

7. 建立打击乐演奏活动常规

打击乐演奏活动中要注重培养儿童良好的活动常规，这是活动顺利开展和有序进行的根本保证，包括：明确演奏开始和结束的音乐信号并能对其做出积极的反应；"看指挥演奏"并积极交流，养成演奏时倾听整体音响效果的习惯；注意控制演奏的音量，努力做到与集体协调一致；按要求交换乐器演奏；遵守乐器分发、收回、分类收藏的原则等。

合理地分发与收回打击乐器。打击乐器的分发一般有两种方式，一种方式是在活动前将乐器分组或分声部放在儿童的座椅下面，可节省活动时间，有利于保证教师组织教学的流畅性；另一种方式是现场分发，这样教师可根据情况灵活掌握，但会占用一定的时间，对儿童的练习会有所影响。两种方式各有利弊，在实践中应视实际情况来安排。如果儿童已形成良好的活动常规，可让儿童自己拿取乐器，更好地发挥儿童的主动性。

收回打击乐器时，可以让儿童将乐器轻轻放回到座椅下面，或派几个儿童有序地到每个人身边收取；也可以由教师按组或声部发箩筐，让儿童从左到右依次放回；还可以由儿童自己放回到指定的地方。如果打击乐演奏活动是最后一个环节，可以让儿童边演奏乐器边走出教室，把乐器集中放在门口。

典型案例

小班打击乐演奏活动"大雨小雨"[①]

大雨小雨

配器建议

大雨——铃鼓。

小雨——碰铃。

活动目标

1. 熟悉歌曲，能用不同力度的歌声表现大雨、小雨，并学习边唱边用乐器演奏。

2. 创编不同的形体动作来表现大雨、小雨，根据大雨、小雨不同的动作和力度选择合适的乐器演奏。

3. 体验轮流演奏的愉快。

活动准备

1. 儿童学会唱《大雨小雨》。

2. 儿童观察下大雨、下小雨的情景。

3. 打击乐器：铃鼓、碰铃。

---

① 许卓娅：《打击乐器演奏活动》，28 页，南京，南京师范大学出版社，2000。

活动过程

1. 复习歌曲《大雨小雨》。在教师的引导下，儿童自己考虑如何用力度合适的歌声分别表现大雨、小雨，并进行练习。

2. 在教师的鼓励和启发下，儿童用幅度、力度合适的动作分别表现大雨、小雨，并学会边唱边有节奏地表演。

3. 引导儿童探索用合适的乐器演奏大雨、小雨。在教师用力摇动铃鼓和轻轻敲击碰铃的动作提示下，儿童选择用铃鼓演奏大雨、用碰铃演奏小雨。

4. 儿童根据自己的选择在教师的动作指挥及语言提示下边唱边演奏，在演奏中体验轮流演奏的乐趣。

活动建议

儿童在选择乐器时若提出轻轻摇动铃鼓演奏小雨、用力敲击碰铃演奏大雨，教师也应支持，并给儿童机会进行练习。

评析：

该活动中教师给予儿童充分的机会，让儿童运用歌声和身体动作去体验和表现大雨、小雨，同时注意通过力度的变化进一步探索打击乐的配器。在活动中，儿童的想象力和创造力得到了培养，且儿童体验到了创造性演奏活动的乐趣。儿童主体性的发挥与教师的适宜引导相结合，取得了较好的效果。

典型案例

打击乐演奏活动"土耳其进行曲"①

土耳其进行曲

贝多芬 曲

转 1 =C

转 1 =C

D.C.

配器建议

♪ ——碰铃(或三角铁)、大鼓、吊钹。

● ——响板(或木鱼)。

〰〰〰 ——铃鼓(或串铃、沙锤)。

活动目标

1. 学习在看、听、说、演奏之间建立一种感觉上的联系，找出相应的图形，并模仿乐器的声音。

2. 学习看指挥，分声部演奏乐器。

活动准备

1. 图形总谱。

2. 碰铃、响板、铃鼓若干，大鼓、吊钹各一个。

3. 录音机和音乐磁带。

活动过程

1. 引导儿童为图形选择乐器。

儿童观察教师出示的图形和乐器，根据教师演奏乐器时发出的不同声音，将乐器与图形一一相配。

2. 鼓励儿童为乐器选择模仿性语音。

(1)请儿童根据教师演奏乐器时发出的不同声音，用嘴巴创造出模仿性语音，与乐器一一相配。

例如：碰铃——"叮"，响板——"咔"，铃鼓——"哗啦啦啦 啦啦"。

(2)请儿童根据教师出示的图形，用选定的模仿性语音迅速做出反应。

3. 引导儿童熟悉图形总谱。

(1)教师跟随音乐伴奏，有节奏地用选定的模仿性语音朗读图形总谱。

(2)请儿童边听音乐边看图形总谱，跟着教师朗读(音乐伴奏声不要太大)。朗读的音色尽量模仿乐器的音色。

4. 引导儿童看指挥分声部练习。

(1)儿童分成三个声部，在教师用演奏乐器的动作指挥下进行朗读练习。儿童边做自己这一声部的乐器演奏动作边听音乐，轻声用自己这一声部的模仿性语音朗读。

(2)由掌握较快的儿童代替教师，指挥全体儿童进行练习。

5. 指挥儿童演奏乐器和练习。

(1)教师用演奏乐器的动作指挥，儿童持乐器进行练习。

（2）儿童观察大鼓和吊钹，倾听、辨别它们发出的声音。教师要求儿童从音长和音色两个方面指出它们发出的声音可与前三种图形中的哪两种相配。将这两种乐器加入，进行演奏。

（3）儿童在教师用手击节奏型的方法指挥下演奏乐器。

（4）个别儿童志愿者用手击节奏型的方法指挥，其他儿童自由选择，交换乐器演奏。

活动建议

完不成的程序可以分散到以后的活动中逐步完成。

评析：

图谱的运用能使抽象的音乐具象化，而图谱如何与音乐完美匹配则是教师需要思考和设计的重点。该活动图谱的设计与运用非常精妙，教师运用图谱、语音等形式引导儿童把握音乐的结构特点和整体的配器情况，并充分调动儿童的多种感官积极参与，激发了儿童的学习兴趣。活动设计环环相扣、层层递进。在活动中，教师的主导作用发挥得当，儿童的主体地位也得到了充分体现。

学习笔记

四、学前儿童音乐欣赏活动实施的步骤与方法 >>>>>>>>>>>>>>

（一）学前儿童音乐欣赏活动的一般步骤

1. 活动前的准备工作

（1）音乐材料。

在组织音乐欣赏活动前，教师首先要对欣赏的音乐材料进行深入细致的分析。在充分倾听音乐的前提下，分析音乐所表现的内容、情绪、情感及音乐的基本表现手段，如旋律进行形态、节拍特点、曲式结构、力度、速度、乐器音色等。然后根据本班儿童实际发展水平和以往的音乐欣赏经验分析音乐的重点和难点，确定哪些方面是儿童能通过倾听去掌握和理解的、哪些方面是儿童难以掌握和理解的，制定出切合儿童实际发展水平、符合音乐作品艺术规律的教育目标，并尽可能选择最有效的教学活动组织形式和最恰当的教学方法。当欣赏的音乐材料表演难度不大时，教师可以自己完成演唱或演奏，这样儿童会感到更加亲切、更容易接受，而且教师熟练而富有表现力的演唱或演奏也便于儿童欣赏音乐中的某些细节，或对音乐片段作对比分析。

（2）材料与环境。

教师要事先检查好必备的教学用具和设备，如琴、录音机、磁带、电源等，并对所要操作的设备提前熟悉。将教学辅助用具如实物教具、操作道具等准备妥当，放在易于取放的地方，便于教师和儿童使用。教学辅助用具在不使用时最好收起来，让儿童有神秘感，也避免在活动中分散儿童的注意力。教师还应提前布置活动所需场地和墙饰等环境。

（3）儿童的经验。

在组织音乐欣赏活动前，教师必须了解儿童已具备的经验，这是让儿童感受音乐作品的基础。例如，在欣赏有关雪花飘、堆雪人的音乐时，与有着丰富的关于雪的生活经验的儿童相比，从未见过雪的儿童可借助的视觉、触觉、味觉等感官经验会比较少。生活经验靠日积月累，教师应在日常教育活动中逐步渗透。

2. 引导儿童欣赏音乐作品

（1）初步感知音乐作品。

想一想

学前儿童音乐欣赏活动有哪些步骤？

教师用语言简单介绍作品的名称、历史背景、作者等，并让儿童完整地听一两遍，使儿童对所欣赏的音乐获得一个初步、完整的印象。在该过程中，教师还可提出相关的问题，如"你们在听音乐的时候发现前后的速度有什么变化""你们仔细看看短片中都做了哪些动作"等，从而帮助儿童初步了解音乐作品的主要内容和情绪性质，引发儿童兴趣。以欣赏乐曲《水族馆》为例，在告诉儿童曲名后，教师可以采用故事方式导入，告知儿童音乐中发生的事情，并引导儿童充分想象水族馆里的水草和小鱼还可能发生什么事情；教师也可以采用"我走你停，我停你走"的游戏方式导入，扮演 A 段中的水草的教师先"走"，扮演 B 段中的小鱼的儿童后"走"，让儿童初步感知乐曲的整体风格及曲式结构。

总之，必须围绕音乐作品所表达的形象介绍，话不能多，手段不宜繁杂，以能有效地引起儿童的想象为目的。过于复杂的介绍反而会分散儿童的注意力，降低音乐对他们的吸引力。

（2）对音乐作品反复感知。

该阶段要求儿童不仅能掌握音乐作品的主要内容和情绪性质，而且能感受和理解音乐作品中表现手段的表情作用，较为完整和细致地感知音乐作品，并能记忆和识别音乐作品的主要音调和风格特征。

对音乐作品反复感知应体现出儿童参与方式和要求的多样性，不能只对乐曲简单重复倾听。如果音乐作品较长且有明显曲式结构，可以采用分段欣赏的方式。如《小猫圆舞曲》是复三部曲式结构，表现了小猫调皮可爱的样子，小猫的叫声、下滑音的装饰让人觉得音乐诙谐幽默。在音乐的最后，是小狗的叫声把小猫吓跑了。无明显曲式结构且较长的音乐作品不便于分段欣赏，教师可以采用整段欣赏的方式，每次整段欣赏时应对儿童提出不同的要求。如班得瑞专辑《寂静山林》的第八首音乐，经教师改编后将其主题定位为"海浪"，这首音乐无明显曲式结构。第一次整段欣赏时，教师要求儿童用手表现海浪；第二次整段欣赏时，教师要求儿童用手臂表现海浪；第三次整段欣赏时，教师要求儿童原地站立不准移动，用全身表现海浪；第四次整段欣赏时，教师要求儿童移动，用全身表现海浪；第五次整段欣赏时，教师要求儿童与同伴合作，全身心表现海浪。也就是说，每次教师都会有新要求，而在新要求提出之前，大多数儿童能完成之前的要求。

对于欣赏过的作品，经过一段时间以后，要进行再欣赏。这样做一方面是为了复习巩固，加深儿童对作品的印象；另一方面是为了检查音乐欣赏的效果，包括儿童对作品的记忆情况、对作品内容及表现手段的感受能力和理解能力，以及对作品的态度，这是音乐欣赏活动的继续。在检查中，如果发现儿童在感受、理解上存在某些欠缺或偏差，或教师在教学中存在不足，都可以及时进行纠正和弥补。

（二）学前儿童音乐欣赏活动应注意的事项

第一，将步骤划分为更多、更细致的层次，以便灵活进退。

第二，哼唱、演奏速度的适宜性及对儿童音乐感知、体验、表达的暗示性和激励性。

第三，给儿童更多创造性表达的机会。

第四，利用好儿童原有的经验，包括音乐及非音乐的感知和表达的经验。

✎ 学习笔记

第五，让提示性语言和体态能更好地引起儿童对感知的细节的注意。

第六，整体审美效果，尽量将理性分析思考转换成儿童可理解的和喜爱的感性体验、想象、联想和艺术的表达活动。

第七，将有关常规整体地融入其中，特别强调养成注意倾听音乐、观看和思考他人意见的习惯。

实训任务

实训 1：组织实施学前儿童歌唱活动

1. 实训目的

(1)了解学前儿童歌唱能力的发展特点，能针对不同年龄段儿童的特点选择歌唱活动教材。

(2)能较规范地设计和撰写学前儿童歌唱活动方案。

(3)根据活动预设方案，体验学前儿童歌唱活动组织实施的全过程。

2. 材料准备

(1)搜集几个不同年龄段儿童歌唱活动的经典方案。

(2)了解不同年龄段儿童歌唱活动作品，积累优秀儿童音乐作品。

(3)每人准备一份自己认为较好的歌唱活动方案。

(4)准备和本次歌唱活动相关的材料(音乐、道具、图片等)。

3. 实训方式

6～8人一组，分组在实训室完成这一实训任务。有条件的学校可在托幼机构进班完成。

4. 任务与要求

(1)每组讨论产生一名负责人，负责组织完成本组任务。

(2)各组成员在组内分别进行试讲。

组内成员要模拟教学全过程，听课学生模拟儿童心态，包括思考问题、回答问题的角度等。所有学生都要严肃认真积极配合，完成试讲任务。

(3)自评。

每组负责人组织本组成员对自己实施的教学活动进行深刻反思和总结。自评中能指出教学活动成功与否的关键所在。

(4)互评交流。

每组负责人组织本组成员对每个人的试讲活动进行讨论、评价并提出修改意见。互评交流中能做到全面、客观、认真。

(5)对歌唱活动方案进行调整后，每组推荐一名成员在班级内公开试讲，全班集体对该活动的实施进行讨论。

(6)各组提交个人考评表一份、实训活动总结汇报一份；每人提交个人活动反思与调整方案一份，并提交一份歌唱活动设计的详细方案。

学习笔记

5. 考评

小组考评				
考评项目	优秀	良好	及格	不及格
团队合作				
活动组织				
总结报告				
个人考评				
姓名	优秀	良好	及格	不及格

实训 2：组织实施学前儿童韵律活动

1. 实训目的

(1)了解学前儿童韵律活动能力的发展特点，能针对不同年龄段儿童的特点选择韵律活动教材。

(2)能较规范地设计和撰写学前儿童韵律活动方案。

(3)将所学的基本理论运用于实践，组织实施学前儿童韵律活动，发展学以致用的实践能力。

2. 材料准备

(1)熟悉本次韵律活动的音乐、身体动作和流程，准备和本次韵律活动相关的材料(音乐、图谱、玩具等)。

(2)搜集几个不同年龄段儿童韵律活动的经典方案。

(3)了解不同年龄段儿童韵律活动作品，积累优秀儿童音乐作品，增强感性认知。

(4)每人准备一份自己认为较好的韵律活动方案。

3. 实训方式

7～8 人一组，分组在实训室完成这一实训任务。有条件的学校可在托幼机构进班完成。

4. 任务与要求

(1)每组讨论产生一名负责人，负责组织本组成员试讲和讨论。

(2)各组成员在组内分别进行试讲。

组内成员要模拟教学全过程，听课学生模拟儿童心态，包括思考问题、律动表现方法、创编动作等。所有学生都要严肃认真、积极配合，完成试讲任务。

(3)自评。

每组负责人组织本组成员认真倾听各个成员对活动实施的深刻反思和总结。

学生对本次韵律活动方案的设计和实际授课效果进行回忆和反思，内容包括：是否很好地完成了预设活动目标；是否为儿童创造了轻松自由的学习氛围，发展了儿童的动作协调性和艺术表现力；是否引导了每个儿童参与活动，帮助儿童

📝 **学习笔记**

"动"起来；是否激发了每个儿童大胆进行思考，帮助儿童"想"起来；是否运用儿童自己在活动中获得的素材创造了一些极其简单的形式，帮助儿童"编"起来。

（4）反思、互评。

模拟儿童的学生根据自己的课堂表现对照儿童的年龄特点进行反思。根据本专题所学的实施学前儿童韵律活动的基本理论，每组负责人组织本组成员对每个人的试讲活动进行讨论、评价并提出修改意见。互评中能做到全面、客观、认真。

（5）对韵律活动方案进行调整后，每组推荐一名成员在班级内公开试讲，全班集体对该活动的实施进行讨论。

（6）各组提交个人考评表一份、实训活动总结汇报一份；每人提交个人活动反思与调整方案一份，并提交一份韵律活动设计的详细方案。

5. 考评

小组考评				
考评项目	优秀	良好	及格	不及格
团队合作				
活动组织				
总结报告				
个人考评				
姓名	优秀	良好	及格	不及格

实训 3：组织实施学前儿童打击乐演奏活动

1. 实训目的

（1）了解学前儿童打击乐演奏能力的发展特点，能针对不同年龄段儿童的特点设计打击乐演奏活动方案。

（2）尝试并初步体验学前儿童打击乐演奏活动实施的过程。

2. 材料准备

（1）各种打击乐器（乐器的音色较好，形状、大小、重量要适合学前儿童使用）。

（2）打击乐曲（音乐节奏清晰、结构工整、旋律优美、形象生动鲜明）。

（3）打击乐配器方案（根据音乐的性质、情绪和风格，选配音响特点与之相适应的打击乐器；选择适当的节奏型，富于趣味性、新颖性，具有整体统一美感）。

（4）熟悉本次打击乐演奏活动的音乐，了解各种打击乐器的名称、演奏方法和音色之间的关系。

（5）本次打击乐演奏活动的图谱等。

（6）搜集几个不同年龄段儿童打击乐演奏活动的经典方案，积累优秀儿童音乐作品。

（7）每人准备一份自己认为较好的打击乐演奏活动方案。

3. 实训方式

6～8人一组，分组在实训室完成这一实训任务。有条件的学校可在托幼机构进班完成。

4. 任务与要求

(1)每组讨论产生一名负责人，负责组织实施本次打击乐演奏活动。

(2)各组成员逐一试讲，尝试组织实施打击乐演奏活动。

(3)反思、讨论、互评。

每组负责人组织小组成员对本次打击乐演奏活动进行反思讨论、互评，内容包括：各个环节设计是否为实现目标服务，循序渐进、突出重点、突破难点；教态是否自然，讲解是否熟练、有激情；是否能巧妙地激发儿童活动的兴趣，师幼互动是否融洽；能否激发儿童思考，发展儿童感受音乐的能力和运用打击乐器进行技术展现的能力；是否培养了儿童良好的活动常规和"看指挥演奏"的能力。

(4)对打击乐演奏活动方案进行调整后，每组推荐一名成员在班级内公开试讲，全班集体对该活动的实施进行讨论。

(5)各组提交个人考评表一份、实训活动总结汇报一份；每人提交个人活动反思与调整方案一份，并提交一份打击乐演奏活动设计的详细方案。

5. 考评

小组考评				
考评项目	优秀	良好	及格	不及格
团队合作				
活动组织				
总结报告				
个人考评				
姓名	优秀	良好	及格	不及格

实训 4：组织实施学前儿童音乐欣赏活动

1. 实训目的

(1)了解学前儿童音乐欣赏能力的发展特点，能根据不同年龄段儿童的音乐欣赏能力设计活动方案。

(2)运用本专题所学知识，尝试实施学前儿童音乐欣赏活动。

2. 材料准备

(1)选择适宜的音乐作品。音乐作品要适合不同年龄段儿童的感知、理解能力发展的实际需要，符合基本的教学要求，考虑到其可欣赏性和欣赏价值。

(2)教师具备丰富的音乐知识和一定的音乐赏析能力。

(3)根据音乐作品的形象和内容创设与其相适应的活动环境。

(4)本次音乐欣赏活动所用到的辅助材料(包括动作材料、语言材料和视觉材料等)。

(5)搜集几个不同年龄段儿童音乐欣赏活动经典方案，积累优秀儿童音乐作品。

(6)每人准备一份自己认为较好的音乐欣赏活动方案。

(7)照相机、摄像机等。

3. 实训方式

6～8人一组，分组完成这一实训任务。

4. 任务与要求

(1)每组讨论产生一名负责人，负责组织实施本次音乐欣赏活动组织。

(2)各组成员逐一试讲自己设计的音乐欣赏活动方案。

首先让本组其他成员倾听自己选择的音乐作品，再介绍自己对音乐作品的理解，包括音乐作品使用的主要乐器及其主要情绪、内容、形象、结构，讲清自己根据音乐作品展开如想象和联想、运用了哪些媒介让儿童欣赏音乐和表达对音乐的感受等，然后完整试讲。

(3)记录试讲过程。

记录活动中的亮点，如音乐欣赏活动方案设计的程序和方法。是否根据音乐作品的结构、形象和性质而选用了适宜的设计思路，如层层深入、层层累加、一一匹配等；针对不同年龄段儿童和不同音乐作品，为完成音乐欣赏目标，是否运用了语言、文字、图画、韵律、打击乐器等儿童喜闻乐见的艺术形式。并根据自己对音乐作品的理解和分析，对活动提出建议。

(4)反思、讨论、互评。

学习笔记

每组负责人组织本组成员对本次音乐欣赏活动进行反思讨论、互评，内容包括：是否创设了良好的音乐情境氛围，各个环节的设计是否为实现目标服务；是否根据音乐作品特点和儿童认知水平，巧妙地通过各种形式的教学手段和途径来帮助儿童理解音乐作品的内涵、意境；是否充分发挥了儿童的主体作用，引导他们主动投入到音乐欣赏活动中，让他们身临其境地感受音乐的魅力，从而提高他们的音乐欣赏能力和水平；是否灵活地运用多种方式对乐曲进行了不同的环节划分，从而使乐曲更加易懂、富有生命力；是否仔细观察了儿童的感受能力，注重整体教育与个别教育相结合的原则，灵活地进行教学活动；是否启发了儿童想象和联想，使儿童动起来、玩起来、模仿起来，发展他们的艺术思维能力和创造性艺术表达能力，让他们享受参与音乐欣赏的快乐。

(5)对音乐欣赏活动方案进行调整后，每组推荐一名成员在班级内公开试讲，全班集体对该活动的实施进行讨论。

(6)各组提交个人考评表一份、实训活动总结汇报一份；每人提交个人活动反思与调整方案一份，并提交一份音乐欣赏活动设计的详细方案。

5. 考评

小组考评				
考评项目	优秀	良好	及格	不及格
团队合作				
活动组织				
总结报告				

个人考评				
姓名	优秀	良好	及格	不及格

思考与练习

一、填空题

1. 学前儿童歌唱活动的演唱形式包括_____、_____、_____、_____。

2. 学前儿童歌唱活动中鼓励儿童根据歌曲进行创编，包括创编_____、_____、_____、_____等。

3. 学前儿童韵律活动是指在音乐伴奏下用_____来表现音乐的活动。

4. 学前儿童韵律活动材料主要包括_____、_____和_____。

5. 学前儿童打击乐演奏活动是指跟随音乐伴奏的_____敲击打击乐器的一种艺术表现活动。

二、判断题

1. 幼儿可以随意编唱任何不合常理的事情。　　　　　　　　　　　　　　（　　）

2. 用较快或者较慢的速度来唱歌，对于小班幼儿来说都是困难的。　　　　（　　）

3. 教师应该在歌唱活动时明确提出幼儿要注意呼吸。　　　　　　　　　　（　　）

4. 教师应该喊着"一二三四、二二三四"的口令，指导幼儿跟随音乐做相应动作。（　　）

5. 韵律活动应注重培养幼儿随着音乐即兴创作简单的动作，发自内心地去表现，防止专门化训练。

　　　　　　　　　　　　　　　　　　　　　　　　　　　　　　　　（　　）

6. 发展幼儿对音响的感知需要积累声音素材，往往是积累音乐作品。　　　（　　）

7. 小班音乐欣赏活动的歌曲可以选自中、大班学唱的歌曲。　　　　　　　（　　）

8. 音乐欣赏活动选择的动作素材需要考虑具体的动作，以保证幼儿动作的统一性。（　　）

9. 培养幼儿对音乐作品的感知，应该让幼儿重复倾听乐曲。　　　　　　　（　　）

10. 音乐欣赏活动选择的语言素材的首要条件是与音乐欣赏的要求一致。　（　　）

三、简答题

1. 指导学前儿童歌唱活动常用的方法有哪些？

2. 简述学前儿童韵律活动的指导策略。

3. 学前儿童韵律活动导入的方法有哪些？

4. 简述学前儿童韵律活动中引导学前儿童学习动作的方法。

5. 简述组织学前儿童打击乐演奏活动的策略。

四、论述题

联系实际谈一谈支持学前儿童音乐教育活动的具体策略。

专题七
正确认识多元化的学前儿童艺术教育

学习目标

1. 知道家庭、托幼机构和社会中学前儿童艺术教育的协同作用，正确认识家庭中与社会背景中的学前儿童艺术教育的意义和需要注意的问题。

2. 能够设计、实施学前儿童亲子艺术活动并指导家庭中的学前儿童艺术教育的实践，能够客观、科学地评价艺术培训机构为学前儿童所提供的艺术教育的价值和作用，并为家长提出合理化建议。

思维导图

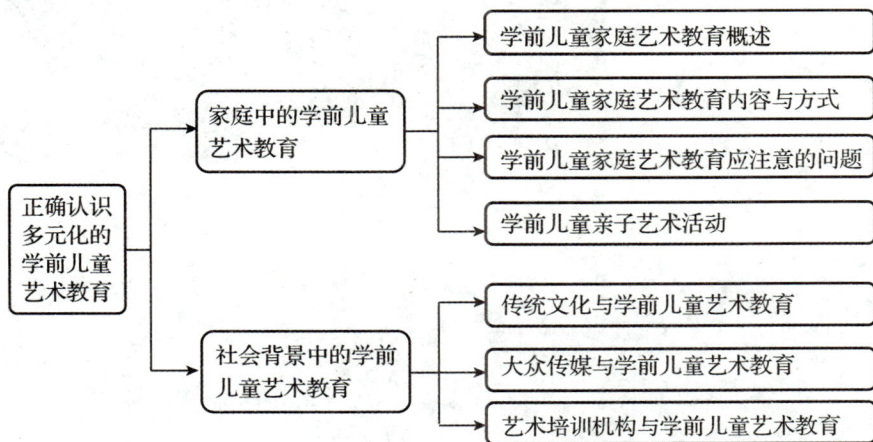

专题导入

如何正确认识多元化的学前儿童艺术教育？

随着物质文化水平的提高，社会各界的目光不约而同地集中到孩子身上，儿童艺术教育也蓬勃发展，呈现一片繁荣景象。不知从什么时候开始，孩子们在家长、老师的安排下学钢琴、手风琴、舞蹈、美术、主持，从早到晚忙着上课、考级、比赛……一天天、一年年，伴随着时光的流逝，孩子们的童年就这样过去了。俗话说得好，"艺不压身"，学前儿童艺术教育是不是越早越好、越多越好呢？家长为孩子报各种培训班，催促孩子学习各种艺术技能，参加各种考级、比赛，对孩子的全面发展是否必然意义重大呢？

本专题内容能帮助你掌握家庭中与社会背景中学前儿童艺术教育的特点、意义以及需要注意的问题，以便你对多元化的学前儿童艺术教育有所了解，并能够针对不同的艺术教育对学前儿童发展的影响做出正确的价值判断。

儿童生活的环境对其身心的健康发展以及独特个性的形成有很大的影响，应该说全方位的学前儿童艺术教育是由家庭、托幼机构和社会共同完成的。其中，托幼机构艺术教育是学前儿童艺术教育的重要依托；家庭艺术教育是学前儿童艺术教育的起始和重要组成部分，对一个孩子的兴趣爱好、审美趣味都有重要作用；社会背景也发挥着其潜在的艺术教育功能，社会提供的艺术教育丰富了学前儿童艺术教育的资源，对其具有重要的辅助与推动作用。

学习主题 1
家庭中的学前儿童艺术教育

家庭是儿童成长的第一站，家长的素质、家庭环境的创设等直接或间接地影响着孩子一生的发展。目前，注重孩子的艺术教育、培养孩子的艺术兴趣、发展孩子的艺术能力已成为许多家长的共识，家庭艺术教育成为学前儿童艺术教育的重要形式。但是，家庭艺术教育在占据重要地位并发挥其独特作用的同时，也出现了多种问题，需要予以关注。

一、学前儿童家庭艺术教育概述 >>>>>>>>>>>>>>>>>>>>>>>>>>>>>>

学前儿童家庭艺术教育不同于托幼机构艺术教育，其形式更为灵活多样，内容更加多元化，并具有很强的综合性。父母通过为儿童创造良好的家庭艺术教育环境以及自身的艺术素养的体现，激发儿童的艺术兴趣，促进儿童艺术能力的发展。

（一）学前儿童家庭艺术教育的概念

学前儿童家庭艺术教育是指家长(主要是父母)自觉地、有目的地创设艺术环境，对孩子(0～6岁)实施以音乐、美术等为艺术手段和内容的审美教育活动和影响，从而培养孩子的审美能力和情趣，以促进他们的全面成长，简单来说就是在家庭中对学前儿童实施的艺术教育。学前儿童最初是在家庭中感受和认识世界的，家长如果能以良好的方式实施艺术熏陶与教育，对儿童的一生将会有重要影响。学前儿童家庭艺术教育内容广泛、形式多样，不仅包括歌唱、舞蹈、绘画、手工等表现方式，还包括家庭生活的多个方面，如房间颜色、节日装饰、服饰搭配与选择等。在家庭生活中，学前儿童有多种机会和条件参与艺术欣赏与创作活动，尽享丰富多彩的艺术世界所带来的惊喜与欢乐。因此，良好的家庭艺术教育环境和艺术氛围对学前儿童家庭艺术教育具有重要意义。

（二）学前儿童家庭艺术教育的特点

1. 随机性

学前儿童家庭艺术教育贯穿于家庭教育的各个方面，家长可以随时随地对儿童进行艺术指导和影响，使他们在耳濡目染中受到美的熏陶。同时，学前儿童家庭艺术教育没有固定的组织形式，也不需要面对群体进行教育，它是父母针对孩子的兴趣爱好、个性特点进行的艺术教育，能收到较好的效果。

有美学家指出，"寓教于乐"是艺术教育的重要特点，即艺术教育应建立在个人兴趣爱好的基础上，并隐含于娱乐的形式中。这样的娱乐性会使儿童在情感上觉得自由舒畅，这种感觉就是艺术教育渗透于儿童生活的"风"，而艺术就这样"随风潜入夜"，艺术教育也在"润物细无声"的过程中进行。家庭艺术教育过程的随机性与潜移默化的特点，正符合儿童的心理发展特征和艺术感知规律，有利于儿童兴趣的保持与精力的投入。

2. 自主性

家庭艺术教育一般以自由、自主的方式进行，不用说服动员，更不必强迫命令，主要靠艺术本身的魅力来吸引人，使孩子完全出于自觉、自愿，凭着自己的兴趣爱好去追求、向往美的东西。这基本上超脱了物欲的占有，没有功利性目的，孩子在艺术活动中完全专注于美的欣赏和陶冶，精神处于一种"自由的状态"。

3. 形象性

艺术教育不同于规则教育、语言教育等，美的元素寓于个体的、活生生的事物中，而不是抽象的思想中。因此，在欣赏美好事物的时候，不论是自然美、社会美还是艺术美，都是以鲜明和生动的形象(由色彩、线条、形体、声音等因素构成)诉诸感官，影响思想感情，陶冶个性情操。也就是说，家庭艺术教育是通过美好事物的形象(外在美的形象和内在美的形象)不断感染儿童、打动儿童，使其产生情感共鸣。

4. 长期性

家长利用艺术对象对孩子进行艺术教育是一个逐步熏陶、积累的过程，这个过程既是漫长的、细致的，又是深刻的、久远的。艺术教育对儿童心灵的陶冶如春风化雨，点滴滋润。同时，长期接受艺术教育熏陶的人会形成更良好的心理状态，这种心理状态一旦形成，就具有较强的稳定性，会对人的精神生活产生重大、深远的影响。

二、学前儿童家庭艺术教育内容与方式 >>>>>>>>>>>>>>>>>>>>>>>

（一）为儿童创造亲近大自然的机会，引导儿童感受自然美

人本来就是大自然的一个组成部分，因此有接触大自然的本能需要。儿童纯真无邪，更需要获得大自然的陶冶。万象纷呈的自然界本身就是充满勃勃生机的，春天万物萌生，夏日百花盛开，秋季果实累累，冬令大雪纷飞。这一切都可以给孩子带来兴奋和愉快的感受，使他们在精神上得到鼓舞和感召。甚至动物特有的美，也可唤起孩子特有的感触。家长可以带孩子多观看自然类节目，如《动物世界》《人与自然》等。家长也可以经常带孩子去游览名山大川或名胜古迹，让大自然的美启迪孩子的心灵、打开孩子心智的大门，在增长孩子的见识的同时，培养他们对人生、对祖国山河的热爱。家长还可以多带孩子去体验农村生活、参与田间劳动，会使孩子更加开朗、坚毅。大自然能够改变孩子的性格和气质，陶冶孩子的情趣，丰富他们的精神生活。

（二）通过美化与丰富家庭环境，为儿童营造感受美、创造美的氛围

家装的设计与布局、墙面的颜色、艺术摆件的呈现、音乐的播放与欣赏等都体现着家庭环境的艺术性，家中物质环境的艺术展现有助于提升儿童的艺术素养。家中不同位置呈现的著名艺术作品也是学前儿童家庭艺术教育的重要媒介，儿童对艺术作品的关注与探究是一种自然的、渗透式的艺术教育。

（三）利用文学作品净化儿童的心灵

文学作品是儿童认识世界的形式之一，美好动人的文学作品是他们的生活中不可或缺的精神食粮。孩子们对童话、寓言、诗歌等充满了浓厚的兴趣，这些文学作品也滋养了孩子的心灵，使他们逐步懂得了什么是真、善、美，什么是假、恶、丑。许多著名文学家就是在父母、祖父母、外祖父母讲的故事中长大的，如高尔基、歌德、鲁迅等。家长应选择健康高雅、充满童趣的文学作品，给孩子讲述或阅读。一般情况下，从孩子两三岁起，父母便可采取看图说话的方式，和孩子一起看图画书，为孩子讲解书中故事情节，激发孩子对书中人物或人格化的动植物的语气、神态的理解；对语言优美、富有感染力的段落，家长应着力渲染，做到绘声绘色，使孩子的心灵沉浸在美的情境中。

（四）支持、鼓励儿童进行艺术创作，发展儿童对艺术的兴趣

《纲要》中明确提出："提供自由表现的机会，鼓励幼儿用不同艺术形式大胆地表达自己的情感、理解和想象，尊重每个幼儿的想法和创造，肯定和接纳他们独特的审美感受和表现方式，分享他们创造的快乐。"无论是家庭艺术教育还是托幼机构艺术教育，都是要培养儿童的艺术兴趣，锻炼与提高他们的艺术表现能力，从而促进其全面发展。家长可以通过提供充足的艺术创作用品、设计与实施相应的亲子艺术活动或专门指导儿童进行艺术创作，来开展家庭艺术教育。

三、学前儿童家庭艺术教育应注意的问题 >>>>>>>>>>>>>>>>

由于大多数家长自身对艺术教育缺乏认识和了解，在引导学前儿童进行艺术活动时出现了诸多困难和不当做法，影响到了学前儿童在艺术方面或学习品质方面的后续发展。下面就学前儿童家庭艺术教育应注意的问题进行探讨。

1. 创设宽松的心理环境

心理学研究表明，人们在心情良好的状态下工作时，思路开阔，思维敏捷，解决问题迅速；而心境低沉或郁闷时，则思路堵塞，操作迟缓，无创造性可言。同理，家长要相信儿童自发表达的艺术潜能，尽量不去干涉他们的创作过程。家长不仅要给孩子提供一定的艺术材料，而且要给孩子创造充分的自由和宽松的氛围，鼓励他们实现进行艺术体验的愿望，让孩子真正成为艺术创作的主人。

对于学前儿童来说，宽松的心理环境首先是信任。应以和蔼的态度营造温馨的气氛，让孩子有足够的自由和信心。允许孩子自由表达并实践其想法。要尊重孩子不同寻常的提问和创作，肯定其创作的价值，不因为其创作的幼稚而盲目否定，更不要用成人固定的思维模式去限制。宽松的心理环境还要求注意减少规定，过多、过细、过于整齐划一的限制势必会阻碍创造力的发挥，如"画画时不许讲话、唱歌时别乱动"等指令要求。总之，要在相信孩子能进行艺术创作的基础上提供充足的机会和材料，使其在宽松的氛围中进行音乐、美术创作活动。

2. 提供合适的艺术欣赏作品与创作用品

儿童的艺术感觉敏锐而独特，首先，家长要为他们提供一些名曲或者名画，通过欣赏提高他们的审美素养，并激发创作兴趣与热情。其次，艺术不应该是有天赋者特有的活动，每个儿童都有艺术潜能、都有表达的权利和自由，因此，家长为孩子提供的艺术创作用品既要充足，又要适合他们的大胆表现。有时家长提供的画纸过小，孩子放不开手脚，这时就要提供一些大纸。及时关注孩子缺少哪些涂色用品，补充孩子常用的一些颜料。音乐表现用品应多样，给孩子准备沙锤、铃鼓、撞钟、响板等能产生不同音色的玩具。

3. 选择合适的艺术读物

学前儿童艺术读物种类繁多，家长在选择时应注意以下三点。

第一，尽量均衡地选择不同风格的绘画读物。多种风格的绘画读物能够丰富儿童的美术经验，引发其兴趣。如果只有简笔画一类的读物，儿童虽然会进行简单的临摹，但想象力、创造力很难得到提高与发展。同时，他们画出的作品也会千篇一律、缺乏个性，将失去许多发展机会。

第二，要根据孩子的年龄来选择书籍。许多学前儿童艺术读物都有年龄注释，在按照其选择书籍的同时，家长还要了解孩子所处年龄段的艺术发展特点，这样选择的书籍将更符合孩子的现有发展水平。

第三，艺术作品要有趣味性。学前儿童容易对那些有一定故事情节且能被他们充分理解、符合他们喜好的艺术作品产生浓厚的兴趣，家长在为他们选择艺术读物时应关注艺术作品体现出的趣味性。

4. 树立科学的艺术指导观念

在对儿童的艺术创作进行指导时，家长应树立科学的观念，避免错误的功利性倾向。

（1）不抱不切实际的期望，根据学前儿童的艺术水平指导。家长脱离孩子的实际，对孩子接受艺术教育的期望过高或过偏，会使美好的艺术教育成为家长和孩子的负担。

（2）家长应看重儿童艺术素质的纵向发展，忌过多横向比较，要消除自我的虚荣心，避免说"你看××唱得多好，跟人家学学"这样的语言。

（3）家长应根据儿童的兴趣选择题材与内容，不要将自己的意志强加给孩子，如："这种颜色多丑啊！换个别的颜色吧！"

（4）家长不要偏重于技能技巧的训练，忽视对儿童的情感教育。有些家长习惯于横向比较孩子对艺术技能的掌握情况，忽视其情感表达，引起孩子情绪上的对立或艺术表现上的缺乏。

5. 恰当评价儿童的艺术作品

在孩子最初创作的时候，要鼓励孩子敢于表达，画什么、唱什么、弹什么都不要限制。美国哈佛大学的詹姆士研究发现，一个没有受到激励的人仅能发挥实力的 20％～30％，而受到激励后可以发挥 80％～90％，可见激励对儿童的发展有多么重要。家长的鼓励和支持对孩子的艺术表现兴趣的培养有着至关重要的作用，因此在对儿童的艺术活动成果进行评价时，不能使用打击的语言，更要杜绝讽刺、诋毁的言辞。同时，家长要努力读懂孩子的艺术表现，站在孩子的角度评价他们的创作。例如，孩子画画后，陪孩子一起高兴地欣赏作品，引导孩子说一说画的是什么；孩子跳舞后，为孩子鼓掌，请孩子说一说自己表演的是什么。如果孩子说不出来，可以引导其以力所能及的方式表达，然后对其予以表扬和肯定。这样将逐渐培养起孩子的自信心和成就感。

另外，孩子的艺术表现可能与其性格有关。例如，内向、羞涩的孩子往往不愿随意做肢体动作，画画面积也比较小。家长可根据孩子的性格进行引导，要循序渐进地对孩子提出要求，不可急于求成。

6. 养成持之以恒的良好习惯

学前儿童家庭艺术教育的一个重要内容是持之以恒地进行艺术欣赏与创作活动。开始时孩子可能因为好奇和新鲜而对某种艺术形式感兴趣，但一段时间后兴趣就会渐渐减弱。这时家长一定要采用恰当的方式帮助孩子坚持下去，并让孩子从艺术活动中体验到成功和乐趣、逐步增强自信心，这对孩子今后的艺术发展和生活、工作都很重要。另外，良好的艺术欣赏与创作习惯也很重要，如正确的绘画姿势、程序对绘画效果有很大影响。因此，家长要引导孩子养成良好的艺术活动习惯。

四、学前儿童亲子艺术活动 >>>>>>>>>>>>>>>>>>>>>>>>>>>>>>

亲子艺术活动是建立在亲子关系基础上的以家庭为活动单位的一种艺术欣赏与创作活动，能使家长与儿童体验艺术的美与创作的乐趣，增进亲子关系，提高家长对于学前儿童艺术教育的理解与重视程度。同时，在活动中，家长能够进行规范艺术教育知识和技能的基本练习，这对提升家长的艺术教育水平有重要意义。根据场地与实施主体的不同，亲子艺术活动可分为家庭亲子艺术活动、幼儿园亲子艺术活动、早教机构亲子艺术活动、社区亲子艺术活动等。下面介绍幼儿园亲子艺术活动中的几个关键点。

（一）充分整合家长的艺术教育资源

幼儿园亲子艺术活动一般是由教师组织实施、家长和孩子共同参与的亲子艺术活动，其设计与实施可以充分发挥家长的优势作用，大大丰富艺术教育的空间和人力、物力资源，增强教育力度、提高教育效益。例如，通过邀请家长参与班级的艺术活动，请有艺术专长的家长，到班级做"老师"；请家长帮助收集生活中的活动材料；同家长商量如何激发儿童学习的主动性，培养他们的审美兴趣。

（二）指向儿童和家长的双向目标

幼儿园亲子艺术活动的目标要根据儿童的年龄特点、发展水平和实际需要制定，也要考虑家长的意愿和教育能力。幼儿园亲子艺术活动的一个重要目标是使家长通过参与活动了解孩子的艺术特质和兴趣、幼儿园艺术教育的详情，学习和掌握科学的艺术教育方法。因此，幼儿园亲子艺术活动不是单纯的教师带领孩子活动，而是教师在示范、引导过程中帮助家长转变艺术教育观念、正确面对孩子的艺术学习，达到教师、家长、儿童互相理解、互相促进，共同理解艺术和艺术教育的目的。

（三）注重儿童自由表达交流的机会

幼儿园亲子艺术活动中应给儿童自由表达交流的机会，一方面要充分利用已有的生活经验鼓励儿童的艺术表达，另一方面要引导儿童大胆表达创作设想(这可以使家长认识到孩子具有丰富的思想、是独立的个体，帮助家长更深刻地理解孩子)。例如，在"超级化妆秀"活动中，孩子与家长共同讨论"你们想怎样来打扮自己和爸爸、妈妈"之后，请孩子发表自己的意见。当家长看到孩子自信、大胆地表达想法，听到孩子异想天开的独特创意时，在惊叹之余也能充分认识到孩子虽小但有自己的想法；家长不能将自己的主观意愿强加给孩子，而应该多倾听孩子的想法，尊重他们。

学习主题 2
社会背景中的学前儿童艺术教育

社会背景中的学前儿童艺术教育主要指传统文化、大众传媒以及艺术培训机构对学前儿童的艺术影响与教育。

一、传统文化与学前儿童艺术教育　>>>>>>>>>>>>>>>>>>>>>>

传统文化是文明演化而汇集成的一种反映民族特质和风貌的文化，是民族历史上各种思想文化、观念形态的总体表征。世界各民族都有自己的传统文化。中国传统文化的形态多种多样，包括诗词歌赋、曲艺、国画、书法、对联、灯谜等。优秀传统文化是学前儿童艺术教育的重要内容，将优秀传统文化合理引入艺术教育对儿童身心发展具有积极意义。促进儿童全面发展，推动优秀传统文化传承，是幼教工作者的重要责任。

（一）传统文化蕴含在儿童的生活之中

传统文化植根于人们的日常生活，可以说儿童无时无刻不沉浸在传统文化之中。相较于那些比较正式的枯燥的艺术教育，传统文化强烈的生活性、形象性、实践性和审美愉悦性使其更符合儿童的生理与心理特点，是在儿童群体中最易于被接受和产生潜移默化的影响的有效形式。如传统节日中的民间表演，其服装色彩、装饰等易于向孩子渗透传统文化和民族的审美特征。

（二）传统文化对于儿童发展的积极意义

传统文化有助于儿童积极社会情感的培养，优秀传统文化传承教育对于提高民族文化素质、塑造民族性格、开放民族胸怀、提升民族理想、培育和弘扬民族精神起着多方面的作用。一个缺乏传统文化传承的民族，即使有发达的物质文化，也只是繁荣的空壳，没有具备历史延续性的信仰，容易在外来文化的侵蚀中被改造和重塑。让儿童从小接受优秀传统文化传承教育，当他们将来走向世界时，依然能对民族、国家、家乡有深深的眷恋和热爱，也能对传统文化有积极的认同，成为富有文化自尊、自信、自豪和自觉的人。

（三）将优秀传统文化作为学前儿童艺术教育内容应注意的问题

1. 提高对优秀传统文化进入学前儿童艺术教育的价值的认识水平

优秀传统文化具有丰富的精神内涵和艺术审美内涵。例如，春节的包饺子、贴春联，元宵节的猜灯谜、赏灯，中秋节的吃月饼、赏月等，都体现了人与人之间的和谐共处、家庭的团圆和谐、传统文化的博大精深、传统艺术的意蕴深长。再如，传统艺术中的唐山皮影、老虎枕头、剪纸艺术等，都体现了民族智慧和文化特色。教师和家长有必要从两方面提高对传统文化进入学前儿童艺术教育的价值的认识水平：一是传统文化对于成人与儿童自身的价值，优秀传统文化增进了个体对于民族的了解与热爱之情、增强了个体对于民族的认同感；二是优秀传统文化对于学前儿童艺术教育的价值，传统文化大大丰富了学前儿童艺术教育的内容和形式。

2. 积极开展有关优秀传统文化的学前儿童艺术教育活动

优秀传统文化进入学前儿童艺术教育可以有多种形式与途径。

（1）可充分发挥传统文化的传承功能，把优秀传统文化渗透到艺术课程中。课程具有文化传承功能，艺术课程作为一种文化传承，应该满足儿童的学习欲望。教师可以从众多文化艺术中，筛选出优秀健康、积极向上，反映正面生活、凸显民族特点的内容，纳入艺术课程中，通过多种渠道与手段开展艺术教育活动，如"快乐火把节""泼水节""三月街"等民族特色主题活动的设计与实施。

（2）可积极创设具有民族特色的教育环境，激发儿童的艺术兴趣。学前儿童对艺术活动常常表现出自发的热情和兴趣，儿童艺术教育也是培养审美能力的启蒙教育。因此，作为儿童的指导者，成人应积极创设丰富的具有民族特色的教育环境，激发儿童主动参与艺术活动的兴趣，内化他们的兴趣导向，使其成为艺术教育活动的积极参与者。例如，在幼儿园内设置文化艺术长廊、营造班级特色环境、创设民俗主题区域环境等，在家庭中将传统文化元素融入装修和装饰内容等。

（3）可将传统艺术形式渗透在一日活动中，拓宽儿童的艺术视野。例如，晨间、课间做民族韵律操，跳民族舞蹈，玩民族、民间游戏；起床时、餐前餐后播放民族音乐，讲有关民族的故事；区域活动中设计各种丰富多彩的民间艺术游戏活动，充分体验民族文化风情。

3. 整合社区教育资源，创新学前儿童艺术教育的活动方式

节日是引导儿童优秀体验传统文化的好时机，教师可整合社区教育资源，有计划、有目的地带儿童去感受节日中的民族风情，让他们受到民族艺术的熏陶、体验到民族艺术的美。例如，元宵节时，可以组织孩子们去赏灯，家长与孩子共同参加活动。同时，家长或教师可带孩子去图书馆查阅一些有关民族的图片资料，从而加深孩子对民族艺术、传统文化的了解。

二、大众传媒与学前儿童艺术教育 >>>>>>>>>>>>>>>>>>>>>>>>>>>

信息化是当代社会最重要的特征之一，它的重要标志就是大众传播媒介的迅速发展。大众传播媒介是各种社会组织机构向广大社会成员传递信息的沟通工具，包括网络、电脑、手机、图书、报纸、杂志、广播、电视、电影、唱片等。大众传播媒介以其广泛而迅速的影响力引导舆论方向、传播社会时尚以及新兴科技文化知识，具有天然的亲和力和强大的吸引力。在大众传播媒介的笼罩下生活的儿童的行为方式、知识技能都或多或少地受到它的影响，而其审美观念的形成在很大程度上也是借助媒介来实现的。

（一）大众传媒对于学前儿童艺术教育的独特意义

1. 大众传媒带给儿童获取艺术影响的便捷性和普遍性

大众传媒的渗透促使与传统文化意义不同的新型大众文化诞生，使儿童的审美资源大大丰富，也使儿童成为大众文化新的艺术审美主体。大众传媒是现代物质文明和精神文明的产物，在其覆盖下的艺术作品对儿童与成人都具有相当大的吸引力，它突破时空限制的艺术辐射性和审美穿透力以及快捷、通俗的艺术形式和风格，使儿童获得了更多的艺术审美教育的可能。

2. 大众传媒影响着儿童的审美情趣和追求

通过大众传媒，多种艺术元素映入儿童眼帘，儿童在审美情趣、审美方式、审美追求上受到大众传媒的极大影响。比如，动画片中的艺术形象与儿童服装的审美标准具有很大相关性。大众传媒让儿童在艺术审美过程中体察和享受到现代文化的新成果，增强了儿童对现代社会生活的感知能力和适应能力。

3. 大众传媒开阔了儿童艺术视野

大众传媒引发了儿童新的艺术审美需求，打破了原有的相对封闭的客观审美条件。传媒技术使艺术更具直观性、愉悦性，成为一种惯常的、随意的审美活动。通过大众传媒的覆盖，各种风格、情趣、内涵的艺术作品形成了新的艺术审美环境。在这种环境中，儿童自身的审美需求和审美接受能力更具多样性。

学习笔记

大众传媒以其天然的亲和力和强大的吸引力，深深影响着当代儿童的发展。在看到大众传媒对于学前儿童艺术教育的重要意义的同时，必须注意大众传媒对于学前儿童艺术教育也有消极的一面，成人应尽量避免或减少这些消极影响。

（二）正确利用大众传媒进行学前儿童艺术教育应注意的问题

1. 儿童接触媒体时间需要合理控制

现代大众传媒通过高科技手段，利用温馨、浪漫、奇异、刺激、陌生化和趣味化的处理方式，使艺术作品具有令人赏心悦目的诱惑力。儿童容易对大众传媒中的艺术作品十分迷恋。我们知道，儿童连续看电视、电脑的适宜时间是 10～30 分钟，但是现实中大多数儿童都超过了这一时间限制，长时间看电视、电脑会对儿童身心发展造成不良影响。因此，利用大众传媒进行学前儿童艺术教育应注意"量"的控制，可在儿童看电视、电脑之前提出一些欣赏性问题，请他们思考。

2. 关注儿童可能出现的审美淡化

大众传媒有可能淡化儿童的审美观念。大众传媒文化是一种缺乏距离的传播文化，身处这种文化背景中，心理化的审美活动往往变成感官化的直接操作。儿童难以通过这种缺乏距离的艺术活动获得真正意义上的审美享受以及自我情感和理智展示的心灵愉悦。大众传媒文化的娱乐功能在很大程度上大过了它的艺术教育功能。因此，大众传媒不可以作为艺术教育的主要手段，成人要注意合理利用大众传媒并正确引导。例如，看动画片时，家长可启发儿童欣赏与动画形象和内容相关的图片或者音乐，引导儿童感受大众传媒中的不同艺术元素。

3. 注意对给儿童提供的传媒内容进行甄选

大众传媒文化纷繁复杂、良莠不齐，有些内容对儿童及学前儿童艺术教育会产生不良影响，教师和家长应该注意进行甄选。

三、艺术培训机构与学前儿童艺术教育 >>>>>>>>>>>>>>>>>>

（一）艺术培训机构实施学前儿童艺术教育时存在的问题

近年来，艺术培训业发展迅猛，艺术培训培训班遍地开花，而且大都提供学前儿童艺术教育。艺术培训机构对于学前儿童艺术教育的影响正在扩大，其在实施学前儿童艺术教育时也存在诸多问题。

1. 教材不适合学前儿童

艺术培训机构的教材五花八门、良莠不齐，缺少政府或专业机构的把关，常常使用一些水平较差的教材，导致孩子在以后的学习过程中走了许多弯路，浪费了宝贵的学习时间。

2. 教师不具有学前教育资格

艺术培训机构的教师教学水平参差不齐、素质不一，教育主管部门对其缺乏资格认定与水平鉴定。有些，培训机构聘用在校大学生担任教师，他们往往不懂学前教育，只懂美术或音乐专业知识，运用不适合孩子的方法和手段教给孩子一些不符合其年龄特点的内容。

3. 教学条件不适合学前儿童

目前，无论是豪华型还是简陋型的艺术培训机构，大都是比较成人化的技术训练场所，常常忽略学前儿童的生活需要和对环境与材料的需要等。

✎ 学习笔记

4. 教学目的过于功利化

在目前的学前儿童艺术教育中，教学双方都存在一种过于功利的思想。对教的一方而言，教师认为自身教学水平与价值的体现就是自己所教的儿童在各项艺术培训与艺术考级中获了多少奖、有多少人通过了考级；对学的一方而言，家长认为是否学到东西的衡量标准就是能否通过考级，有些急功近利的家长甚至不顾学习效果，希望孩子在短时间内拿到最高等的考级证书或在一年内多次考级。教学双方的这种相互影响导致了艺术教育的歪曲、违反了艺术教育的客观规律，使艺术素质培养成了技艺培训。这种揠苗助长的功利思想阻碍了孩子身心健康发展，也淡化了艺术教育的主要宗旨——通过艺术熏陶培养创造力、启迪和丰富想象力、提高审美情趣、扩展观察生活角度、培育高尚情操。

(二)正确处理儿童学习艺术与考级之间的关系

1. 正确处理儿童学习美术与绘画考级之间的关系

绘画考级的实质是将儿童的绘画作品与某一标准作比较而得出儿童所达到的水平，因此这一标准的合理性、科学性就成了至关重要的问题。如果这一标准符合普通艺术教育和审美教育这两个儿童美术教育所属范畴的基本观念，那么绘画考级或许是合理的。但问题是目前大多数绘画考级都将美术技能技巧作为标准，这就脱离了儿童美术教育的基本思路。

(1)从儿童的角度看，心理结构的发展和生理肌肉动作的发育决定了儿童进行系统的美术知识学习和对他们进行美术技能技巧训练都是不现实的，因而用不适合他们的美术技能技巧来衡量其绘画作品是不妥当的。

(2)从学科的角度看，美术的生命力在于创造，强调的是一种内在生命与情感的表达。失去这一点，无论作品体现了多么高超的技巧，也不能说是好作品。何况绘画艺术的发展不像科学技术那样是不断进步的，它更应被视为是不断变化的，从印象派、野兽派、表现派到未来派、抽象派、超现实派等，我们不能说哪种流派更先进。

(3)从教育的角度看，儿童美术教育属于普通艺术教育的范畴，其目标是培养儿童的艺术修养，帮助儿童健全、完善人格。它与专业美术教育把提高受教育者的美术创作能力作为目标是有区别的，与培养艺术匠人更不可同日而语。何况儿童的艺术作品更多的是与自我比较，无论儿童画得怎样，对自己来说都是有价值的。

2. 正确处理儿童学习器乐、舞蹈与考级之间的关系

器乐、舞蹈学习往往采取小班化教学方式，尤其是器乐学习，大多采用一对一授课方式。缺乏阶段性是器乐、舞蹈学习的主要特点，考级可以有效地提高这种学习的阶段性。通过参加相应级别考试，学习者能够对自己上一阶段的学习情况有所了解。随着级数的增加，学习者将获得努力之后的成就感，激励自己向更高级别迈进。这也许是考级的积极意义所在。

家长应正确把握孩子学习器乐、舞蹈的真正目的。从孩子兴趣的角度看，如果喜欢，便可以顺应兴趣多学习一些。从艺术教育的角度看，学习器乐、舞蹈可以陶冶孩子的情操、培养孩子完善的人格，那么考级就不是那么重要了。因此，家长在面对考级时应有良好的心态，引导孩子踏踏实实、循序渐进地学习。需要

学习笔记

明确的是，无论是什么样的艺术学习，培养孩子热爱艺术、享受艺术才是最根本的。

实训任务

实训1：考察并分析当地学前儿童艺术教育现状

1. 实训目的

(1)尝试运用所学知识和经验考察当地学前儿童艺术教育情况。

(2)能较客观、全面地评价当地学前儿童艺术教育现状，并提出相应建议。

2. 实训方式

6～8人一组，分组完成任务。

3. 任务与要求

(1)每组讨论合作与分工，分家庭艺术教育考察小组和社会艺术教育考察小组。

(2)组内交流考察情况，谈一谈当地学前儿童艺术教育中存在的问题的相关对策。

(3)各组在充分研讨的基础上，写出当地学前儿童艺术教育现状的调查报告；

(4)每人写一篇主题为"多元化的学前儿童艺术教育的契机与挑战"的小论文。

4. 考评

小组考评				
考评项目	优秀	良好	及格	不及格
团队合作				
各司其职				
组内论文				
个人考评				
姓名	优秀	良好	及格	不及格

实训2：组织实施0～3岁儿童亲子艺术活动

1. 实训目的

(1)尝试运用所学知识和经验设计亲子艺术活动。

(2)尝试组织实施0～3岁儿童亲子艺术活动的全过程。

2. 材料准备

(1)教师提供给学生几个亲子艺术活动经典案例。

(2)学生每人准备一个自己认为较好的亲子艺术活动案例。

(3)学生每人准备几个优秀的艺术小游戏。

3. 实训方式

12人一组，分组在实训室完成任务。有条件的学校可带学生到亲子实验园完成任务。

4. 任务与要求

(1)每组讨论产生一名负责人，负责组织本组亲子艺术活动的实施。

(2)小组成员分别试讲，其他成员扮演家长和孩子配合试讲。

(3)组内反思、评价调整。小组成员在自我反思的基础上听取大家的意见，然后对活动设计进行调整、修改。

(4)每组推荐一名优秀者，参加全班试讲展示。

(5)各组提交个人考评表一份、实训活动总结一份；每人提交 0～3 岁儿童亲子艺术活动方案一份。

5. 考评

小组考评			
考评项目	优秀	良好	及格	不及格
团队合作				
活动组织				
方案设计				
个人考评			
姓名	优秀	良好	及格	不及格

思考与练习

一、填空题

1. 学前儿童家庭艺术教育是指家长_____、_____创设艺术环境，对孩子实施以_____、_____等为艺术手段和内容的审美教育活动和影响，从而培养孩子的审美能力和情趣，以促进他们的全面成长。

2. 学前儿童家庭艺术教育具有_____、_____、_____、_____四个特点。

3. 根据场地与实施主体的不同，亲子艺术活动可分为_____、_____、_____、_____等。

二、判断题

1. 在家庭中，应该充分尊重孩子不同寻常的提问和创作，不要用成人固定的思维模式去限制他们。
(　　)

2. 在进行学前儿童家庭艺术教育时，应多关注艺术创作中的常规培养，如对孩子说"画画时不许讲话、唱歌时别乱动"等。
(　　)

3. 孩子在家庭中进行绘画时，由于家长的绘画能力有限，可提供简笔画，让孩子去临摹。　(　　)

4. 在孩子最初创作的时候，要鼓励孩子敢于表达，画什么、唱什么、弹什么都不要限制。　(　　)

5. 现代大众传媒通过高科技手段，利用温馨、浪漫、奇异、刺激和陌生化、趣味化的处理方式，使艺术作品具有令人赏心悦目的诱惑力。因此，大众传媒可以作为艺术教育的主要手段。　(　　)

三、简答题

1. 简述传统文化进入学前儿童艺术教育的价值。

2. 简述大众传媒对于学前儿童艺术教育的独特意义。

3. 利用大众传媒进行学前儿童艺术教育应注意哪些问题?

4. 简述艺术培训机构实施学前儿童艺术教育时存在的问题。

四、论述题

联系实际分析在家庭中如何进行学前儿童艺术教育。

专题八
尝试进行学前儿童艺术教育评价

思维导图

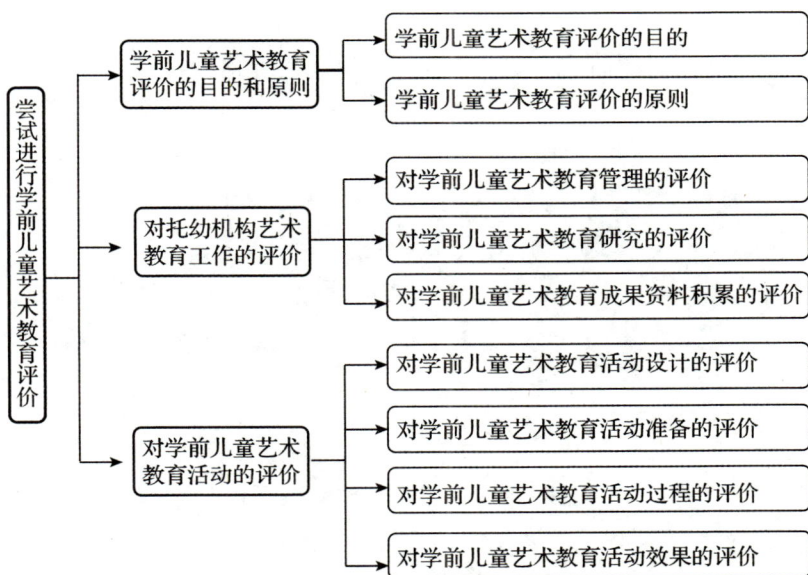

专题导入

为什么要进行学前儿童艺术教育评价？

　　学校组织学生到幼儿园见习，观摩了几个艺术活动后，同学们在总结交流时提出了许多问题：观摩的艺术活动具体好在哪里，还有哪些不足之处，应该从哪几个方面来评价活动，如何评价，等等。这说明同学们需要了解一些学前儿童艺术教育评价方面的知识。对学前儿童艺术教育具有初步的价值判断能力，将便于学生工作后运用模仿和借鉴的方法进行自评和他评，有助于其提高自身业务水平。因此，本专题将向大家简要介绍学前儿童艺术教育评价方面的内容。

　　家庭、托幼机构和社会虽然均或多或少、或有意识或无意识地承担着实施学前儿童艺术教育的任务，但学前儿童艺术教育评价仍相对滞后，尚未建立起健全、科学的评价机制。为使同学们在组织艺术教育活动时能更有目的性、更清楚改进的方向，本专题将向大家讲解学前儿童艺术教育评价的目的和原则以及目前已有的评价内容（主要包括对托幼机构艺术教育工作和学前儿童艺术教育活动评价）。

学习主题 1
学前儿童艺术教育评价的目的和原则

　　《纲要》的第四部分"教育评价"为学前儿童艺术教育评价提供了依据，提出了评价的客观性、多角度、多方法、多主体、重过程、重差异以及评价与指导相结合等原则，明确了评价的目的是了解教育的适宜性和有效性、调整和改进工作，为幼儿快乐发展、教师反思性成长和学前儿童艺术教育质量而评。

一、学前儿童艺术教育评价的目的 >>>>>>>>>>>>>>>>>>>>>>>>>

（一）为幼儿快乐发展而评

对学前儿童艺术教育活动进行评价，就是要评估活动的价值取向是否指向幼儿的全面发展，判断活动选择的教育内容、设定的教育目标以及活动过程中的每一个环节、方法和环境创设等是否与幼儿的年龄特点、认知特点以及经验水平相适应。以此为依据，能够调整和改进艺术教育活动，提高活动对于幼儿发展的适宜性。

（二）为教师反思性成长而评

对学前儿童艺术教育活动进行评价，能够清楚、及时地判断出教师的艺术教育观念如何、艺术基本知识与能力如何、艺术教育活动设计和实施能力如何等。教师可以以此为参照转变观念、苦练基本功、积累经验、调整教学方法，从而提高其艺术教育能力，加快专业化成长的步伐。

（三）为学前儿童艺术教育质量而评

对学前儿童艺术教育活动进行评价，能够促进学前儿童艺术教育的质量提升和整体改革与发展。对托幼机构艺术教育管理和教学实践等的评价，将通过其导向作用对儿童个体、班级、托幼机构等产生积极的影响。

想一想

学前儿童艺术教育评价的目的有哪些？

学习笔记

二、学前儿童艺术教育评价的原则 >>>>>>>>>>>>>>>>>>>>>>>>>

（一）客观性原则

客观性原则指在开展学前儿童艺术教育评价时，从态度到方法都要做到客观、公正、实事求是，评价结果要客观、可靠追求客观性是教育评价的基本特点，包括描述和价值判断。信息要可靠、全面、系统，指标体系设计要科学，评价者要素质好、公正。

（二）多角度原则

多角度原则指要做到静态评价与动态评价相结合。静态评价指对评价对象已经达到的水平或已经具备的条件进行评价，动态评价指对评价对象的发展状态进行评价。静态评价与动态评价各有所长，要注意评价对象的发展潜力和发展趋势。

（三）多方法原则

多方法原则指要做到定量评价与定性评价相结合。作为学前儿童艺术教育评价的两种非常重要的基本方法，定量评价与定性评价在实践中运用时各有所长，应当结合起来使用。

（四）多主体原则

强调评价主体的多元化，幼儿、教师、家长、学校教育机构管理者、教育专家等多主体共同积极参与、交互作用，进行艺术教育评价。一方面，可以从多个角度对艺术教育进行更全面、更客观、更科学的评价；另一方面，教师由原先的评价对象成为评价主体，参与状态更加主动和积极，有利于教师的自我修正和完善，从而不断提高教育质量和效率。

想一想

学前儿童艺术教育评价的原则有哪些？

（五）重过程原则

过程评价不再单一评价幼儿的发展状况，而是将整个教育过程和各个教育环节纳入评价内容，以便更真实地再现幼儿的艺术学习过程。过程评价多采用描述性语言进行记录，是一种质的评价方式。

（六）重差异原则

在评价学前儿童艺术领域学习时，尽量少运用绝对评价、相对评价，倡导运用个体内差异评价。绝对评价是以客观、统一的标准作为评价标准，重点考察评价对象基于相同的要求所达到的水平，缺乏对个性差异的考虑；相对评价同样注重集体中的横向比较。这两种评价均比较重视对评价对象的区分和选拔。个体内差异评价是以评价对象自身为参照的一种评价方法，承认和关注儿童的个体差异，避免用整齐划一的标准评价不同的儿童，慎用横向比较；强调评价时考虑每个儿童的特殊情况，采用多元化的评价标准；在评价过程中不给评价对象以过大的心理压力，有利于发挥评价的激励功能，促使个体在原有基础上不断获得发展。

（七）评价与指导相结合原则

在学前儿童艺术教育评价中，评价与指导是相结合的，有对什么问题的评价，就有对什么问题的指导。从评价到指导再到对指导进行评价，循环往复，促进学前儿童艺术教育质量不断提高。

学习主题 2
对托幼机构艺术教育工作的评价

对托幼机构艺术教育工作的评价是对托幼机构自身针对艺术教育这一重要教育教学领域进行常规计划、管理、实施等过程的评价，具体包括对学前儿童艺术教育管理、学前儿童艺术教育研究、学前儿童艺术教育成果资料积累的评价。

一、对学前儿童艺术教育管理的评价 >>>>>>>>>>>>>>>>>>>>>>>

对学前儿童艺术教育管理的评价主要包括对托幼机构针对艺术教育的重视程度、常规计划、实施过程管理等的评价。

第一，是否在课程设置中给了艺术教育均衡的地位，也就是艺术教育在托幼机构整体教育中的分量是否合适，这是衡量托幼机构对艺术教育活动重视与否的重要标尺。

第二，是否有明确的艺术教育工作总目标，是否有完整的艺术教育活动实施计划，以及主题活动或单元活动中涉及的具体艺术活动计划。

第三，是否有专门主管艺术教学的领导或负责人，是否进行常规的或不定期的活动交流，用互相听课、评课等形式检查艺术教师的教学活动进行情况。

第四，是否在艺术教育中投入足够的经费，是否能够保障艺术活动场地的设置、常规使用和维护，设备是否齐全、合乎要求，如美术教室，音乐活动室，音乐、绘画、表演所需材料(道具、服装、音响、影视设备)，展示和表演场地等。

第五，是否有相关的艺术活动交流展示，如让学前儿童听音乐会(有条件的)、参观画展、童话剧展演、戏曲赏演，请专家来组织活动，学前儿童参加的展示和表演活动、常规的艺术欣赏活动等。

二、对学前儿童艺术教育研究的评价 >>>>>>>>>>>>>>>>>>>>>>>>>

对学前儿童艺术教育研究的评价是对学前儿童艺术教育活动实施过程中的教育科学研究计划、采取的措施以及实际落实情况的评价。

第一，是否有艺术教育学科的教科研专题，是否有教科研计划、具体实施步骤以及相关活动列举。

第二，是否有常规的艺术教科研活动，如教学经验交流，互相听课、评课，针对某一课题进行讨论、分析、论证等。

第三，是否鼓励和引导教师探讨和实践新的艺术教育理念和方法、探索运用现代化的教学设备和手段。

第四，是否注重教师素质和能力的提高，是否支持教师的进修和学习，是否有常规的教师艺术教育能力的培训和交流活动，是否鼓励教师参加教学评优和竞赛活动，是否鼓励教师引进适合时代发展的新的教育理念、方法、手段等，是否鼓励教师积极总结教育教学经验、发表论文、参与科研课题等。

三、对学前儿童艺术教育成果资料积累的评价 >>>>>>>>>>>>>>>

学前儿童艺术教育成果资料积累的评价反映了托幼机构对学前儿童艺术教育活动的重视程度，并呈现出托幼机构的文化特色。

第一，是否有关于艺术教育活动的各个层面的计划、实施方案、听课评课记录、课例分析、专题总结或报告以及经验总结和改进意见。

第二，是否有具有本机构特色的艺术活动资料，如活动照片、视频、记录或艺术教材等。

第三，是否有参加的社会活动、专家的讲学、发表的作品以及本机构的成果资料等。

✎ 学习笔记

想一想

如何评价托幼机构艺术教育工作？

对学前儿童艺术教育活动的评价要依照学前儿童艺术教育活动的环节顺序来进行，主要包括以下几个方面。

一、对学前儿童艺术教育活动设计的评价 >>>>>>>>>>>>>>>>>

学前儿童艺术教育活动设计是教师对艺术教育活动的方案预设，对其的评价一般包括：活动目标、活动内容、活动方法等方面。对活动设计的评价的重要切入点就是预设的合理性。

（一）目标评价

第一，活动目标与学前儿童艺术教育的总目标、年龄目标、单元目标是否一致，与每一个向上递进关系的目标是否有紧密的联系。

第二，活动目标是否兼顾了认知、情感与态度、操作技能三方面的要求。这里的兼顾并不是说每一个活动目标都必须涵盖所有方面，而是要根据活动内容本身的特点以及学前儿童的实际情况有侧重地制定。

第三，活动目标的设计与学前儿童的实际情况是否相适应。不同生活地域、不同家庭社会环境、不同托幼文化和环境设施以及不同学前儿童的特点和个体差异，教师均要进行全面考量。

（二）内容评价

活动内容是实现活动目标的媒介，对活动内容的评价包括两个方面。

第一，活动内容的选择和设计的评价。要看内容的选择是否与教育目标相符、是否支持活动目标的达成、是否适合本班儿童的发展水平，以及内容本身是否具有审美和艺术价值。

第二，活动内容的组织的评价。要看内容比例设置是否合理、重点难点是否突出、和形式是否相协调，以及活动的组织环节是否合理、过程是否顺畅等。

（三）方法评价

第一，活动方法的选择和运用是否与目标相适应、是否与内容的特质相协调、是不是达成目标的最佳选择。

第二，活动方法是否适合学前儿童的年龄特点和接受水平、是否能体现出学前儿童的自主性和主动性。

第三，活动本身是否注意到应与环境、设备建立有效联系。

学习笔记

二、对学前儿童艺术教育活动准备的评价 >>>>>>>>>>>>>>>>>>

准备工作对于学前儿童艺术教育活动至关重要，其到位与否直接关系到活动的成败。

（一）活动内容准备的评价

第一，教师对活动内容是否熟悉、掌握程度如何。

第二，教师对艺术内容和技能所涉及的外延以及相关知识技能的准备是否完善。以音乐活动为例，包括对有关音乐教学内容的语言、文字、图片、动作、视频等是否熟悉且能熟练掌控、运用等。

第三，教师是否能流畅地把握活动的每个环节。

（二）环境材料准备的评价

第一，环境材料的选择和设计能否支持活动目标的达成、是否与活动内容相适应。

第二，环境材料的选择和设计是否顾及学前儿童的年龄特征以及实际需要和能力可及的范围，环境材料是否能够最大限度地得到利用。

第三，环境材料准备的质量和数量是否能够保证学前儿童的活动参与需求，以及其安全性是否可靠。

（三）学前儿童经验准备的评价

第一，通过教师准备的材料和活动设计来评价教师对本班儿童实际情况的了解程度。

第二，教师针对学前儿童进行的本次活动的前期经验准备。

三、对学前儿童艺术教育活动过程的评价 >>>>>>>>>>>>>>>>>>

学前儿童艺术教育活动过程是动态的，是一个以儿童为主体、在教师引导下的师幼互动过程。对活动过程的评价是从教师、儿童、师幼互动、活动结构四个方面进行的。

（一）对教师的评价

第一，教师的综合业务水平。如语言的把握运用能力、艺术技能、教学技能、教学态度等方面如何，教态是否自然，是否精神饱满等。

第二，教师对活动的把控能力。如活动的指导是否有效，能否照顾到本班的所有儿童，是否具备随机应变的能力，活动各环节的实施是否合理有序等。

（二）对儿童的评价

儿童是艺术教育活动的主体，因此他们在活动中的具体表现是评价的重点。如是否集中注意力，是否积极参与活动，是简单模仿还是能动发挥等。

（三）对师幼互动的评价

第一，教师为儿童创设的环境能否引发儿童主动学习的兴趣。

第二，教师的语言和活动引导能否吸引儿童的注意力。

第三，活动形式能否让每一个儿童积极参与。

学习笔记

第四，能否创设便于儿童交流情感的机会和条件。

第五，能否体现因材施教。

第六，能否促进儿童的独立、自信等良好心理品质的形成。

（四）对活动结构的评价

第一，活动结构的安排是否紧凑、有序。

第二，是否注意到环节和步骤间的层次递进关系。

第三，活动的节奏把握是否张弛有度，是否适合本班儿童的性格特征和学习特点。

第四，整个活动过程是否自然流畅且简单、直接、有效。

四、对学前儿童艺术教育活动效果的评价 >>>>>>>>>>>>>>>>

对活动效果的评价主要包括以下方面。

第一，儿童在活动中的参与和学习态度评价。主要评价儿童在活动中注意力是否集中、表现是否积极主动。艺术本身具有愉悦功能，学前儿童艺术教育应关注儿童是否快乐地参与和体验活动过程，而不是一味强调技能的强化练习。

第二，活动预期目标达成评价。在活动结束时观察儿童的表现，或者通过作品分析、问询调查的方法来评价本次活动的预期目标是否达成。

典型案例

学前儿童音乐教育活动案例与评价
小班歌唱活动：新年好①

活动目标

1. 初步感知三拍子音乐特点，能模仿教师的演唱唱出强拍。

2. 与同伴互相祝贺、问候，体验过新年的愉快情绪。

活动准备

1. 材料准备：歌曲《新年好》、图谱挂图、《学前儿童画册》。

2. 环境准备：通过墙饰和室内挂件布置出新年热闹、喜庆的场面，在阅读区投放《过年》等读物，在活动室布置半圆座位和自由活动场地。

3. 幼儿经验准备：知道新年是中国和外国都有的节日，过新年是件高兴的事。

4. 教师经验准备：熟练弹唱歌曲。

活动过程

1. 引出话题，激发幼儿兴趣。

教师引导："今天老师特别高兴，你们知道为什么吗？那我先给大家拜个年吧。大家谈一谈我们是怎么庆祝新年的呢？"

2. 引导幼儿学习歌曲《新年好》。

(1)教师完整演唱歌曲，请幼儿安静欣赏。提示幼儿歌曲里唱了些什么。

(2)引导幼儿说出歌词的内容。歌曲里都唱到什么了？怎样祝贺新年好呢？

---

① 本案例由保定幼儿师范高等专科学校王惠然设计。

3. 引导幼儿拍手，初步感知三拍子音乐特点。

(1)教师出示图谱挂图，指图谱念歌词。

(2)教师念歌词，拍手、拍腿、拍腿表现三拍子，启发幼儿看图拍手拍腿念歌词。

<u>新年</u>　好　　呀，　　<u>新年</u>　好　　呀，

拍手　拍腿　拍腿　　拍手　拍腿　拍腿

(3)教师清唱歌曲，继续拍手、拍腿、拍腿表现三拍子，启发幼儿能跟唱的可以跟教师演唱。

4. 引导幼儿打着拍子接唱歌曲。

(1)教师先唱前两句，唱到"祝贺"说幼儿的名字，如"祝贺一铭新年好"，然后幼儿一起接唱下面的歌。

(2)尝试两三遍后，请所有幼儿唱"祝贺老师新年好"。

(3)请幼儿自由表达想祝贺谁新年好，然后大家一起演唱。

5. 启发幼儿唱着歌来拜年。

(1)教师引导幼儿讨论拜年都有哪些礼节，如鞠躬、握手、抱拳拱手等。从中选择两种请幼儿随乐练习，如抱拳拱手和握手组合。

新年好呀，新年好呀，　祝贺大家新年好，

　　拱手两次　　　　　　　握手

我们唱歌，我们跳舞，　祝贺大家新年好。

　　拱手两次　　　　　　　握手

(2)两人互拜：请幼儿先找好一个同伴，相对做上面练习过的拜年动作。

(3)自由拜年：幼儿在活动室内自由走动，做两次拱手动作后找同伴握手，然后再做两次拱手动作，换同伴握手。

(4)请幼儿谈一谈刚才都和谁拜年了。

相关经验链接

1. 语言：用完整的句子表达对新年的认识。

2. 社会：知道新年或春节的一些习俗，体会互相问候和祝贺的快乐。

活动延伸

1.《新年好》舞蹈：带领幼儿随乐走曲线，或踏着三拍子自由进退，用动作初步感知三拍子舞步特点。

2. 亲子拜年活动：启发幼儿回家教会爸爸妈妈这首拜年歌，互相拜年。

3. 仿画图谱中的灯笼：在美工区投放绘画材料，请幼儿仿照图谱中的灯笼绘画。

4. 制作新年的饰物：在美工区投放手工材料，如彩纸、皱纹纸等，请幼儿制作花朵、窗花、贴画等饰物。

活动评价

1. 活动目标

活动设计完整、合理，包含了感知三拍子、模仿演唱、唱出强拍等音乐能力目标和情感目标"体验过新年的愉快情绪"。

2. 活动准备

材料准备充足，环境准备适合活动需求，幼儿经验和教师经验准备都很充分。如果配合歌曲准备过新年的视频资料，会更直接地切入主题，激发幼儿的兴趣。

3. 活动过程

(1)教师引导部分：给大家拜年有些突然，应先用图片、音乐或视频引入过新年话题，或直接播放歌曲《新年好》，引起幼儿兴趣，然后再进行下面的活动。

(2)歌曲欣赏部分：提示和引导幼儿记忆歌词恰到好处。

(3)歌词和三拍子的学习体验过程自然流畅，适合幼儿学习特点。

(4)简单动作表现使歌曲的学习更具活动性，提高了幼儿的学习兴趣与随乐的身体感知能力。

4. 活动效果

(1)幼儿初步感三拍子音乐特点，并能用拍手、拍腿来表现；课堂的互动表现很到位，师幼交流自然；活动中，每一个幼儿都参与体验了歌曲和拜年游戏带来的快乐。

(2)三拍子音乐特点的强调活动稍显薄弱，在设计拜年动作时再凸显一下会更充分一些。

(3)内容就幼儿园小班音乐活动而言稍微有些多，后面的拜年活动对小班幼儿来说掌握起来会有一些困难，应适当降低难度或安排为系列活动。

典型案例

学前儿童美术教育活动案例与评价
砂纸主题画：难忘的"六一"①

活动目标

1. 尝试用砂纸作画，感知画砂纸画的技巧。

2. 能够大胆表现"六一"活动中的愉快场景，尝试合理布局画面。

3. 体验庆祝节日和创作砂纸画的乐趣。

活动准备

1. 材料准备：收集幼儿在幼儿园过"六一"活动时的照片制成课件，以及白纸范画、砂纸范画、砂纸、油画棒、《幼儿画册》等。

2. 环境准备：在主题墙"有意义的节日"创设以"六一"为主要内容的互动环境，在美工区展示几张画面内容不同的砂纸画，在图书区投放图书《砂色意趣》。

3. 幼儿经验准备：参加过幼儿园组织的不同类型的庆"六一"活动，尝试使用过多种绘画材料绘画。

4. 教师经验准备：能够有创意地进行砂纸绘画，了解画砂纸画的技巧。

活动过程

1. 组织幼儿谈话，引导幼儿轻松进入活动。

(1)播放背景音乐《快乐的六一》，引导幼儿观察主题墙的环境创设中醒目的两个大字"六一"，组织幼儿展开关于"六一"的谈话活动，和同伴分享"六一"的活动形式、活动场面和相关知识。

(2)鼓励幼儿用完整语言叙述过六一儿童节时最有趣的、最难忘的情节和心情。

2. 激发幼儿创作砂纸画的兴趣。

(1)创设情境"在幼儿园的最后一个六一儿童节，请小朋友们用最新奇的方式记录快乐的六一"，激发幼儿绘画的愿望。

(2)组织幼儿欣赏美工区有普通蜡笔画和砂纸画作品，请幼儿区分两种不同的绘画材料，描述它们的画面效果。

---

① 本案例由河北省定兴县实验幼儿园王美丽设计。

(3)出示白纸和砂纸，引导幼儿触摸两种不同材质，进行区分辨别，并讲述它们的不同之处。

3. 启发幼儿探究画砂纸画的方法。

(1)鼓励幼儿积极探索砂纸画的涂色方法，引导幼儿用抚摸手背的方法感受力度的轻重。涂底色时要用油画棒平贴在砂纸上，轻轻地扫过。

(2)在画主要画面内容时，提示幼儿突出的画面下笔要用力，力度如同手指重重地按在手背上。

4. 鼓励幼儿积极尝试画砂纸画。

(1)引导幼儿看《幼儿画册》，创设"用新的绘画方法画出难忘、有趣的节日"的情境，鼓励幼儿积极思考，用完整语言描述自己要画的庆"六一"活动内容。

(2)播放背景音乐《快乐的六一》，鼓励幼儿根据自己的创意先涂背景色再画主要景物，主要画面内容要突出。

(3)鼓励幼儿大胆想象、用色，画出与众不同的画。

(4)教师巡回指导，提醒幼儿注意画面卫生，鼓励能力弱的幼儿大胆作画。

5. 引导幼儿展示、欣赏、评价作品。

(1)在以"快乐的六一"为主题的画廊展示幼儿的作品，引导幼儿相互欣赏，鼓励幼儿用完整语言介绍自己的作品的内容，并说出在砂纸上作画的感受。

(2)鼓励幼儿从所有作品中选出自己最喜欢的，并说出喜欢的理由。

(3)幼儿集体跟着《快乐的六一》载歌载舞离开活动室。

活动延伸

1. 手工活动：布置"六一"环境。

师幼共同吹气球、剪拉花、剪窗花、用废旧物品制作立体手工作品等，悬挂、粘贴在活动室的相应位置，增添节日的快乐气氛。

2."六一"主题活动：我想演×××。

引导幼儿成为节日的主人，愿意主动参与活动，能够在同伴与教师的鼓励下大胆说出自己的想法。

3. 展示活动："六一"图片展。

设计展板"难忘的六一儿童节"，收集幼儿在幼儿园度过的三次六一儿童节的活动照片进行展示，帮助幼儿留下在幼儿园的美好记忆。

活动评价

1. 活动目标

包含了砂纸画的技巧、幼儿绘画表现的认知和情感态度的体验，全面且简洁明了。

2. 活动准备

材料准备基本充分。建议用"六一"活动的视频资料，这样更能激发幼儿对体验和表现的兴趣。

环境准备基本和材料准备一致。"六一"活动主题墙内容要适宜，不要影响、分散幼儿的注意力或者不设置，这样会给幼儿更多的创作想象空间。

幼儿经验和教师经验准备充分。

3. 活动过程

导入背景音乐，结合语言互动将幼儿带回到对"六一"活动的回忆中，如果再充分利用准备的材料如课件、视频等，会更直观、生动地让幼儿体验到"六一"的欢乐场景和情绪。

激发幼儿创作砂纸画的兴趣这一部分要以砂纸画为主，建议直接导入"今天我们用一种新奇的方法——砂纸画来表现我们的'六一'活动"，进入砂纸画欣赏、体验等后续活动。

绘画体验过程中"看画册"部分与活动的关系不明显，同时分散幼儿的注意力、限制幼儿的想象力和创造力，应删去。

作品展示部分设计合理，充分体现了活动目标中的认知和情感内容，以及整个活动的呼应性和完整性。

整个活动过程环节设置合理、自然、有序。

4. 活动延伸

从用砂纸画表现"六一"延伸到相关活动，科学、有序、主题性强，充分体现了幼儿园主题活动和教学特点。

实训任务

实训1：尝试评价小组内同学的模拟艺术教育活动

学习笔记

1. 实训目的

(1)从实践中了解和掌握各年龄段学前儿童艺术教育活动的评价指标。

(2)尝试运用所学知识评价小组内同学实施的模拟艺术教育活动。

2. 材料准备

(1)收集不同年龄段学前儿童，不同艺术领域(音乐、美术)的教育活动评价案例。

(2)积累优秀的学前儿童艺术教育活动评价案例。

(3)每人写一份艺术教育活动设计方案(年龄段和艺术领域自选)。

(4)每人设计一份艺术教育活动评价表。

3. 实训方式

10~12人一组，一名同学模拟教师完成一次艺术教育活动，其余同学扮演和活动设计方案相对应的儿童。

4. 任务与要求

(1)每组讨论产生一名模拟讲课人，小组其他成员模拟儿童。

(2)小组成员讨论如何模仿相对应的儿童的心理状态，以及他们会在这次艺术教育活动中出现怎样的言谈举止。

(3)对试讲同学模拟教育过程中的表现进行评价。

根据本专题所学内容评价这次教育活动，如是否完成了预设目标，教师的态度是否适宜、是否生动形象，师幼互动的效果怎样，教师在活动中的言谈举止是否得当等。分析存在的问题及提出改进的建议。

(4)各组在充分研讨的基础上，写一份"模拟艺术教育活动评价"的分析报告。

(5)组内交流，谈一谈学习本专题后的认识。

(6)各小组提交个人考评表一份、实训活动总结汇报一份，小组各成员提交个人活动反思与调整方案一份。

5. 考评

小组考评（由教师进行考评）				
考评项目	优秀	良好	及格	不及格
团队合作				
评价情况				
总结汇报				
个人考评（由组内成员评定）				
姓名	优秀	良好	及格	不及格

实训 2：尝试评价一线教师的艺术教育活动（录像或现场）

1. 实训目的

(1)从实践中了解和掌握各年龄段学前儿童艺术教育活动的评价指标。

(2)尝试运用所学知识评价一线教师实施的艺术教育活动。

2. 材料准备

(1)收集或观摩不同年龄段学前儿童，不同音乐(歌唱、韵律活动、打击乐演奏、音乐欣赏)和美术(绘画、手工、美术欣赏)教育活动的录像或现场。

(2)准备评价对象的艺术教育活动实施方案。

(3)准备听课笔记本或听课记录表。

(4)积累优秀的学前儿童艺术教育活动评价案例。

(5)每人设计一份艺术教育活动评价表。

3. 实训方式

10～12 人一组，观摩一线教师实施的艺术教育活动或观看其录像。

4. 任务与要求

(1)了解一线教师的艺术教育活动实施方案。

每组讨论产生一名负责人，组织小组成员学习评价对象的艺术教育活动实施方案。了解教师所承担的本次活动的年龄班、活动名称、活动目标、活动重点、活动难点与儿童和教师的知识准备，以及本次活动所用的方法策略和组织形式等。

(2)小组全体成员观摩一线教师实施的艺术教育活动或观看其录像，并认真做好听课记录。

(3)对艺术教育活动进行评价。

根据所学知识，负责人组织小组成员对讲课教师的专业基本知识与技能、教育活动设计与实施能力(包括活动设计能力，尤其是艺术课程的开发整合能力；活动实施和监控能力，包含语言表达能力和教具的有效使用、媒体的选择与运用、形体和课堂示范技能；师幼互动能力及活动反思能力)等方面进行评价。

(4)各组在充分研讨的基础上，写一份"一线教师的艺术教育活动评价"的分析报告。

(5)组内交流，谈一谈学习本专题后的认识。

(6)各小组提交个人考评表一份、实训活动总结汇报一份。

5．考评

小组考评				
考评项目	优秀	良好	及格	不及格
团队合作				
评价情况				
总结汇报				
个人考评				
姓名	优秀	良好	及格	不及格

思考与练习

一、填空题

1．学前儿童艺术教育评价强调评价主体的多元化，_____、_____、_____、_____、_____等多主体共同积极参与、交互作用，进行艺术教育评价。

2．在评价学前儿童艺术领域学习时，尽量少运用_____、_____，倡导运用_____。

3．学前儿童艺术教育活动设计是教师对艺术教育活动的方案预设，对其的评价一般包括_____、_____、_____等方面。

4．学前儿童艺术教育评价的动态评价是指对评价对象的_____状态进行评价。

二、判断题

1．学前儿童艺术教育评价的目的之一是为了能够评价出学前儿童艺术技能的高低。（　　）

2．在评价学前儿童艺术领域学习时，要避免统一的标准，多采用相对评价。（　　）

3．对学前儿童艺术教育活动进行评价，能够调整和改进艺术教育活动，提高活动对于幼儿发展的适宜性。（　　）

4．对于学前儿童艺术教育活动中的儿童的评价重点在于儿童在活动中的具体表现。（　　）

5．艺术本身具有愉悦功能，学前儿童艺术教育应关注儿童是否快乐地参与和体验活动过程。
（　　）

三、简答题

1．简述学前儿童艺术教育评价的目的。

2．如何评价学前儿童艺术教育活动的准备工作？

3．如何评价学前儿童艺术教育活动的效果？

四、论述题

联系实际谈一谈学前儿童艺术教育评价的原则。

综合测试试卷（一）

一、填空题（本大题共 10 空，每空 1 分，共 10 分）

1.《3—6 岁儿童学习与发展指南》中，将艺术领域按照幼儿学习与发展最基本、最重要的内容划分为_____和_____两个方面。

2. 学前儿童艺术教育活动目标表述应以_____作为主语。

3. 学前儿童美术欣赏活动的内容主要包括_____、_____、_____。

4. 幼儿园打击乐演奏活动是指跟随音乐伴奏的_____敲击打击乐器的一种艺术表现活动。

5. 学前儿童艺术教育评价的动态评价是指对评价对象的_____状态进行评价。

6. 在评价学前儿童艺术领域学习时，尽量少运用_____、相对评价，倡导运用_____。

二、判断题（本大题共 10 小题，每小题 1 分，共 10 分）

1. 在学前儿童艺术教育中，要针对不同幼儿的特点和需要，使每一个幼儿都得到美的感受和体验。同时，对有天赋的幼儿，要注意发展他们的艺术潜能。　　　　　　　　　　　　　（　　）

2. 学前儿童艺术教育活动目标中不能制定艺术领域外的发展目标。　　　　　　　　（　　）

3. 学前儿童艺术教育活动应该对活动中学到的其他领域的相关经验进行提炼，在各领域发展间建立横向的联系。　　　　　　　　　　　　　　　　　　　　　　　　　　　　　　　　　（　　）

4. 教师应该喊着"一二三四、二二三四"的口令，指导幼儿跟随音乐做相应动作。　　（　　）

5. 小班音乐欣赏活动的歌曲可以选自中、大班学唱的歌曲。　　　　　　　　　　　（　　）

6. 在进行学前儿童家庭艺术教育时，应多关注艺术创作中的常规培养，如对孩子说"画画时不许讲话、唱歌时别乱动"等。　　　　　　　　　　　　　　　　　　　　　　　　　　　　　　（　　）

7. 孩子在家庭中进行绘画时，由于家长的绘画能力有限，可提供简笔画，让孩子去临摹。　（　　）

8. 在评价学前儿童艺术领域学习时，要避免统一的标准，多采用相对评价。　　　　（　　）

9. 艺术本身具有愉悦功能，学前儿童艺术教育应关注儿童是否快乐地参与和体验活动过程。　（　　）

10. 在学前儿童艺术教育活动预设方案中，不必标明活动组织的时间。　　　　　　（　　）

三、选择题（本大题共 10 小题，每小题 2 分，共 20 分）

1. 下列表述中，属于大班美术教育的年龄阶段目标的是（　　　）

A. 养成正确握笔及绘画姿势，手眼保持一定距离，握笔自然，按意愿作画

B. 养成对色彩的认识兴趣，能认识并学会使用几种常见的颜色

C. 学会使用剪刀，可用不同方式如目测剪、沿轮廓剪或折叠剪

D. 初步认识到纸笔和手的动作的关系，体验到涂鸦的愉悦感

2. 下列行为中，属于小班幼儿绘画创作特点的是（　　　）

A. 能在动笔之前想好要画的主题，独立构思画面

B. 受自己所画图像的启发或者是跟随当下的心境和兴趣来给作品命名

C. 喜欢用多种图形、线条、色彩等在画面上进行装饰

D. 从屋外可以看到屋里的一切的"X 光画"

3. 小班组织绘画活动"吹泡泡"，让幼儿成圆圈一起吹泡泡并画泡泡，这体现了学前儿童美术教育活动组织的（　　　）原则

A. 生活性　　　　　B. 游戏性　　　　　C. 审美性　　　　　D. 适宜性

4. 以下教师指导行为中，符合大班幼儿手工能力发展水平的是（　　　）

A. 引导儿童尝试撕出纸条或小纸片，并能进行简单图案的碎纸粘贴活动

B. 鼓励儿童用糨糊等工具将沙子、芝麻、麦片等材料粘贴成简单的图形

C. 引导儿童体验泥的可塑性，学会团、压、揉、捏等基本泥工技能

D. 引导儿童撕出自己喜欢的物体的轮廓

5. 下列表述中，与小班幼儿歌唱能力发展水平接近的是（　　）

A. 体会到了共鸣的发声方法，声音运用自如

B. 能够唱准自己熟悉的歌曲

C. 能够适量控制气息，选择合适的气口进行换气

D. 演唱时强弱体现不明显，常常越唱越慢

6. 下列表述中，不符合大班幼儿打击乐演奏能力发展水平的是（　　）

A. 学习区别不同的节奏型

B. 在教师帮助下，能够用打击乐器为学过的歌曲伴奏

C. 逐步掌握铃鼓、串铃等运用大肌肉动作来演奏的打击乐器

D. 对指挥的演奏要求做出积极的反应

7. 下列动作中，属于小班幼儿韵律活动的动作特点的是（　　）

A. 摇动手臂　　　　　B. 跳步　　　　　C. 垫步　　　　　D. 手腕花

8. 以下教师指导行为中，适用于大班美术欣赏活动的是（　　）

A. 引导儿童观看、欣赏艺术作品，激发其对艺术作品、图书中的各种形象的兴趣

B. 引导儿童欣赏生活中熟悉事物的美，如毛巾上的图案、漂亮的糖纸等

C. 引导儿童感受作品中形象的象征性、寓意性

D. 引导儿童尝试用自己的语言表达对艺术作品的感受

9. 儿童在涂鸦时，边画边自言自语地解释自己的画面形象，这属于（　　）阶段

A. 无控制涂鸦　　　B. 控制涂鸦　　　C. 圆形涂鸦　　　D. 命名涂鸦

10. 下列表述中，属于大班音乐教育的年龄阶段目标的是（　　）

A. 基本上能够按照音乐的节奏做上肢或下肢的简单基本动作和模仿动作

B. 能分辨乐段、乐句中明显的重复和变化关系

C. 在有对比的情况下，能分辨差别较明显的高低、快慢、强弱特征

D. 能感受性质鲜明单纯、结构短小的歌曲和有标题的器乐曲的形象、内容、情感

四、简答题（本大题共 4 小题，每小题 5 分，共 20 分）

1. 学前儿童艺术教育对社会发展的功能是什么？

2. 活动方案设计中，活动准备工作包括哪些内容？

3. 指导学前儿童歌唱活动常用的方法有哪些？

4. 简述学前儿童艺术教育评价的目的。

五、论述题（共 20 分）

联系实际分析在家庭中如何进行学前儿童艺术教育。

六、活动设计题（共 20 分）

六一儿童节要到了，请为大班幼儿设计一次艺术教育活动，内容自选，要求写出完整的幼儿教育活动方案，包括活动名称、活动目标、活动准备、活动过程、活动延伸。

综合测试试卷（二）

一、填空题（本大题共 10 空，每空 1 分，共 10 分）

1. 学前儿童艺术教育的目标就是对学前儿童艺术教育所能达到效果的＿＿＿＿＿＿，只有明确了教育目标，才能顺利地进行艺术教育。

2. ＿＿＿＿＿＿＿＿＿是制定幼儿音乐教育活动目标的重要依据。

3. 根据绘画内容和主题划分的学前儿童绘画类型为＿＿＿＿＿、＿＿＿＿＿、＿＿＿＿＿。

4. 学前儿童韵律活动是指在音乐伴奏下用＿＿＿＿＿＿＿来表现音乐的活动。

5. 在评价学前儿童艺术领域学习时，尽量少运用＿＿＿＿＿、＿＿＿＿＿，倡导运用＿＿＿＿＿＿评价。

6. 学前儿童艺术教育评价的动态评价是指对评价对象的＿＿＿＿＿状态进行评价。

二、判断题（本大题共 10 小题，每小题 1 分，共 10 分）

1. 学前儿童艺术教育要强调儿童在某一艺术专业领域知识、技能的获得，及早走上专业化道路。

               （　　）

2. 无论多么经典的活动设计，都应该依据本班幼儿的实际情况进行修改和调整。（　　）

3. 活动延伸的设计，可以是任何领域、任何方式的活动。（　　）

4. 幼儿可以随意编唱任何不合常理的事情。（　　）

5. 发展幼儿对音响的感知需要积累声音素材，往往是积累音乐作品。（　　）

6. 在家庭中，应该充分尊重孩子不同寻常的提问和创作，不要用成人固定的思维模式去限制他们。

               （　　）

7. 在孩子最初创作的时候，要鼓励孩子敢于表达，画什么、唱什么、弹什么都不要限制。（　　）

8. 对于学前儿童艺术教育活动中的儿童的评价重点在于儿童在活动中的具体表现。（　　）

9. 学前儿童艺术教育评价的目的之一是为了能够评价出学前儿童艺术技能的高低。（　　）

10. 教育活动的设计是一次性工作，在组织活动前进行活动方案预设即可。（　　）

三、选择题（本大题共 10 小题，每小题 2 分，共 20 分）

1. 下列表述中，属于小班美术教育的年龄阶段目标的是（　　）

A. 学会在画面上简单布局，表现简单情节

B. 感知、体验从自然景物、艺术作品中能享受到视觉艺术的美

C. 能够简单地描绘人物和动作的不同姿势

D. 能根据画面内容恰当使用颜色，学会自己调色

2. 下列行为中，属于大班幼儿绘画创作特点的是（　　）

A. 纸上反复出现封口及未封口的圆圈、涡形线等

B. 不是有意识地想好要画什么，而是由某种动作、线条痕迹的刺激引发的表象

C. 以一个大圆表示头，大圆内的两个小圆表示眼睛，一根弯线表示嘴，几根线条表示腿和手臂

D. 用自己理解的颜色表达自己的主观情感，如用红色表现生气的脸

3. 小班组织的绘画活动主题为洗澡的喷头，这体现了学前儿童美术教育活动组织的（　　）原则

A. 生活性　　　　　B. 游戏性　　　　　C. 审美性　　　　　D. 适宜性

4. 以下教师指导行为中，符合小班幼儿手工能力发展水平的是（　　）

A. 帮助儿童学习黏合、捏和平面泥贴的技能

B. 鼓励儿童综合运用泥工技能

C. 引导儿童用目测剪或者折叠剪的方法剪出窗花、拉花

D. 引导儿童初步学会撕纸、染纸等简单技能

5. 下列表述中，与大班幼儿歌唱能力发展水平接近的是（　　）

A. 控制发音的能力较差，不能连续地唱出曲调

B. 经常出现"造字"或"吃字"现象

C. 集体歌唱时，在速度、节奏等方面控制自己与集体保持一致

D. 在无伴奏、无音乐的情况下歌唱时，往往不合拍

6. 下列表述中，与小班幼儿打击乐演奏能力发展水平最接近的是（　　）

A. 基本不能够合拍随音乐演奏

B. 能演奏三角铁等利用小肌肉操作的乐器

C. 自如地随音乐用简单的节奏进行齐奏

D. 自觉与集体的演奏相协调，以追求和谐动听的音响效果

7. 下列动作中，属于大班幼儿韵律活动的动作特点的是（　　）

A. 梳头　　　　　　　B. 吹喇叭　　　　　　C. 打鼓　　　　　　D. 蹦跳步

8. 以下教师指导行为中，适用于小班美术欣赏活动的是（　　）

A. 帮助儿童体验作品中的线条、形状、色彩等，感受作品的色彩变化以及相互关系

B. 帮助儿童感知、体验自然景物、艺术作品中视觉艺术的美

C. 引导儿童了解作品的表现手法、艺术风格和创作意图

D. 帮助儿童感受作品的色调、色彩之间关系的变化

9. 儿童在涂鸦时，边画边自言自语地解释自己的画面形象，这属于（　　）阶段

A. 无控制涂鸦　　　B. 控制涂鸦　　　　C. 圆形涂鸦　　　　D. 命名涂鸦

10. 下列表述中，属于小班音乐教育的年龄阶段目标的是（　　）

A. 能用不同的速度、力度、音色变化来表现歌曲的形象、内容和情感

B. 能够根据不同的合作歌唱要求控制、调节自己的歌声

C. 在集体演奏活动中，能按指挥的手势迅速、正确地做出反应

D. 能用正确的姿势、自然的声音一句一句地歌唱，初步理解和表现歌曲的形象、内容和情感

四、简答题（本大题共 4 小题，每小题 5 分，共 20 分）

1. 简述学前儿童艺术教育的核心价值。

2. 为什么要从幼儿发展的角度来表述活动目标？

3. 为什么学前儿童美术教育要贴近生活？

4. 利用大众传媒进行学前儿童艺术教育应注意哪些问题？

五、论述题（共 20 分）

联系幼儿园工作实际谈一谈如何进行学前儿童艺术教育活动的反思。

六、活动设计题（共 20 分）

新年要到了，请为小班幼儿设计一次艺术教育活动，内容自选，要求写出完整的幼儿教育活动方案，包括活动名称、活动目标、活动准备、活动过程、相关经验链接、活动延伸。

参考文献

1. 边霞. 儿童的艺术与艺术教育[M]. 南京：江苏教育出版社，2006.

2. 虞永平. 幼儿园课程评价[M]. 南京：江苏教育出版社，2009.

3. 孔起英. 儿童审美心理研究 [M]. 南京：江苏教育出版社，2004.

4. 李季湄，冯晓霞.《3—6 岁儿童学习与发展指南》解读[M]. 北京：人民教育出版社，2013.

5. 许卓娅. 幼儿园音乐教育与活动设计[M]. 北京：高等教育出版社，2009.

6. 许卓娅. 学与教的心理探秘[M]. 南京：南京师范大学出版社，2006.

7. 许卓娅. 给幼儿园教师的 101 条建议·音乐教育[M]. 南京：南京师范大学出版社，2011.

8. 布雷顿. 儿童美术心理与教育[M]. 哈咏梅等，译. 南京：江苏美术出版社，1993.

9. 加登纳. 艺术与人的发展[M]. 兰金仁，译. 北京：光明日报出版社，1988.

10. 许卓娅，孔起英. 学前儿童音乐与美术教育[M]. 苏州：苏州大学出版社，2001.

11. 张奇. 幼儿对描述作品审美偏爱特点的实验研究[J]. 心理发展与教育，1993(2).

12. 孔起英. 幼儿园美术教育[M]. 北京：人民教育出版社，2004.

13. 王麒，侯素雯. 幼儿美术教育[M]. 北京：北京师范大学出版社，2013.

14. 汝茵佳. 幼儿园美术教育活动指导[M]. 北京：人民教育出版社，2009.

15. 林琳，朱家雄. 学前儿童美术教育[M]. 上海：华东师范大学出版社，2009.

16. 边霞. 幼儿园美术教育与活动设计[M]. 北京：高等教育出版社，2000.

17. 李菲. 浅谈幼儿园美术教育生活化的策略[J]. 美术教育研究，2013(14).

18. 车艺. 试论幼儿园美术活动的游戏化[J]. 学前教育研究，2001(2).

19. 王惠然. 幼儿音乐教育[M]. 北京：北京师范大学出版社，2012.

20. 许卓娅. 学前儿童音乐教育[M]. 北京：人民教育出版社，1996.

21. 黄瑾. 学前儿童音乐教育(修订版)[M]. 上海：华东师范大学出版社，2006.

22. 李凌烟. 审美教程 [M]. 北京：首都师范大学出版社，1996.

23. 边霞，刘丽玲. 关于幼儿艺术教育若干问题的对话[J]. 学前教育研究，2003(1).

24. 张卫民. 儿童艺术教育创新论[M]. 北京：高等教育出版社，2003.

25. 王惠然. 幼儿教师音乐知识与技能[M]. 保定：河北大学出版社，2012.

26. 王惠然. 幼儿自主活动资源·教师指导手册[M]. 北京：中国和平出版社，2013.

27. 霍力岩. 学前教育评价[M]. 北京：北京师范大学出版社，2002.